# L'AMOUR DE LA SAGESSE

## Initiation à la philosophie

**Bruno Giuliani**

# L'AMOUR DE LA SAGESSE

## Initiation à la philosophie

Les Éditions du Relié
84220 Gordes
France

ISBN 978-2-35490-009-0
ISSN 1760-3161

*Que nul, étant jeune, ne tarde à philosopher, ni, vieux, ne se lasse de la philosophie. Car il n'est, pour personne, ni trop tôt ni trop tard pour assurer la santé de l'âme. Celui qui dit que le temps de philosopher n'est pas encore venu ou qu'il n'est plus est semblable à celui qui dit que le temps du bonheur n'est pas encore venu ou qu'il n'est plus* *.

ÉPICURE

* ÉPICURE, *Lettres et Maximes*, « Lettre à Ménécée » 1.

Ce livre propose une initiation simple, claire et complète à la philosophie dans son sens premier : l'amour de la sagesse nécessaire au bonheur.

Que sont l'amour, la sagesse, le bonheur ? Comment la philosophie peut-elle nous rendre heureux ? Quelle est sa nature, sa méthode et son utilité ?

Telles sont les questions auxquelles je réponds ici dans la lignée de Socrate, Épicure, Spinoza et Nietzsche. Une tradition de sagesse qui exprime avec clarté ce que Lao Tseu, Bouddha, Jésus et tous les éveillés n'ont cessé d'enseigner à l'humanité : le bonheur est accessible à l'homme. Il consiste à vivre selon la Raison, dans la joie sereine de l'Amour, en accord avec la Nature et dans le sens de la Vie.

*Première partie*

# Qu'est-ce que la philosophie ?

# I

# L'essence de la philosophie : l'amour

Il existe beaucoup d'excellentes définitions de la philosophie, mais aucune n'est meilleure que son étymologie : l'amour de la sagesse, *filosofia* – *philo* (j'aime) *sophia* (la sagesse). Contrairement aux idées reçues, un philosophe n'est pas un intellectuel. Ce n'est pas un expert, un savant, un professeur, ni même un étudiant en philosophie. C'est une personne qui ressent de l'amour pour la sagesse, qui désire en faire la conquête et œuvre dans ce sens de toute son âme. Nul besoin de grandes connaissances, de longues études et de hauts diplômes pour être philosophe. La philosophie n'est pas un savoir mais une activité accessible à tous, dès l'enfance. Elle ne consiste pas à tenir des discours abstraits ou à connaître des doctrines, mais à utiliser sa raison pour devenir plus sage et être ainsi plus heureux dans sa vie. Depuis l'Antiquité, un philosophe ne se reconnaît pas à son érudition mais à son état d'esprit, à son attitude globale dans l'existence, face à la réalité [1]. La philosophie n'est pas une discipline scolaire. C'est une aventure spirituelle. Elle n'est pas une profession ou une spécialité, mais un intérêt, un goût, une passion. Un philosophe peut gagner sa vie en étant chercheur, enseignant ou écrivain. Mais le titre de philosophe convient à toute personne qui cherche la sagesse dans sa vie avec un amour sincère, quels que soient son âge, son niveau intellectuel et sa profession. Cette recherche peut être plus ou moins habile et féconde. Mais elle est pleinement philosophique si elle est animée par un véritable amour de la sagesse. Chez un authentique philosophe, cet amour n'est pas un simple attrait intellectuel, une banale curiosité, une

1 Voir Hadot, *Qu'est-ce que la philosophie antique ?*

passion passagère. C'est le grand et profond amour de la vie, l'amour vivant, vital et vivifiant qui mobilise un être dans la totalité de son désir. Je ne suis pas philosophe parce que je suis intellectuel ou savant, mais parce que je suis amant de la sagesse, passionné, éveillé, enthousiasmé par la présence en moi d'Éros, le dieu de l'Amour. C'est ainsi que se présentait Socrate, le premier et peut-être le plus grand des philosophes d'Occident : « Je fais profession de ne savoir que l'amour [...]. Je proclame que tout homme doit honorer Éros, que je l'honore moi-même et m'adonne particulièrement à son culte. Je le recommande aux autres. Maintenant, comme toujours, je loue la puissance et la force d'Éros, autant que j'en suis capable [2]. »

Pourtant, Éros désigne en grec la recherche du plaisir par le corps, non le goût de l'esprit pour le savoir. Pourquoi Socrate encourage-t-il à honorer Éros, dieu de l'Amour, plutôt qu'Athéna, déesse de la Sagesse ? Comment la connaissance de l'amour peut-elle amener à l'amour de la connaissance ?

### Analyse de l'amour

L'amour est à la fois le principal objet de préoccupation des hommes et le moins bien compris. Pour comprendre son essence au-delà des préjugés et des confusions habituelles, nous devons oublier nos opinions, laisser les livres et observer notre vie intérieure. Quel est l'élément nécessairement présent dans tout amour, quels qu'en soient la forme, le sujet et l'objet [3] ? Contrairement à ce que l'on croit, l'amour n'a rien d'irrationnel. Il est possible d'en donner une définition à la fois simple, claire et logique. Que se passe-t-il lorsque nous aimons ? Même si nous souffrons ou avons peur, nous ressentons une émotion agréable. Même si nous sommes tristes ou fatigués, nous éprouvons l'aug-

2 PLATON, *Le Banquet*, 177e, 212b.

3 L'idée d'amour regroupe une grande variété de sentiments : l'amour familial, l'affection, l'égoïsme, la fierté, l'orgueil, le narcissisme, l'amour d'une activité, l'amour des belles choses et des œuvres d'art, la contemplation esthétique, l'amour du rire et du comique, l'humour, l'amour sensuel, charnel et sexuel, la lubricité, l'érotisme, l'attachement passionnel, l'avidité, la cupidité, l'avarice, la jalousie, l'amitié, la bienveillance, la faveur, la tendresse, l'estime, l'admiration, la fraternité, la compassion, la charité, la ferveur, la curiosité, l'émulation, le goût, l'intérêt, sans oublier ses formes dites perverses : le fétichisme, le masochisme, le sadisme, les manies, les obsessions, etc.

mentation de notre bien-être, de notre vitalité, de notre courage. Nous ressentons une intensification du sentiment de vivre. Une mobilisation de notre énergie intérieure. Un épanouissement de notre esprit. Une satisfaction intérieure de tout notre être. Qu'il soit amour de soi ou d'une personne, de l'argent ou d'une activité, du vin ou de la gloire, d'une œuvre d'art ou d'un enfant, de l'acte sexuel ou de la sagesse, qu'il soit illusoire ou lucide, intense ou léger, total ou partiel, éphémère ou durable, physique ou intellectuel, l'amour est caractérisé par un seul et unique affect, que nous connaissons tous par expérience : la joie. Aimer, c'est « se réjouir de », écrit simplement Aristote [4]. La joie d'aimer peut être légère ou intense, banale ou sublime, relative ou absolue. Elle peut s'accompagner de peur, de manque, de tristesse, et même de haine. Mais il y a amour dès lors qu'il y a une joie, ou du moins un certain plaisir. « Aimer, disait Stendhal, c'est avoir du plaisir à voir, toucher, sentir par tous les sens, et d'aussi près que possible, un objet aimable et qui nous aime [5]. »

Aimer, c'est éprouver une valeur positive à l'intérieur de soi – l'amour est immanent – et relier cette valeur à un objet hors de soi – l'amour est transitif.

L'amour n'est donc pas seulement un sentiment plaisant. C'est aussi une idée, un jugement de l'esprit qui associe une joie à un certain objet supposé en être la source. Spinoza en a donné l'expression la plus simple et la plus complète, parce qu'il a percé le secret de son essence : « L'Amour est une joie qu'accompagne l'idée d'une cause extérieure. Cette définition explique de manière assez claire l'essence de l'Amour ; quand certains auteurs le définissent comme la volonté qu'à l'amant de s'unir à l'objet aimé, ils n'expriment pas l'essence de l'Amour mais sa propriété [6]. » Lorsqu'on dit « je t'aime », cela veut dire « tu es la source de ma joie. Quand je pense à toi, je me réjouis. »

Joie, jubilation, jouissance, réjouissance, plaisir, satisfaction, émotion agréable... Peu importe le terme. Je ressens de l'amour lorsque j'éprouve un affect de mieux-être et que je l'attribue à une cause extérieure.

4 Aristote, *Éthique à Eudème*, VII, 2, 1237a 37-38.
5 Stendhal, *De l'amour*, chap. 2, p. 34.
6 Spinoza, *Éthique*, III, déf. 6, p. 209.

Nous aimons ce qui nous fait éprouver une certaine joie, une joie totale (gaieté) ou partielle (plaisir), nous l'aimons tant que dure cette joie, et d'autant plus fortement que cette joie est intense et libérée des tristesses, des conflits et des peurs. Tous nos désirs s'expliquent par cette loi : que nous en soyons conscient ou pas, nous tendons par nature à augmenter notre joie et à diminuer notre tristesse. « Nous nous efforçons de promouvoir l'avènement de tout ce dont nous imaginons que cela conduit à la joie, écrit Spinoza, mais nous nous efforçons d'éloigner ou de détruire tout ce qui s'y oppose, c'est-à-dire tout ce dont nous imaginons qu'il conduit à la tristesse [7]. » Telle est la loi universelle qui commande toute notre vie affective, y compris le désir philosophique. Elle n'admet pas d'exception, et c'est d'elle qu'il faut partir si nous voulons bien comprendre la philosophie.

J'aime – et je désire m'unir à – tout ce que j'imagine être la cause de ma joie, et cela est vrai de tout amour. Inversement, chacun éprouve de la haine et désire détruire tout ce qu'il imagine être cause de tristesse. Aimer un vin, une musique, une activité ou une personne, c'est juger – à tort ou à raison, clairement ou confusément – que certaines de mes joies sont et peuvent encore être causées par ce vin, cette musique, cette activité ou cette personne. Le seul problème de l'amour, c'est qu'il peut être illusoire. Je peux en effet me tromper et attribuer à une chose séduisante une valeur qu'elle n'a pas. Les hommes sont malheureux parce qu'ils n'aiment pas ce qui est véritablement bon pour eux et qu'ils se laissent séduire par de faux biens, incapables de leur donner le bonheur qu'ils espèrent y trouver. La plupart des gens sont séduits par les plaisirs des sens, les honneurs et les richesses, et ils les désirent avidement. Mais aucun de ces biens n'est capable de donner une joie pure et constante. Le pervers lui-même aime le mal, la souffrance ou la violence, parce qu'il imagine que le mal subi ou commis lui donnera une joie supérieure au *bien* qu'il associe à une tristesse. Son amour est attristant et illusoire, mais il est encore assez joyeux pour enchaîner le malade à sa perversion. Au contraire, le sage est heureux parce qu'il est libéré de toute séduction et qu'il aime tout ce qu'il y a de bon dans la vie, avec la certitude que cela

7 *Ibid.*, III, prop. 28, p. 179.

continuera à le combler de bonheur. Le sage est comblé par l'amour de soi et de la vie. Il vit sans manque. Habité par le bonheur d'être soi, il se réjouit d'aimer pleinement sa vie dans une relation réelle avec les autres et avec le monde. Il sait aimer selon la sagesse, et tire de là toute sa félicité.

C'est uniquement pour combler son désir de bonheur que le philosophe désire progresser vers la sagesse. Comme tous les hommes, le philosophe est animé par de multiples désirs, il éprouve de nombreux sentiments d'amour et de haine pour une multitude d'objets, et il vit dans une relative insatisfaction. Mais il éprouve aussi un amour très particulier pour la sagesse, parce qu'il a compris sa valeur suprême pour éviter les pièges de la séduction, développer sa lucidité et obtenir ce qu'il désire le plus dans cette vie. Philosopher, c'est désirer connaître ce qui est digne d'être aimé pour éloigner les déceptions et augmenter les satisfactions. Le philosophe ne recherche la connaissance que parce qu'il a compris qu'elle était nécessaire au bonheur et parce qu'il désire se libérer du malheur engendré par l'échec spontané de l'amour. Son amour de la connaissance a pour unique fondement l'amour de soi, l'égoïsme sain, le désir raisonnable de se faire du bien, d'augmenter ses joies. Cet amour ne dépend que de soi et il n'existe qu'en acte. Il peut être léger ou intense, mais il est toujours bon, parce qu'il est par définition raisonnable et équilibrant.

Il faut donc abandonner les préjugés tenaces qui réduisent l'amour à la passion amoureuse génératrice d'excès et de manque. La passion est bien de l'amour, mais elle n'en est que la forme pathologique. C'est l'amour aveugle, ignorant, avide, excessif, possessif, jaloux. Je ne prends pas ici la passion dans son sens dérivé (aujourd'hui dominant dans le langage courant) d'amour intense, d'intérêt prédominant pour une personne ou une chose, comme lorsqu'on parle de la *passion* des amants ou d'un être *passionné* par une activité. En ce sens, la philosophie peut être qualifiée de *passionnante*. C'est la passion pour le savoir, la liberté, la vérité, la sagesse et le bonheur. J'emploie plutôt ici le mot passion dans son sens originel, tel qu'il a été défini par les philosophes antiques et classiques : une force affective qui fait agir un sujet contre sa volonté, un attachement que Socrate appelait une maladie de l'âme (*pathos*) et Bouddha une soif, une avidité (*tanhà*). Quelle est l'essence de l'amour passionnel ? C'est d'être une joie associée à une idée confuse de soi et de l'objet aimé. Une joie vouée à la tristesse. Une force faible. Une connaissance trompeuse. Spinoza définit la passion ainsi : « L'affect qu'on appelle une passion de l'âme est une idée confuse par laquelle l'esprit affirme une force d'exister de son corps, ou d'une partie de son corps, plus ou moins grande qu'auparavant, idée confuse par laquelle, dès qu'elle est donnée, l'esprit lui-même est déterminé à penser tel objet plutôt que tel autre [8]. »

Une passion est donc avant tout une confusion de l'esprit. Un sentiment passif, aliénant, déséquilibrant, qui fait souffrir même lorsqu'il est agréable, parce qu'il s'accompagne de troubles et nous fait penser et agir contre notre raison. Le terme vient du grec *pathos* et du latin *patio*, qui signifient pâtir, subir, souffrir. La passion a pour caractéristique principale d'être ressentie comme une servitude, une entrave à notre liberté. C'est une force qui nous fait agir contre notre intérêt en nous donnant l'illusion d'être bonne. Un affect passif peut être plus ou moins intense et durable. Il peut s'appliquer à une multitude d'objets. Une passion tend cependant à envahir tout le champ de la conscience et à monopoliser notre attention. L'esprit en proie à une passion ne comprend pas bien ses sentiments et ses désirs. Il est tourmenté et inquiet, instable et variable, entre le manque et l'excès. La passion le détermine en effet à penser, dire ou faire quelque chose sans bien savoir clairement pourquoi il le pense, le dit ou le fait. Il est soumis à une force affective qui le fait aimer ou haïr passivement un objet dans un certain déséquilibre psychologique, un conflit intérieur, une tension. La plupart des hommes aiment être sous l'emprise des passions parce qu'elles s'accompagnent d'affects très intenses qui tranchent sur la médiocrité de leur vie quotidienne. Mais toute passion est destructrice. Elle s'oppose à la réussite de l'amour, à la sagesse et au bonheur. Alors que l'amour est par essence une joie qui contribue au bonheur, toutes les passions éloignent du bonheur, même lorsqu'elles sont joyeuses. Tout amour sain est bon, l'amour de soi comme celui des autres, l'égoïsme comme l'altruisme. Seul l'égoïsme passionnel et illusoire est mauvais, comme d'ailleurs l'altruisme illusoire. Lorsque Socrate fait l'éloge d'Éros, il ne propose pas le culte de la pas-

8 Spinoza, *Ibid.*, III, définition générale des affects, p. 221.

sion amoureuse, mais de l'amour sain et lucide, habité par la joie et le désir de joie. Non de l'amour pathologique, mais de l'amour libéré. Non de l'Éros infantile et malade, mais de l'Éros mûr et en pleine santé.

### Le mythe d'Éros

Les mythes sont peut-être toujours trompeurs, mais ils expriment toujours des vérités symboliques fondamentales sur l'humanité. La mythologie grecque présente l'amour-passion sous les traits du petit Éros (le Cupidon latin). Fils d'Aphrodite (Vénus), déesse de la beauté, et d'Arés (Mars), dieu de la guerre – à moins qu'il ne soit le fils d'Hermès (Mercure) dieu des marchand et des voleurs –, Éros est un dieu éternellement jeune. Merveilleusement beau comme sa mère, fort (ou dangereux) comme son père, il est aussi capricieux comme un enfant. Représenté comme un bambin ailé, joufflu et turbulent, il est muni d'un arc et de flèches d'or et possède le pouvoir d'infliger aux mortels des passions néfastes. L'Éros enfant symbolise la folie amoureuse qui « rompt les membres et dompte le cœur et le sage vouloir dans la poitrine de tout dieu et de tout homme » (Hésiode). Mais il ne s'agit ici que de la forme pervertie et passionnelle de l'amour, la passion aveugle et aveuglante. Les Grecs ne considéraient pas seulement Éros comme une maladie de l'âme, une source d'illusion. Deux magnifiques mythes révèlent sa véritable nature avec une exceptionnelle clarté. C'est d'abord le mythe de Psyché, qui montre que l'âme ne peut accéder au bonheur que si elle se libère de l'Éros pathologique et accède à sa forme saine par un travail de connaissance [9].

9 Fille de roi, Psyché – l'âme – était si belle que les hommes l'égalaient à Aphrodite ellemême. Jalouse, la déesse ordonna un jour à Éros d'inspirer à la jeune fille une passion pour un monstre. Son fils lui obéit, mais il resta fasciné par la grâce de Psyché et transperça son propre cœur. Éros conçut alors une passion monstrueuse pour cette mortelle. Or le père de Psyché avait consulté l'oracle d'Apollon au sujet de sa fille apathique, totalement insensible à l'amour de ses prétendants. L'oracle lui apprit que Psyché devait épouser un monstre ailé. Dépité, il l'abandonna sur une colline. Éros en profita pour l'enlever et l'enfermer dans un palais enchanté. Chaque nuit, il vint la combler d'amour en restant invisible. Totalement sous le charme d'Éros, Psyché connut le bonheur d'aimer et d'être aimée par son divin amant sans connaître son visage. Ses sœurs lui apprirent un jour la nature monstrueuse de son mari et lui conseillèrent de le tuer. Psyché alluma une lampe la nuit même et découvrit stupéfaite la beauté sublime du plus beau des dieux. Mais elle laissa tomber sur lui une goutte d'huile brûlante et Éros se réveilla

C'est aussi le mythe de la création du monde qui fait de l'Amour la force créatrice de toute chose, à l'origine du monde [10]. Éros ne symbolise plus alors le sentiment amoureux mais le dieu de la naissance, cette force que les philosophes grecs appellent la *Phusis*, la force universelle de la Nature. Lorsque Socrate proclame qu'il faut honorer Éros, ce n'est donc pas en tant que symbole de l'amour physique ou des passions excessives et passagères, mais en tant que dieu de l'Amour universel, de la vie éternelle et de la création. L'érotisme socratique est le culte de la beauté et de la joie, non celui de la guerre et de la souffrance. L'amour sain n'exclut pas bien sûr le désir physique, il ne supprime pas complètement les souffrances, les conflits et les difficultés, mais il a pour essence le désir d'harmonisation, le plaisir de l'enfantement et la joie de la création. Pour un Grec, le culte d'Éros signifie le grand et profond amour de la vie, l'énergie vitale et cosmique qui anime tout ce qui vit et peut seul combler l'âme. C'est la force universelle de la Vie. L'énergie primordiale. L'unique source de bonheur.

L'amour qui anime un philosophe est donc naturel, essentiel, primordial. Il est l'expression de la vie universelle, présente depuis toujours et agissant partout. Platon le dit clairement dans son dialogue sur l'amour, *Le Banquet* : le désir philosophique

affolé, s'envola brutalement dans les airs et ne revint plus. Désespérée, Psyché alla le chercher auprès d'Aphrodite qui redoubla de jalousie et la condamna à l'esclavage. Psyché fut contrainte à de terribles travaux, mais elle fut aidée par la nature entière et les accomplit sans peine. Revenant des enfers, elle ouvrit une boîte qui devait contenir de la beauté, mais y trouva la mort. Éros la trouva agonisante, la ranima d'un coup de flèche et la transporta dans l'Olympe où il supplia Zeus de la lui accorder pour épouse. Zeus y consentit et admit Psyché au rang des immortelles. Éros n'était alors plus un enfant mais un magnifique jeune homme mûr, éternellement beau et puissant. Éros et Psyché célébrèrent leurs noces et tout l'Olympe se réjouit de leur bonheur.

10 Dans les plus anciennes cosmogonies grecques, Éros n'est pas le petit dieu, fils d'Aphrodite et Arès, c'est le Dieu primordial, la force créatrice à l'origine du monde et de la vie. Il est décrit par Hésiode comme une divinité non personnifiée, indéterminée, présente avant la Terre et le Ciel. Avant la naissance du Monde, il y avait non « le néant » mais le Chaos primitif. Le Chaos, c'est l'état premier, indifférencié, intemporel, sans ordre, de l'Univers. Pour que la différence apparaisse, que l'ordre du monde surgisse, que l'histoire de l'Univers commence, il fallait que la puissance créatrice d'Éros se mette en action au sein du Chaos. Éros est donc une force de vie éternelle et immanente au Chaos. Sa première œuvre a été d'engendrer Gaïa, la Terre-Mère, aux larges seins. Aidée par Éros, Gaïa engendre Ouranos, le Ciel, afin qu'il la couvre. Et de l'union amoureuse du Ciel et de la Terre sont nés Chronos, le Temps, puis toutes les divinités, les êtres et les choses du monde. Sans Éros, l'univers ne serait encore qu'un Chaos total et non un Cosmos : pas de Terre ni de Ciel, pas de temps, de monde, de vie, de pensée.

n'est autre que la formidable force qui met tout ce qui vit en mouvement vers la jouissance du bien. De nombreux philosophes, d'Empédocle à Nietzsche, d'Épicure à Spinoza, d'Aristote à Bergson, ont affirmé cette idée : la philosophie ne fait que prolonger le désir naturel qui pousse le vivant vers le plaisir. Mais c'est sous une forme non passionnelle que le désir érotique agit dans celui ou celle qui pratique la philosophie. Les Grecs nommaient *philia* cette forme évoluée de l'Éros. On traduit généralement ce terme par affection ou amitié, mais il signifie plus généralement l'amour sain, équilibré, clairvoyant et raisonnable, par opposition à l'amour déraisonnable, plus ou moins aveugle, illusoire, excessif et pathologique : le *pathos*. Cette distinction entre la soif du plaisir (*pathos*) et le goût du bien (*philia*) est absolument fondamentale pour comprendre la philosophie. Nul ne l'a mieux illustré que Socrate, le plus pur disciple d'Éros qui ait jamais existé.

### Socrate, disciple d'Éros

Socrate était un simple citoyen, pauvre et fort laid. Mais quel homme ! Quel citoyen ! Socialement, il n'avait rien d'exceptionnel. Ni chef, ni savant, ni mage, Socrate était un homme simple, enjoué et espiègle. Fils d'une sage-femme et sans doute sculpteur, comme son père, il fut, « parmi les hommes de notre temps que nous avons connus, le meilleur et aussi le plus sage et le plus juste », écrit Platon, son plus célèbre disciple [11]. N'ayant rien écrit, on ne connaît pas sa pensée exacte et son personnage reste pour une part légendaire, comme ceux de Jésus, Bouddha ou Lao Tseu. Mais la philosophie avait fait de lui un homme sage et heureux. Plutôt bon vivant qu'érudit, Socrate témoignait en toute occasion d'une force d'âme, d'une justice, d'une tempérance et d'un courage exceptionnels. Mais sa sagesse se manifestait surtout dans sa relation aux autres. Socrate excellait dans l'art du dialogue. Toute la force de ce sage résidait dans la qualité de sa parole, une parole extraordinairement féconde et puissante. Aimé par de nombreux disciples enthousiastes, redouté par les savants et les gouvernants, Socrate n'enseignait pourtant rien. À la différence de Bouddha, de Jésus ou de Lao Tseu, il n'a

11 PLATON, *Phédon*, 118a.

laissé aucune doctrine. Mais son verbe avait une extraordinaire force d'éveil : il savait faire naître en l'autre le feu sacré de l'amour philosophique, l'amour de la sagesse, la *philia*. Ainsi en témoigne le jeune, beau et riche Alcibiade : « Quand j'entends Socrate, mon cœur palpite plus fort que ceux des Corybantes, ses discours font jaillir les larmes de mes yeux, et je vois force gens qui éprouvent les mêmes émotions. En écoutant Périclès et d'autres grands orateurs, j'ai souvent pensé qu'ils parlaient bien ; mais je ne ressentais pas d'émotion pareille, mon cœur n'était pas troublé et je ne m'indignais pas d'avoir une âme d'esclave [12]. »

En quel sens la parole socratique était-elle érotique ? D'où vient son charme exceptionnel ? De son propre aveu, Socrate n'était pas un physicien, un astronome ou un mathématicien comme Thalès ou Pythagore. Il n'était pas non plus professeur ou orateur. Il ne savait pas séduire les foules par de beaux discours comme les sophistes, Protagoras ou Gorgias [13]. C'était un homme sans spécialité, qui ne revendiquait aucune connaissance particulière. Mais il possédait la connaissance de l'amour. « Je ne connais que l'amour », affirme Socrate. Et « l'amour est le désir de posséder toujours le bien [14]. »

Quel est le bien désiré par Socrate ? C'est le bien sensible au corps, l'agréable et tous les plaisirs, mais, plus profondément, le bien sensible à l'esprit, le seul capable de combler l'âme : le plaisir lié à l'utile, au vrai, au beau et au juste. Le bonheur donné par la sagesse. Le bien que visent inconsciemment tout homme et toute femme sous l'emprise d'Éros est le bien spirituel le plus haut. Là est l'essentiel du message socratique et le sens principal du mythe de Psyché. Un désir érotique ne vise pas seulement le plaisir, mais l'amélioration, le perfectionnement, l'accomplissement de celui qui l'éprouve, vers le plus haut bonheur, le bonheur « divin », parfait et éternel. Le mérite de Socrate est d'avoir pleinement reconnu en lui la véritable nature de l'amour : l'élé-

12 PLATON, *Le Banquet*, 216a.

13 Les sophistes se considéraient comme des « maîtres de sagesse ». Outre qu'ils étaient très savants, ils se faisaient payer très cher leurs leçons. Ils enseignaient essentiellement la rhétorique, l'art de persuader les autres de n'importe quelle opinion par un langage habile, pour obtenir le pouvoir au mépris de la vérité et de la justice. Sur les effets négatifs de la rhétorique comme art de la manipulation, on peut lire la critique proposée par Platon dans le *Protagoras* et le *Gorgias*. Pour mieux connaître la réelle sagesse de la sophistique, on peut consulter UNTERSTEINER, *Les Sophistes*.

14 PLATON, *op. cit.*, 205d.

vation vers la sagesse, l'élan vers la félicité. L'amour est le désir joyeux de s'élever vers le bien qui nous manque. C'est pourquoi le philosophe s'adonne au culte d'Éros : parce qu'Éros ne s'accomplit que s'il est amour de la sagesse. D'où le renversement socratique : Éros désire la sagesse, il désire savoir, il désire comprendre. Éros est par nature philosophe ! « La sagesse compte parmi les plus belles choses ; or l'amour est l'amour des belles choses. Il est donc nécessaire qu'Éros soit philosophe [15]. »

Seule la sagesse peut libérer l'amour et donner aux hommes le plus grand bonheur en les préservant de la séduction des faux biens. Éros est le désir ascendant qui met tout corps et tout esprit en mouvement vers une joie toujours plus haute. Et seule la sagesse peut donner à l'homme la plus haute joie. Parce qu'il a compris cela, Socrate se distingue radicalement des autres hommes : il possède la connaissance de son essence d'homme. L'essence de l'homme, dira plus tard Spinoza, c'est le désir, la force existentielle par laquelle un être est déterminé à être et à agir pour augmenter sa joie et diminuer sa tristesse [16]. Et tout désir est la conscience de son être en puissance. L'homme est cet être qui désire par essence s'élever vers la perfection de son être, passer de la puissance à l'acte, du malheur au bonheur. Il désire passer du stade initial de l'ignorant (l'homme-animal, l'homme enfant, l'homme esclave) au stade final du sage (l'homme-dieu, l'homme adulte, l'homme libre). L'homme n'est pas un être, c'est un « peut-être ». Il est cet être de désir qui est désir d'être tout ce qu'il peut être. Socrate était l'homme le plus sage parce qu'il avait compris que le véritable humanisme était l'érotisme, et que le véritable érotisme était la philosophie.

D'où vient l'éveil de Socrate au culte d'Éros ? D'une sagesse paradoxale : Socrate possédait la connaissance de son ignorance. Il avait la sagesse de savoir qu'il manquait de sagesse. Et cette simple lucidité a changé sa vie. Dans le procès qui lui coûta la vie pour « corruption de la jeunesse et non-respect des dieux », Socrate donne lui-même la clef de sa vocation. Il explique à ses juges la signification de l'oracle de Delphes qui l'a déclaré « le plus sage des hommes » : « Une fois connue la

15 *Ibid*, 204a.
16 Spinoza, *op. cit.*, III, définition des affects, 1, p. 206.

réponse de l'oracle, je réfléchis en moi-même : "Voyons, que veut dire le dieu ? Qu'entend-il à mots couverts ? Car j'ai, quant à moi, l'intime conviction de n'être savant ni peu ni prou ; que veut-il donc dire en déclarant que je suis le plus savant ? Il ne saurait mentir, puisque la loi divine l'interdit". J'étais depuis longtemps perplexe sur le sens de ces paroles quand, non sans peine, je pris le parti de faire l'enquête que voici. J'allai chez un des hommes qui passaient pour savants, me disant que là mieux qu'ailleurs je convaincrais de fausseté la parole du dieu et que je déclarerais à l'oracle : "Voilà un homme plus savant que moi, et toi tu m'as prétendu plus savant". J'observais donc mon personnage – je n'ai pas à vous dire son nom, c'était un de nos hommes d'État – et tout en l'examinant et causant avec lui, voici, Athéniens, l'impression que j'eus : je trouvais qu'il passait pour savant auprès de beaucoup de gens et surtout auprès de lui-même, mais qu'il ne l'était point. Je tentai alors de lui montrer qu'il croyait être savant, mais qu'il ne l'était aucunement. Résultat : j'en devins odieux à cet homme et à nombre de personnes présentes. Je m'en allai raisonnant ainsi en moi-même : "Je suis plus savant que cet homme. Il se peut que ni l'un ni l'autre de nous ne sache rien de bon ; seulement, lui croit qu'il le sait, bien qu'il ne sache pas ; tandis que moi, si je ne sais rien, je ne crois pas non plus rien savoir. Il me semble, en somme, que je suis tant soit peu plus savant que lui, en ceci du moins que je ne crois pas savoir ce que je ne sais pas [17]". »

C'est parce que Socrate sait qu'il manque de sagesse qu'il la désire. Et ce désir l'a transformé, en transformant son désir : il est devenu philosophe, amant de la sagesse. Il ne désire plus vivre comme la foule sans réflexion, en poursuivant n'importe quel plaisir au gré des passions et des circonstances. Il ne désire plus obéir aveuglément aux impulsions de son corps et aux habitudes de la cité, pour jouir de beaux corps et posséder toujours plus de pouvoir et de richesses dans une perpétuelle insatisfaction. Il désire obéir au désir le plus profond de son âme, s'approcher des beautés supérieures par la contemplation des belles choses, des belles actions, des beaux discours et enfin par la connaissance des belles sciences, jusqu'à jouir de la beauté la plus haute. L'amour de la sagesse donne le sens de la vie

17 PLATON, *Apologie de Socrate*, 21d.

humaine, il est ce par quoi la vie prend son sens. Car il n'est de vie sensée que par la pleine réalisation de l'amour. Mais encore faut-il savoir aimer ce qu'il est bon d'aimer. Encore faut-il connaître ce qui peut combler notre amour. Or ce n'est pas un amour particulier qu'il importe de réussir, nous dit Socrate. Nous ne devons pas nous attacher à une passion amoureuse déterminée, mais cultiver le grand amour de la vie, de soi et des autres. La philosophie est la recherche joyeuse de la sagesse, par amour de la vie, pour lui donner tout son sens. Nous devons chercher la sagesse parce que rien n'a plus de valeur que la joie de vivre dans l'amour sans *pathos*. C'est la leçon du *Banquet* de Platon. Socrate y raconte que c'est une femme, une prêtresse nommée Diotime, qui lui a révélé la véritable identité d'Éros, à travers un mythe initiatique. Éros n'est pas un dieu, lui dit-elle, c'est un démon, un intermédiaire entre les mortels et les immortels : fils de Poros (dieu de la ressource) et de Pénia (déesse de la pauvreté), il n'est pas parfait tel un dieu, ni imparfait comme un mortel. Il est dans l'entre-deux : entre l'indigence et l'abondance, entre l'ignorance et le savoir, entre les hommes et les dieux. C'est pourquoi il est le démon de la philosophie. Comme sa mère, l'amour est « toujours pauvre », « sans domicile ». Mais comme son père, il est « toujours à la piste de ce qui est beau et bon : il est brave, résolu, ardent, excellent chasseur, artisan de ruses toujours nouvelles, amateur de science, plein de ressources, passant sa vie à philosopher, habile sorcier, magicien et sophiste [18] ». Conçu le jour de l'anniversaire d'Aphrodite, Éros est amoureux de la beauté, du plaisir et du bien, mais il est toujours entre *pathos* et *philia*, entre passivité et activité, ignorance et savoir, tristesse et joie, manque et plénitude. Le sens du mythe platonicien est clair : un philosophe tend vers la beauté mais il reste dépendant de ses passions, du moins tant que son affectivité n'est pas complètement transformée par la sagesse. Le philosophe est trop ignorant pour être sage, mais assez sage pour savoir qu'il est ignorant. D'où son désir de sagesse, de transformation intérieure, d'élévation et d'amélioration de son être. Le propre de l'amour est de métamorphoser, d'enfanter, de créer. L'amour transforme en se transformant. Mais il reste l'amour.

18 PLATON, *Le Banquet*, 204a.

En grec, l'idée d'amour est désignée par plusieurs termes distincts. On utilise généralement ces termes pour distinguer grossièrement l'amour de concupiscence (*éros*), l'amour d'amitié (*philia*) et l'amour de charité (*agapé*), comme si ces formes avaient des essences séparées [19]. *Éros* serait l'amour physique qui désire prendre à l'autre dans l'avidité, *philia*, l'amitié qui désire échanger avec l'autre dans un respect bienveillant, et *agapé* l'amour qui désire donner à l'autre sans aucun intérêt, dans une totale dévotion. Ces distinctions classiques sont commodes, mais elles sont trompeuses parce qu'elles masquent l'unité essentielle de l'amour. En réalité l'*éros* est présent dans toutes les formes de désir amoureux, mais il peut prendre deux orientations. Si on pense l'*éros* comme l'amour primordial, indéterminé, qui fait agir par plaisir vers le plaisir, on peut penser la *philia* et l'*agapé* comme des formes évoluées d'*éros*, selon une orientation ascendante. C'est cette orientation qui définit la philosophie.

Philosopher, c'est éprouver la joie d'utiliser la meilleure partie de son être pour chercher ce qu'il y a de meilleur dans la vie. L'amour de la sagesse est, dans son sens le plus pur, la joie éprouvée à l'idée de la sagesse. C'est d'abord la joie ressentie à l'idée que je serai bientôt plus sage et donc plus capable d'être heureux. C'est aussi la joie de me sentir en accord avec moi-même au moment où j'abandonne la recherche prioritaire des biens relatifs et triomphe de leur séduction pour me consacrer à la recherche du bien suprême. C'est enfin la joie ressentie par le fait de pratiquer la philosophie, la joie de me sentir devenir plus libre et plus sage dans le moment même où j'emploie mon intelligence à comprendre ce que je ne comprenais pas, à me libérer des passions et des conflits qui m'attristaient. Un philosophe triste est une contradiction dans les termes : s'il est triste, c'est qu'il ne pratique pas la philosophie, ou qu'il n'a pas compris ce qu'était la sagesse ni, donc, la vraie philosophie. C'est qu'il n'est pas animé par l'amour raisonnable du bien. Ce n'est donc pas un authentique philosophe, mais un intellectuel sans foi ni joie, comme le sont trop souvent les intellectuels, coupés de leur affectivité et privés de la sève de la vie.

19 Voir par exemple la reprise de cette distinction dans le dernier chapitre du *Petit Traité des grandes vertus* de COMTE-SPONVILLE, où *éros* est complètement opposé à *philia* et à *agapé*.

Mais *éros* peut se dégrader. Il peut suivre – et suit presque toujours – la voie descendante vers le *pathos*. C'est la pente de l'ignorance, de la séduction et de l'illusion qui engendre la décadence et mène aux plaisirs mêlés de tristesse et de haine, à la violence et la barbarie.

Il faut donc bien distinguer deux formes dans l'Amour. Une qui accomplit sa nature érotique et l'autre qui la contrarie. La première est une élévation, une action, la seconde une chute, une passion. La première est une joie qui dure ou augmente, la seconde une joie qui diminue et se mélange de haine.

Cette distinction découle de l'origine d'*éros* : la Nature, l'énergie essentielle qui anime un être. On peut penser cette énergie de plusieurs manières. Aristote appelle âme cette force vitale qui anime la matière et tend à la mettre en forme pour l'amener à sa perfection. Spinoza appelle *conatus* l'effort existentiel par lequel un être cherche à persévérer dans son être et à chercher la joie. Freud appelle *libido* l'énergie organique qui pousse un corps vers le plaisir, la création, la reproduction. L'amour est la force immanente de la vie qui vise son accomplissement.

*Éros* est d'abord un désir physique, sensuel et charnel. Laissé à lui-même, dans l'ignorance et la passivité, affecté par des forces extérieures et soumis aux mécanismes de l'imagination, l'esprit amoureux cherche son plaisir en restant victime de ses illusions et des jeux de séduction. Son désir érotique se dégrade alors en *pathos*, l'avidité, l'amour plus ou moins ignorant et intempérant, plus ou moins mêlé de manque, de remord et de jalousie. C'est la passion amoureuse, qui se change généralement assez vite en tristesse et en haine. À l'extrême de la passivité, de la souffrance et de l'illusion, le *pathos* devient la *mania*, la folie furieuse avec ses délires plus ou moins violents.

Mais la force érotique n'est pas par essence illusoire, avide, mesquine, violente, décadente. Au contraire ! *Éros* est d'abord, chez l'animal, l'enfant ou l'adulte, la force créatrice, la puissance d'aimer, la tendance joyeuse à chercher un plus haut plaisir.

Lorsque *éros* suit une voie ascendante, proprement érotique, il devient « philosophe », conformément à sa nature créatrice : éveillé par l'éducation, transformé par la raison, raffiné par la culture, éclairé par la connaissance de la vérité, *éros* devient *philia*, l'amour évolué. *Philia*, c'est l'amour sain, équilibré et raisonnable, l'amour de la connaissance, qui vise la joie de l'échange harmonieux avec l'autre et la sagesse. À l'extrême, totalement libéré par la connaissance, *philia* devient *agapé*, l'amour accompli, parfait, éveillé, qui jouit de la sagesse et aime l'autre sans limite, dans la béatitude. C'est l'amour fraternel ou religieux, que Jankélévitch définit comme « l'amour devenu permanent et chronique, étendu à l'universalité des hommes et à la totalité de la personne [20] ». L'amour universel et illimité, la bienveillance envers tous les êtres que Bouddha nomme *mettà*.

*Éros* est donc présent dans tout amour, il est la force naturelle qui tend à élever un être vers une joie plus haute, et qui ne peut s'accomplir que par la culture.

Il existe un autre terme en grec, *storgé*, pour désigner l'amour familial, entre des parents et des enfants, des frères et sœurs, ou dans un couple. Il n'y a pas de terme particulier pour traduire *storgé*, sans doute parce qu'il n'est qu'un certain mélange de *pathos* et de *mania*, de *philia* et d'*agapé*, en proportion variable selon les familles. Tout amour réel d'une chose ou d'une personne est d'ailleurs composé de ces différentes formes d'amour, dans des proportions diverses, selon le degré de folie et de sagesse de celui ou celle qui aime.

Cette analyse sommaire de l'amour demanderait bien sûr des précisions et des développements. L'essentiel est de comprendre ici que l'amour du bien le plus haut, l'amour de la sagesse, engage la totalité de la personne et qu'il prend sa source dans le corps et le cœur autant que dans l'âme. La philosophie est un amour complet : non seulement intellectuel mais physique, affectif et spirituel. Et un amour total : un philosophe ne peut aimer des idées qui ne sont pas conformes à la sagesse. Dès qu'il aime la sagesse, il ne peut plus adhérer à des idéologies, des systèmes ou des maîtres penseurs. Il devient un penseur totalement libre, parce qu'il est uniquement déterminé par son amour du bien.

C'est la grande découverte de Socrate : l'homme a pour essence de s'améliorer par son propre effort, de chercher à accomplir sa nature érotique par lui-même, jusqu'à sa perfection, sans dépendre de rien d'autre que de son désir. Éveilleur des consciences à l'amour de la sagesse, Socrate est pour cette raison le grand initiateur de la philosophie, le père fondateur de

20 Jankélévitch, *Traité des vertus*, II, 2, chap. 6, p. 171.

la liberté de penser propre à la civilisation occidentale. Même ses critiques les plus farouches le considèrent comme la référence centrale de l'histoire de la philosophie. C'est le cas de Nietzsche, qui lui reproche d'avoir instauré un « optimisme théorique » masquant le caractère tragique de l'existence, mais reconnaît en Socrate « le tournant décisif et l'unique pivot de l'histoire universelle [21] ». « Si tout va bien, écrit encore Nietzsche, le temps viendra où l'on préférera, pour se perfectionner en morale et en raison, recourir aux *Mémorables* de Xénophon plutôt qu'à la Bible, et où l'on se servira de Montaigne et d'Horace comme de guides sur la voie qui mène à la compréhension du sage et du médiateur le plus simple et le plus impérissable de tous, Socrate. C'est à lui que ramènent les chemins des modes de vie philosophique les plus divers, qui sont au fond les modes de vie des divers tempéraments, fixés par la raison et l'habitude, et tous tournés par la pointe vers la joie de vivre et d'être soi-même [22]. »

Par la seule puissance érotique de sa parole, le personnage de Socrate sait en effet réveiller la véritable nature d'*éros* et engendrer la *philia* dans le cœur des hommes. Il réveille leur fierté en les libérant de leur orgueil pathétique. Il leur fait prendre conscience qu'ils vivent, non en hommes libres et sages, mais avec une « âme d'esclave », asservie à la quête de biens illusoires et enchaînée par des passions stériles [23]. Quel est le véritable bien et comment l'atteindre ? Que dois-je faire pour accomplir l'amour en moi et donner un sens à ma vie ? Voilà la première et la dernière question du philosophe. Aujourd'hui encore, Socrate continue de nous interroger pour nous faire reconnaître que la vérité de l'amour implique l'amour de la vérité.

Un philosophe est donc essentiellement disciple d'Éros, le dieu majeur non seulement de la vie, de l'enfantement, de la naissance mais aussi de l'esprit, de l'art et de la science. Éros est à la fois le dieu de l'amour, de la sagesse et du bonheur. Le vrai dieu de la philosophie. Comme Athéna, déesse de l'intelligence

21 NIETZSCHE, *La Naissance de la tragédie*, in *Œuvres I*, p. 78.
22 NIETZSCHE, *Humain, trop humain*, « Le voyageur et son ombre », § 86, in *Œuvres I*, p. 868.
23 Voir PLATON, *Premier Alcibiade*.

active, Éros est certes une force guerrière, une aggressivité. Mais sa puissance de combat est au service des hommes et de la paix dans la cité.

La philosophie n'est donc pas une connaissance abstraite, une réflexion sur n'importe quel sujet, en fonction d'un intérêt purement spéculatif. Elle est d'abord la recherche essentielle de ce qu'on aime. « Les savants, dans l'effort qu'ils fournissent jour après jour tout le long de leur vie, ne peuvent pas être poussés par le désir de posséder la vérité. Car ce qu'ils acquièrent, ce sont simplement des connaissances, et les connaissances ne sont pas par elles-mêmes un objet de désir. [...] Si un homme surprend la femme qu'il aime et à qui il avait donné toute sa confiance en flagrant délit d'infidélité, il entre en contact brutal avec la vérité. S'il apprend qu'une femme qu'il ne connaît pas a trompé son mari, cela ne change aucunement sa relation avec la vérité. Cet exemple fournit la clef. L'acquisition des connaissances fait approcher de la vérité quand il s'agit de la connaissance de ce qu'on aime, et en aucun autre cas [24]. »

La philosophie est anti-pessimiste et anti-nihiliste parce qu'elle est joyeuse par essence. C'est toujours *mon* désir de bonheur et d'amour accompli qui est la source de ma recherche de sagesse. C'est parce que j'aime la vie que je suis philosophe. Parce que je ne peux supporter de vivre médiocrement, dans la confusion, l'illusion, l'ignorance, dans un environnement où dominent la bêtise, le conflit, la violence et la haine. C'est par amour de moi-même que je désire m'accomplir et vivre dans la vérité, en devenant, autant que possible, un homme libre et heureux. Et c'est parce qu'il aime la vie et l'humanité qu'un philosophe authentique désire comme Socrate éveiller tous les hommes à l'amour du vrai, du beau, du bien : « [...] car il appartient à mon bonheur que beaucoup comprennent ce que je comprends [...] [25] », écrit le jeune Spinoza.

Ce n'est pourtant pas Socrate qui invente le mot *philosophia* mais, si l'on en croit une anecdote, l'immense savant et mathématicien que fut, avant Socrate, Pythagore. Alors qu'on le présentait au roi comme un *sophos*, c'est-à-dire un savant, Pythagore rectifia : je ne suis pas un *sophos* mais un *philosophos*, un amant

24 Weil, *L'Enracinement*, p. 318.
25 Spinoza, *Traité de la réforme de l'entendement*, in *Œuvres I*, p. 184.

du savoir. Le plus savant des Grecs montrait ainsi par sa modestie qu'il était mieux qu'un savant : un homme conscient de ses limites, un sage. La première mention certaine de l'idée de philosophie se trouve chez l'historien Hérodote, dans le récit de la rencontre entre Crésus, roi de Lydie, et l'un des Sept Sages, Solon, le législateur d'Athènes : « On nous a dit qu'ayant le goût de la sagesse (*philosopheôn*), tu as visité beaucoup de pays, à cause de ton désir de voir [26]. » Les termes en *philo-* désignent le plaisir et l'intérêt qu'on trouve à une activité : *philo-timia*, c'est l'intérêt trouvé dans la recherche des honneurs ; *philo-kalein*, le goût pour la beauté ; *philo-sophia*, c'est trouver son plaisir et sa raison de vivre dans la connaissance de la *sophia* [27].

Si Socrate est considéré comme le père de la philosophie, c'est sans doute parce qu'il est resté totalement fidèle à cette modestie : il n'a jamais fondé d'école, n'a jamais rien enseigné, n'a proposé aucune doctrine. Sa seule œuvre, c'est sa vie, entièrement consacrée à la recherche de la sagesse. Son seul enseignement, c'est lui-même. Socrate n'était pas un grand penseur, mais c'était un philosophe authentique, qui reste encore aujourd'hui le modèle de tous les philosophes.

Aucun homme n'a en effet révélé avec autant de pureté le caractère propre à la pensée philosophique, la plus haute exigence de la pensée et de l'amour : l'exigence de vérité.

---

26 HÉRODOTE, *Histoires*, I, 30.
27 HADOT, *op. cit.*

# II

# L'exigence de la philosophie : la vérité

## La définition de la vérité

La définition du vrai est très simple : est vraie la pensée qui est conforme au réel. Est fausse la pensée qui n'est pas conforme au réel, et d'autant plus fausse qu'elle s'en éloigne. « La première signification de Vrai et Faux semble avoir son origine dans les récits, remarque Spinoza. Et l'on a dit vrai un récit quand le fait raconté était réellement arrivé ; faux, quand le fait raconté n'était arrivé nulle part. Plus tard, les philosophes ont employé le mot pour désigner l'accord d'une idée avec son objet ; ainsi, l'on appelle idée vraie celle qui montre une chose comme elle est en elle-même ; fausse celle qui montre une chose autrement qu'elle n'est en réalité [1]. » Toute la difficulté est de distinguer entre les idées vraies et les idées fausses, mais j'examinerai ce problème de méthode plus tard. L'essentiel est ici de bien comprendre la nature de la vérité désirée par le philosophe. Pourquoi le philosophe désire-t-il connaître la vérité ? Parce que la connaissance est le seul moyen de se libérer du mal. Toute la philosophie repose sur le principe suivant : l'action d'un homme est d'autant plus libre et plus sage que sa pensée est plus vraie, plus en accord avec le réel. Mais le philosophe ne cherche pas à connaître absolument n'importe quelle réalité. Ce n'est pas un fanatique de la connaissance. Il désire seulement comprendre l'essentiel, ce qui peut satisfaire sa quête de joie, de valeur, de sens. Le philosophe cherche la vérité qui libère, il désire trouver une parole telle que Jésus la proposait à ceux qui le suivaient :

1 SPINOZA, *Pensées métaphysiques*, in *Œuvres I*, p. 352.

« Si vous demeurez dans ma parole, vous serez vraiment mes disciples, vous connaîtrez alors la vérité et la verité vous fera libre [2] ». Mais à la différence de l'homme commun qui se contente de croire dans des idées vraisemblables, le philosophe ne cherche que la vérité qu'il peut comprendre comme certaine. Comme le scientifique, il affirme sa liberté de penser et utilise sa propre intelligence pour se dégager des préjugés collectifs et atteindre autant que possible l'universel. Mais il diffère du scientifique parce qu'il n'est pas en quête d'une vérité objective, locale, théorique et impersonnelle motivée par la maîtrise technique des choses. Le philosophe est par nature à la recherche de la vérité subjective, globale, existentielle et personnelle. D'une sagesse vivante. Il désire posséder un savoir qu'il puisse comprendre non seulement comme vrai mais comme digne d'être aimé. Il aspire à une foi sereine, se situant au-delà des croyances et des sciences. Son but n'est pas d'expliquer un phénomène isolé mais de comprendre le sens de son existence dans le monde. Jamais une explication scientifique locale et objective ne pourra résoudre des problèmes philosophiques, parce qu'il est dans leur nature d'être à la fois essentiels, éternels et relatifs à chaque sujet. C'est pourquoi on peut dire avec Schopenhauer que « toute science n'est pas insuffisante accidentellement (c'est-à-dire par suite de son état actuel), mais essentiellement (c'est-à-dire toujours et à jamais) [3] ». J'y reviendrai, le désir de trouver le sens de la vie humaine dans ce monde est lié à un éternel étonnement devant la vie, l'homme et le monde qu'aucun savoir scientifique ne pourra jamais abolir. Le but de la philosophie n'est pas technique ou scientifique, il est ontologique et éthique : il concerne chaque être dans son être (*ontos*), son caractère et sa destinée (*éthos*). « Une vie sans examen ne mérite pas d'être vécu », dit Socrate lors de son procès, et c'est pourquoi il préfère la mort que la vie sans la philosophie. Il ne peut vivre sans cette liberté de pensée qu'il aime et qui donne un sens à sa vie [4]. Aimer, c'est être dans le sens de la vie, mais seule la philosophie accomplit le sens de l'amour par sa quête de liberté et de connaissance. Le philosophe ne peut se satisfaire d'une

2 Jean, VIII, 32, in *Bible de Jérusalem*, p. 238.
3 SCHOPENHAUER, *Parerga et Paralipomena*, « Philosophes », p. 129.
4 PLATON, *Apologie de Socrate*, 28.

joie insensée. Il désire une joie sensée, lucide, éveillée, satisfaisante pour sa raison. C'est pourquoi on ne peut être « un peu philosophe ». La philosophie nécessite un engagement total et sans concession dans la recherche intellectuelle et existentielle de la vérité sur soi-même et sur le monde. Pour être philosophe, il suffit d'être pleinement soi-même, de reconnaître sans peur son ignorance radicale du mystère de la vie, d'admettre sans orgueil son besoin de savoir, d'assumer sans honte son désir de bonheur. Pour cela, il est nécessaire de ne plus tricher. Avec les autres, bien sûr, mais d'abord avec soi-même. La première vertu philosophique est le courage d'affronter la vérité, à commencer par la vérité de ce que je suis : un peut-être. Un être qui doit reconnaître qu'il manque de sagesse, de science, de bonté, de liberté et de bonheur.

La philosophie est donc toujours une recherche et non une possession. Une activité et non une doctrine [5]. Une réflexion et non un savoir. Non parce que le philosophe est ignorant, mais parce qu'il cherche la vérité absolue, totale, radicale, heureuse, sensée, sur le monde et sur lui-même. Son savoir n'est pas un état statique mais un mouvement dynamique. Non une idéologie figée mais une quête vivante de sens. Non un système fermé mais une ouverture de l'esprit au réel. « Faire de la philosophie, c'est être en route, écrit Karl Jaspers. La vérité n'est pas plus à moi qu'à toi. Elle est devant nous [6]. »

Comment progresser dans la connaissance de la vérité ? C'est encore Socrate qui montre la voie.

### La méthode socratique : le questionnement

Socrate n'enseigne pas. Il dialogue, interroge, en conduisant le raisonnement par des questions habiles. Son but n'est pas de transmettre des connaissances, mais de pousser son interlocuteur à se mettre lui-même en question, à examiner la valeur de ses convictions, à user de sa raison, jusqu'à lui faire reconnaître ses préjugés, son ignorance, ses contradictions, ses illusions. En bon disciple d'Éros, Socrate possède le don d'accoucher les esprits, le don de la maïeutique, qu'il dit avoir hérité de sa mère

5 WITTGENSTEIN, *Tractacus logico-philosophicus*, 4.112, p. 58.
6 JASPERS, *Introduction à la philosophie*, p. 15.

Sophronisque, une sage-femme. Il sait accoucher un être de son âme. La philosophie commence toujours par une renaissance, lorsqu'on entre en soi-même, dans le silence de sa conscience, pour une épreuve de vérité. Que sais-je de moi ? Qui suis-je ? Quel est mon désir ? Quelle est mon essence ? Voilà la première question philosophique. Elle ne porte pas seulement sur notre personnalité mais sur notre être, notre puissance intérieure ignorée, notre raison. C'est cette question existentielle que Socrate fait naître chez ses interlocuteurs. « Connais-toi toi-même », telle est la devise socratique. Par le dialogue, Socrate accouche son interlocuteur de la raison qu'il porte inconsciemment dans son esprit. Par ses questions, il le conduit à examiner sa véritable valeur : « Toi qui dis être savant, explique-moi ce qu'est la science. Toi qui te dis courageux, dis-moi ce qu'est le courage. Et toi qui prétends enseigner la justice, apprends-moi ce qu'est la justice. Et toi qui dis aimer, peux-tu me dire ce qu'est l'amour ? » Un philosophe pose toujours la question « qu'est-ce que ? » La question de l'essence. Quelle est l'essence de la justice ? L'essence de la vérité ? Que signifient « amour », « nature », « justice » ou « bonheur » ? Quelle est la réalité désignée par ces concepts ? Nous ne le savons pas, et c'est pourquoi il nous faut philosopher, penser par concepts [7].

Mais l'essentiel n'est pas le concept. Le concept n'est qu'un outil. L'essentiel, c'est l'homme réel. L'individu concret et sa vie. La personne et sa destinée. Le soi, corps, cœur et âme. La méthode socratique du questionnement authentique est la pédagogie même parce que la question s'adresse à un être singulier, dans l'exercice de sa vie et de sa pensée. Elle met en jeu cet être dans son être. Elle le force à l'authenticité et à l'exercice de son jugement, par la seule force de son esprit. « Es-tu en accord avec toi-même ? » demande Socrate. « Es-tu satisfait par ta vie ? Que désires-tu réellement et essentiellement ? Que comprends-tu réellement de ce que tu dis, et de ce que tu penses ? » Telles sont les questions clés. Le but de Socrate n'est pas le savoir, il est de révéler un homme à lui-même, dans la vérité de son essence. C'est pourquoi on peut dire avec Kant que toutes les questions de la philosophie se ramènent à une seule : « Qu'est-ce que

7 Pour une présentation plus approfondie de la méthode socratique, voir CHÂTELET, *Platon*, et GOLDSCHMIDT, *Les Dialogues platoniciens*.

l'homme ?[8] » Mais cette question ne doit pas être seulement comprise de manière théorique et générale. Pour être philosophique, elle doit être posée par soi et porter sur l'essence de l'humanité dans l'individu que je suis. Elle doit venir du centre de soi-même et porter sur sa propre essence, selon l'exigence subjective de l'amour. Or ce qui définit l'homme dans son essence, c'est précisément qu'il ignore ce qu'il est, et qu'il peut se penser comme ignorant de ce qu'il est, en réfléchissant sur le sens même de cette question : qu'est-ce que être ? L'homme est par essence à la recherche de son essence. Il est le seul être ayant pour essence de se poser la question de son être et du sens de son être[9]. C'est pourquoi un vrai maître ne transmet pas une science. Il éveille dans son disciple le sens de la question en révélant son ignorance fondamentale sur lui-même. Et la question humaine par excellence, c'est la question du sens. Quel est le sens de ma vie ? Socrate n'enseigne pas une science, il engendre le désir de se connaître soi-même, pour donner un sens à sa vie, à sa recherche incessante du bonheur. Car là est le sens de la vie humaine. La seule science essentielle, la seule qui conduise aux autres sciences et leur donne leur sens, c'est la connaissance de soi comme sujet d'un bonheur sensé. Seule cette connaissance mène au désir de connaître les autres et le monde. Un vrai maître ne communique donc jamais une vérité, il donne à son élève les moyens de la comprendre par une démarche interrogatrice, génétique et créatrice. Pour cela, il le conduit d'abord à éprouver son ignorance sur lui-même, pour susciter le désir de se connaître. Il provoque en lui l'expérience fondatrice de la philosophie, celle de l'étonnement. C'est pourquoi l'enseignement de la philosophie doit se faire oralement, par un dialogue vivant, essentiel et existentiel. On ne peut apprendre la philosophie comme un savoir, on ne peut que philosopher, chercher sa sagesse, pour aller vers son bonheur, en réalisant son désir, par son propre effort de pensée.

L'enseignement philosophique de connaissances et de concepts est utile, mais il doit être le contraire d'un endoctrinement : il doit être une interrogation en commun, une recherche vivante. La philosophie est le contraire de l'idéologie. Elle est

8 Kant, *Logique*, p. 25.
9 Heidegger, *Être et Temps*.

toujours un dialogue, au sens fort du terme : non pas un échange de paroles à plusieurs, comme on le croit généralement, mais le mouvement dynamique d'un esprit vers la vérité. Au sens strict, *dia-logos* signifie : recherche de la vérité par la raison. Un dialogue est le mouvement d'une pensée à travers (*dia*) le langage réfléchi (*logos*). Le dialogue ne s'oppose pas au monologue. Il s'oppose au bavardage, aux discours futiles et vains, à l'échange des opinions sans souci de sagesse. Le vrai dialogue s'effectue d'abord avec soi-même. Il advient rarement avec les autres. Car ceux qui parlent sans raison, sans respecter l'exigence de vérité du langage, ne dialoguent pas. Ce sont ces hommes qui sont dans ce que les Grecs appellent la *doxa*, c'est-à-dire l'opinion, la pseudo-pensée, le pseudo-savoir. C'est eux que Socrate veut éveiller à la raison, c'est eux qui ont le plus besoin – et le plus peur – de la philosophie. Le vrai dialogue commence lorsqu'on perçoit en soi-même les dangers de l'opinion et la valeur essentielle de la vérité. Les hommes parlent généralement sans savoir de quoi ils parlent, ils énoncent des avis sans s'interroger sur leur valeur réelle et s'opposent dans des polémiques stériles parce que chacun veut avoir raison de l'autre et non connaître la réalité. Un vrai philosophe ne polémique pas, il n'oppose pas son opinion à celle des autres : son but est de se libérer de l'opinion. Il est de progresser, de comprendre et faire comprendre la vérité, non de dominer. Il a compris qu'il existe un savoir unique au-delà des opinions, parce qu'il existe nécessairement une seule réalité à travers toutes les apparences, une seule vérité au-delà de toutes les connaissances. Parce qu'elle correspond à la réalité, la vérité est toujours universelle, absolue, intemporelle. La connaissance est toujours particulière, relative, historique. Nos connaissances sont toujours relativement vraies, et la plupart du temps incertaines. C'est pour cela que nous devons les mettre en question. Le propre de l'opinion est d'être acceptée sans remise en question. Une opinion est une idée qu'on prend pour la vérité alors qu'elle n'est qu'une connaissance partielle de la réalité, une idée incertaine. Là est la première résolution et la grande révolution philosophique : se détacher de l'opinion pour se libérer de l'inévitable conflit qu'elle engendre par nature. « Voici le point de départ de la philosophie : la conscience du conflit qui met aux prises les hommes entre eux, la recherche de l'origine de ce conflit, la condamnation de la simple opinion et la défiance à son égard, une sorte de critique de l'opinion pour déterminer si on a raison de la tenir, l'invention d'une norme [10]. »

Il n'y a donc de dialogue philosophique que lorsqu'on se détache des opinions, toujours superficielles et contradictoires, et qu'on se consacre à la recherche amicale, libre et vivante de la vérité, c'est-à-dire de l'idée conforme à la réalité. L'unique manière de pratiquer la philosophie est de dialoguer, seul ou avec autrui, en critiquant toutes les opinions qui masquent la réalité.

La philosophie implique et produit donc une foi, c'est-à-dire une confiance, étrangère à toute croyance. La foi philosophique est la bonne foi, c'est-à-dire la foi bonne : foi dans la vérité et foi en soi-même. Parce qu'il aime la vérité, le philosophe est délivré du besoin de croire. La foi est la confiance totale dans l'idée (ou la personne) que je comprends comme digne de confiance. La croyance est la soumission à une opinion que j'admets pour vraie sans la comprendre avec certitude. La foi est un amour éclairé et éclairant, une confiance totale, lucide et joyeuse. La croyance est un amour obscur et éteint, une adhésion partielle, illusoire et dangereuse.

Bien sûr, le philosophe n'est pas sûr de trouver la vérité. Mais il est sûr qu'elle existe – puisque le réel existe –, il la désire et fait tout pour s'en approcher par le dialogue sans jamais adhérer aveuglément et totalement aux opinions. « Croire est agréable, dit Alain, mais c'est une ivresse dont il faut se priver. Ou alors dites adieu à liberté, à justice, à paix. Le vrai est qu'il ne faut jamais croire, et qu'il faut examiner toujours. » Un vrai philosophe ne croit donc en rien. S'il admet une opinion, parce qu'il doit choisir, c'est en y croyant le moins possible, et de la manière la plus raisonnable possible. Il aime trop la vérité pour cela. Il cherche avec foi, mais n'admet rien tant qu'il n'est pas certain d'être dans le vrai. Il juge mais n'affirme rien, ne nie rien tant qu'il ne comprend pas. Il doute, et son doute est encore un acte de foi dans la vérité. Car ce doute n'exprime pas une incertitude, mais la certitude rationnelle que son idée n'est pas certaine. Un philosophe est un sceptique par essence. Non parce qu'il doute de tout (car il ne doute que de ce qui est incertain),

10 Épictète, *Entretiens*, II.

mais parce que sa foi en la vérité et son amour de la sagesse le rendent constamment vigilant et questionnant (*sceptikos* : qui observe, qui examine). L'amour de la vérité libère le philosophe du besoin de foi. « Le besoin d'une foi puissante n'est pas le signe d'une foi puissante, écrit Nietzsche. Quand on l'a, on peut se payer le luxe du scepticisme [11]. »

Mais le scepticisme et la vérité ne sont pour le philosophe que des moyens. Son but est de posséder le bien souverain, un savoir que les Grecs plaçaient plus haut que toute science et qu'ils appelaient la *sophia*, la sagesse.

11 NIETZSCHE, *Le Crépuscule des idoles.*

# III

## Le but de la philosophie : la sagesse

La sagesse est l'idée essentielle de la philosophie. Celle qui lui donne tout son sens. Paradoxalement, c'est sans doute la moins étudiée et la moins comprise. On en a souvent une idée négative, comme si elle était une entrave à la vie heureuse et à la volupté. On la confond souvent avec d'autres notions : vérité, science, prudence, morale, savoir-vivre... La *sophia* les contient toutes, mais elle les dépasse infiniment. Que signifie l'idée de sagesse ? Extrêmement riche, elle désigne à la fois une pratique, une science, un art et une vertu.

### Une pratique

Dans toutes les traditions, la sagesse est définie comme une certaine pratique, une manière d'être. Elle ne se révèle pas dans le discours mais dans l'action, non dans la pensée mais dans la vie : c'est une capacité à se conduire de la façon la meilleure possible. La question socratique de la bonne conduite de la vie fonde toute la philosophie : « Notre dialogue ne porte pas sur une bagatelle, mais sur la manière dont il faut régler notre vie [1]. »

La sagesse n'est pas l'application d'une morale, un ensemble de règles, un code de devoirs. C'est une qualité d'être, une puissance intérieure, une force d'âme dont le trait dominant est la sérénité. « La plus expresse marque de la sagesse, dit Montaigne, c'est une réjouissance constante ; son état est comme des choses au-dessus de la lune : toujours serein [2]. » Le sage n'est pas apa-

1 Platon, *La République*, 352d.
2 Montaigne, *Essais*, I, 26, 161.

thique et indifférent, mais tranquille et confiant. Son assurance en lui-même vient de son autonomie, de sa claire compréhension des choses. Le sage trouve en effet son bonheur en lui-même, dans un équilibre parfait avec le monde, parce qu'il sait faire ce qui est bon pour lui, sans dépendre de personne. « S'il est un homme qui se suffit à lui-même pour être heureux, c'est bien le sage, écrit Platon. Il est de tous les hommes celui qui a le moins besoin d'autrui [3]. » La sagesse n'entraîne pas l'autarcie, la fermeture aux autres. Au contraire. Elle est une puissance d'aimer qui se manifeste par une ouverture au monde, une disponibilité aux autres et une bonté exceptionnelle. Le sage est un homme tout à fait à part des hommes ordinaires parce qu'il comprend mieux ce qu'il est nécessaire de savoir pour être pleinement heureux en cette vie. Il est maître de soi et de sa vie parce qu'il a résolu pour lui-même la question clé de la philosophie : comment vivre ? Pour Socrate, comme pour Bouddha ou Jésus, le but n'est pas le savoir mais le bien vivre. Il s'agit de se libérer du mal sous toutes ses formes : non seulement de l'ignorance, de l'erreur et de l'illusion, mais aussi et d'abord et surtout de la souffrance, de la maladie, de la misère, de la détresse, de la méchanceté, de la violence, de la haine, de tous ces maux qui entraînent inévitablement notre malheur. Le but du philosophe est bien pratique et non théorique : il s'agit de ne plus souffrir et de ne plus faire souffrir, de devenir bon, de devenir meilleur pour vivre dans les meilleures conditions possibles. Comment vivre, le mieux possible, chacun et tous ensemble ? Toute la philosophie cherche à répondre à cette question. La sagesse est « science de vie [4] », dit Montaigne. Philosopher, c'est apprendre à vivre. Et donc, aussi, à mourir. C'est chercher dans la sagesse un remède à nos maux existentiels en se fondant sur un unique principe : la source principale du malheur humain est l'ignorance.

C'est peut-être l'un des seuls enseignements doctrinaux de Socrate, mais il est fondamental : les hommes n'agissent mal que par ignorance : « Nul n'est méchant volontairement [5] ».

3 PLATON, *op. cit.*, 387d 12.

4 MONTAIGNE, *op. cit.*, III, 10.

5 PLATON, *Ménon* , 77e, et aussi *Gorgias* et *La République*.

Que veut dire Socrate ? Que l'auteur d'un mal ne peut choisir librement de faire le mal qu'il fait. Nul en effet ne peut faire par volonté et selon sa conscience que ce qu'il croit être un bien. Si je peux choisir entre deux solutions, voler ou respecter, mentir ou dire la vérité, tolérer ou frapper, obéir ou désobéir, je choisirai nécessairement la solution qui me semblera la meilleure. Si volontairement je vole, je mens, je frappe, j'obéis, c'est que je pense qu'il est mieux d'agir ainsi. En quoi je peux me tromper. C'est alors de l'ignorance, non de la méchanceté. Je serai certes coupable de m'être trompé, mais pas responsable puisque je n'aurai pas voulu faire le mal. Et si je sais que je fais le mal lorsque je vole, je mens, je frappe, j'obéis ? C'est alors que je fais le mal que je ne veux pas : j'agis sous l'emprise d'une passion, une force intérieure qui me détermine irrésistiblement à agir vers un plaisir, mais qui n'exprime pas ma volonté du bien. C'est alors de l'impuissance, non de la méchanceté. L'auteur d'un mal est donc toujours un irresponsable. Soit il ignore ce qu'est le bien, et il est alors victime de son ignorance, soit il est impuissant à le réaliser, et il est alors esclave de ses passions, victime d'une illusion, envoûté par le charme d'une séduction.

Tous les méchants sont donc des faibles, des êtres à qui manquent une connaissance et une puissance que seul l'homme bon et libre possède. Comprendre cela, c'est pardonner : le méchant est coupable (il est bien cause d'un mal commis), mais il n'est pas responsable (il est sujet d'une impuissance qui l'empêche d'être responsable). En somme, il n'y a pas de « méchant », explique Socrate, car personne ne peut vouloir le mal : il n'y a que des « souffrants ». Les méchants sont des irresponsables qui suscitent la compassion, la miséricorde et la générosité du sage. Tout méchant souffre d'un manque de puissance et de connaissance qui le rendrait responsable, fort et bon.

Cette puissance et cette connaissance, c'est la sagesse, qu'on peut donc définir ainsi : la force intérieure qui permet de dominer ses passions et d'agir selon la raison pour faire le bien. La thèse de Socrate, qui fonde toute la philosophie, est que cette force n'a d'autre source que l'amour et d'autre moyen que la connaissance. Parce qu'il connaît clairement le bien et qu'il sait comment l'accomplir, le sage reste maître de lui-même. Il agit par amour, en accord avec lui-même, dans la *philia*. Il possède la force d'âme, le courage, la vertu du cœur. Par la sagesse, les passions, les violences, les haines et les tristesses sont vaincues. Cette force d'âme peut s'exprimer de façon héroïque : toujours être juste malgré une injustice subie, être généreux envers ses ennemis, pardonner à ses agresseurs, accueillir sa mort et celle des autres avec une totale sérénité, etc. Mais elle peut se manifester aussi avec simplicité et humour. À un contradicteur qui, à bout d'arguments, lui asséna un coup de poing, Socrate répondit tranquillement : « Il est fort ennuyeux de ne pas savoir quand il faut mettre un casque avant de sortir. » Alors qu'on s'étonnait de sa tolérance après qu'un homme lui eut donné un coup de pied, Socrate se justifia : « Eh quoi ! ? Si c'était un âne qui m'avait donné un coup de pied, irais-je lui faire un procès ? »

La sage reste maître de lui-même, parce qu'il a atteint la liberté intérieure face aux passions. Il est libéré de la colère, de l'envie, du mépris, de l'avidité. Plus ils manquent de sagesse, plus les hommes sont soumis à leurs opinions et victimes de leurs passions, plus ils sont illusionnés par leurs idées fausses et asservis aux forces intérieures qui les poussent à agir dans l'excès et la violence, contrairement au bien qu'ils désirent par nature.

Voilà ce que désire Socrate de tout son être, le désir ardent qu'il fait naître dans le cœur de jeunes gens enthousiastes comme Alcibiade et Platon : devenir un homme libre, capable de diriger sa vie selon des principes de sagesse. Car la vie ne prend tout son sens que lorsqu'elle s'accomplit sous sa forme excellente, joyeuse et sereine. La sagesse est le sens de la vie parce qu'elle est tout simplement ce par quoi l'homme accomplit son essence vivante. C'est pourquoi la philosophie est davantage une quête de sens que de vérité. Seul le sage vit dans la plénitude du sens, sans manquer de rien, en harmonie avec lui-même et le monde. En accord avec le réel.

La sagesse est ce savoir pratique qui dépasse tous les savoirs particuliers, parce qu'il n'est pas seulement utile à tel ou tel homme comme le sont les savoirs du physicien, du menuisier, du médecin ou du juriste, mais le savoir universel, indispensable à tous les hommes en tant qu'ils sont hommes, pour accomplir leur humanité et vivre d'une façon sensée.

Si elle se révèle dans la pratique, dans une puissance d'agir excellente, la sagesse nécessite pourtant une connaissance intellectuelle de l'ordre d'une science.

### La science suprême

Quel est l'objet de cette science ? Dans le *Charmide*, dialogue platonicien sur la sagesse, Socrate apporte des éléments de réponse. Il réfute d'abord plusieurs formules proposées par son interlocuteur : la sagesse n'est pas le calme, ni la pudeur, ni même l'autonomie. Elle ne peut non plus être réduite à la seule connaissance de soi, ni même à la connaissance de son ignorance. On ne peut même pas se contenter de l'appeler la science des sciences. Toutes ces définitions sont insuffisantes, parce que ces sciences ne donnent pas nécessairement la capacité d'être heureux en faisant le bien. En fait, une seule connaissance semble digne de caractériser la sagesse, c'est la science du bien et du mal. La sagesse est moins la connaissance des choses que celle des valeurs. La science des valeurs, c'est la morale ou plutôt l'éthique, comme disent les philosophes grecs. Une morale est un ensemble de règles impératives. Alors que l'éthique est la compréhension de ce qui est bon et de ce qui est mauvais en vérité, pour soi et pour tous les hommes [6]. C'est la partie la plus importante de la philosophie, parce que c'est la voie qui mène à la sagesse en acte et au bonheur réel. L'éthique peut se formuler selon des principes de vie bonne, sous la forme de conseils. Mais nous devons comprendre par nous-même ce qui donne une valeur à notre vie et à nos actions, ce qui fait la valeur des choses, des actes et des êtres. Apprendre à bien vivre par notre propre jugement, c'est le programme de toute la philosophie.

« Le mot Philosophie pris dans son sens vulgaire, écrit Alain, enferme l'essentiel de la notion. C'est, aux yeux de chacun, une évaluation exacte des biens et des maux ayant pour effet de régler les désirs, les ambitions, les craintes et les regrets. Cette évaluation enferme une connaissance des choses, par exemple s'il s'agit de vaincre une superstition ridicule ou un vain présage ; elle enferme aussi une connaissance des passions elles-mêmes et un art de les modérer. Il ne manque rien à cette esquisse de la connaissance philosophique. L'on voit qu'elle vise toujours à la doctrine éthique, ou morale, et aussi qu'elle se fonde sur le jugement de chacun, sans autre secours que le

6 La dernière partie précise la différence radicale qu'on peut faire aujourd'hui entre la morale (comme respect des devoirs) et l'éthique (comme recherche du bonheur).

conseil des sages. Cela n'enferme pas que le philosophe sache beaucoup, car un juste sentiment des difficultés et le recensement exact de ce que nous ignorons peut être un moyen de sagesse ; mais cela enferme que le philosophe sache bien ce qu'il sait, et par son propre effort. Toute sa force est dans un ferme jugement, contre la mort, contre la maladie, contre un rêve, contre une déception. Cette notion de la philosophie est familière à tous et elle suffit [7]. »

La *sophia* n'est pas seulement un savoir-faire pratique et technique, mais bien une science, une compréhension théorique. La sagesse pratique peut être désignée par la notion de prudence (en grec, *phronesis*). La prudence est un savoir-agir qui peut en partie s'acquérir spontanément, par accumulation de l'expérience, sans la réflexion théorique de la philosophie. Elle consiste dans l'art d'adapter convenablement les moyens aux fins, d'après une perception spontanée des valeurs. Plus je suis prudent, mieux je saurai conduire une entreprise quelconque au succès. La prudence est très précieuse, et même indispensable au philosophe, parce qu'elle permet la réussite effective de ses projets et de son action, de sa vie sociale et professionnelle. Mais elle n'est qu'une partie de la *sophia*, car seule la compréhension théorique des valeurs supérieures permet de distinguer les bons et les mauvais projets, les bons et les mauvais buts. Parce qu'elle est une connaissance des fins réellement nobles, des valeurs supérieures, des buts ultimes, la sagesse ne peut être acquise par la seule expérience, comme un simple savoir-faire empirique. Elle n'est pas seulement un bien-faire, elle est un faire le bien. La prudence est nécessaire pour réussir dans la vie, c'est une grande vertu, mais seule la sagesse nous dit ce qu'est, en vérité, réussir sa vie. Pour faire le bien, il faut en effet le connaître avec certitude et clarté comme étant le bien. C'est pourquoi la sagesse est nécessairement fondée sur une compréhension théorique du bien. Le sage connaît avec certitude le vrai bien parce qu'il comprend l'essence même du bien. Il est savant au même titre que le physicien ou le musicien. Sans quoi le sage ne saurait pas qu'il est sage, ni comment l'être, ni pourquoi il l'est : il ne serait pas dans la foi mais dans la croyance, pas dans la confiance mais dans la confusion. La sagesse inclut la science de

7 ALAIN, *Éléments de philosophie*, p. 21.

la sagesse comme savoir pratique, tout en la dépassant. Car la connaissance n'est pas le but ultime, elle n'est que le moyen de l'action bonne. La prudence n'est donc complète que si elle est conforme à la justice. Elle consiste à chercher en toute circonstance les moyens d'accomplir la meilleure action possible et de s'assurer le vrai bonheur.

Qu'est-il nécessaire de connaître pour se comporter en sage ? Rien d'autre que ce qui est nécessaire à la bonne conduite de la vie : « Ce mot de philosophie signifie l'étude de la sagesse, écrit Descartes, et par la sagesse on n'entend pas seulement la prudence dans les affaires mais une parfaite connaissance de toutes les choses que l'homme peut savoir, tant pour la conduite de sa vie que pour la conservation de sa santé et l'invention de tous les arts [8]. »

Définition capitale parce qu'elle montre bien la finalité pratique de la philosophie et qu'elle définit aussi la sagesse comme une perfection dans la connaissance. La sagesse n'est pas la connaissance de tout, ni du plus de choses possibles. C'est un savoir de l'essentiel, de ce qu'il faut savoir pour bien agir. Elle n'est pas quantitative mais qualitative. Elle est d'abord parfaite par son objet : ce qui entraîne le bien-vivre. Une personne qui connaît bien peu de choses essentielles est plus sage que celui qui connaît mal beaucoup de choses sans intérêt. « Ce qui nous fait le plus défaut n'est pas la connaissance de ce que nous ignorons, dit Edgar Morin, mais l'aptitude à penser ce que nous savons [9]. » Socrate ne s'intéressait en effet qu'à peu de questions. Il dédaignait la quasi-totalité des sujets qui intéressent la foule. Mais il cherchait à bien comprendre la valeur de ce qu'il savait.

La sagesse est aussi parfaite par sa nature : c'est un savoir parfait, une véritable science. Non seulement parce que ce savoir est vrai, mais parce qu'il est parfaitement connu comme étant vrai. C'est donc un savoir éclairé, un savoir conscient de lui-même, de ses limites comme de sa valeur. La sagesse est le savoir parfait de ce qui a le plus de valeur. Seules importent au philosophe certaines connaissances, celles qui sont à la fois certaines et essentielles.

8 Descartes, *Principes de la philosophie*, préface.
9 Morin, *Science avec conscience*, p. 26. Voir aussi *La Méthode* (4 volumes).

Or l'essentiel, c'est la vie, la bonne vie, comme l'exprime bien Montaigne : « Il n'est rien si beau et si légitime que de faire bien l'homme et dûment, ni science si ardue que de bien et naturellement savoir vivre cette vie [10]. »

La sagesse est donc la science suprême, la « reine des sciences », parce qu'elle a pour objet l'art de vivre dans la lucidité, sans illusion. Elle n'exclut pas la fantaisie, l'exubérance, la créativité, l'originalité. Au contraire. Le sage est un homme libre, sans inhibition, parce qu'il est lucide sur l'essentiel. Son comportement est souvent déroutant. Il peut apparaître comme une folie aux yeux des ignorants qui n'en comprennent pas la cause.

La sagesse est en effet moins un savoir qu'une force psychique qui permet de lutter contre l'illusion, la grande ennemie du philosophe. L'illusion est une ignorance au carré : je crois savoir, et je ne sais pas que je ne sais pas. Toute illusion est directement mauvaise, car elle est un désaccord partiel avec le réel. Mais elle est doublement mauvaise parce qu'elle se donne pour vraie et empêche donc toute recherche du vrai. L'homme illusionné ne sait pas distinguer entre son image du réel et le réel. L'état d'illusion devient la folie lorsqu'elle est généralisée au point d'engendrer une rupture totale avec la réalité, une fuite dans l'imaginaire. La notion de folie désigne au sens strict l'incapacité à se diriger par soi-même, à être en accord avec soi et avec les autres. La folie est donc un bon terme pour désigner le contraire de la sagesse. Le mot vient du latin *folis* qui désigne une outre remplie d'air, ballottée par le vent. Le fou est l'homme illusionné, déséquilibré, déstructuré, aliéné, l'homme esclave des images, en désaccord quasi total avec le réel, et donc avec lui-même. La philosophie trouve là une nouvelle définition, négative : c'est la lutte de l'homme contre sa folie intérieure. Le fou est l'homme submergé par l'illusion, il ne sait pas reconnaître le réel de l'imaginaire, ne sait pas distinguer le vrai du faux, le bon du mauvais. Il est l'esclave de ses idées confuses et la marionnette de ses passions. Car tout amour pathologique a pour racine l'imagination. C'est parce que j'imagine que cette chose me rendra follement heureux que je désire follement la posséder. C'est contre cette avidité que la vertu de tempérance est nécessaire, pour attribuer à chaque chose sa vraie valeur, pour la

10 Montaigne, *op. cit.*, III, 13.

désirer à sa juste mesure. Cela ne veut pas dire que l'homme raisonnable peut éradiquer toute folie, tout force passionnelle et irrationnelle en lui, ni même toute illusion. Les sages sont peut-être aussi fous que les fous, mais seuls les sages connaissent leur part de folie, et c'est ce qui fait leur lucidité suprême. Comme le dit un proverbe bouddhiste : « Le fou est celui qui se prend pour un sage, le sage celui qui connaît sa folie [11]. »

Quel rapport la sagesse entretient-elle avec les sciences particulières ? Le savoir-vivre implique à divers degrés tous les autres savoirs : tous les arts, toutes les techniques, tous les savoir-faire, toutes les sciences – physique, biologie, écologie, psychologie, sociologie, économie, linguistique, histoire, etc. Mais aucun de ces savoirs ne peut remplacer ce que seul le savoir philosophique recherche : la *sophia*, qui regroupe à la fois la science des valeurs, le savoir-penser et le savoir-agir, le savoir-aimer et le savoir-être.

La sagesse n'est donc pas un simple savoir. C'est plutôt la maîtrise du savoir, un véritable art de vivre, dont la finalité suprême est la vie belle, la vie juste, la vie bonne. Toutes les sciences portant sur les objets du monde sont bonnes, mais elle n'ont de valeur pour le philosophe qu'en tant qu'elles peuvent contribuer à l'augmentation de sa puissance intérieure et de sa liberté. Le philosophe n'est pas l'homme curieux, celui qui s'intéresse à tout et n'importe quoi. Il est l'homme d'un seul amour, auquel il accorde une valeur absolue. Comme le dit pour lui-même Spinoza, le philosophe veut « diriger toutes les sciences vers une seule fin et un seul but, qui est de parvenir à cette suprême perfection humaine dont nous avons parlé ; et tout ce qui, dans les sciences, ne nous rapproche pas de notre but devra être rejeté comme inutile ; tous nos travaux, comme toutes nos pensées, devront tendre vers cette fin [12]. »

Mais les grands sages de l'Antiquité tiennent le même discours. Socrate explique lors de son procés qu'il ne cherche pas à expliquer « ce qui se passe sous terre et dans le ciel », mais seulement à rendre chacun « le plus possible excellent et raisonnable [13] ». À un disciple qui lui demande de répondre à des

11 Cité par Rech, *Moine zen en Occident*, p. 56.
12 Spinoza, *Traité de la réforme de l'entendement*, vol. 1, p. 185.
13 Platon, *Apologie de Socrate*, 3, 26.

questions métaphysiques sur l'éternité du monde et sur la nature de l'âme, Bouddha répond : « Je ne l'ai pas expliqué parce que ce n'est pas utile, cela ne concerne pas le principe d'une vie religieuse, cela ne conduit pas à l'absence de passion, à la sérénité, à la connaissance parfaite, au nirvâna, aussi ne l'ai-je pas expliqué [14]. » Bouddha n'a expliqué toute sa vie que ce qui est vraiment utile au bonheur : la nature de la souffrance, l'origine de la souffrance, le moyen de détruire la souffrance, le chemin qui mène à la destruction de la souffrance.

Quel que soit l'objet sur lequel il s'interroge, c'est toujours la recherche du vrai bien qui motive la pensée philosophique, qui la stimule et lui donne sa force. Le « bien » est une notion problématique. Chaque philosophe doit la penser par lui-même, mais chacun peut comprendre avec Socrate que le bien suprême est nécessairement « la disposition de l'âme qui est capable de procurer à tous les hommes une vie heureuse [15] ».

En quoi la sagesse n'est pas seulement une science, mais aussi et avant tout un art de vivre.

### L'art de vivre

Plus encore que la science du bien et du mal, la sagesse est la science de l'art de vivre. Mieux : elle est l'art de vivre lui-même. Non au sens réducteur de la connaissance de la politesse ou de la sociabilité, mais au sens fort : c'est la connaissance de la meilleure façon d'agir, pour n'importe quel être humain. Est sage celui qui possède l'art de vivre bien, d'accomplir le mieux possible sa vie d'homme. La *sophia* a d'ailleurs moins en grec le sens de « science », de théorie ou de doctrine explicative (l'*épistémé*) que celui d'habileté. Le sage a plus d'habileté que les autres dans la vie. Il « sait y faire » avec l'existence, il sait prendre les bonnes décisions, dire le mot juste, accomplir l'action adéquate, au bon moment. C'est moins un homme savant qu'un homme intelligent.

On définit souvent l'intelligence comme la capacité de résoudre de nouveaux problèmes. Mais la véritable intelligence,

14 CRÉPON, *Les Fleurs de Bouddha, Anthologie du bouddhisme*, parabole de la flèche, p. 42.
15 PLATON, *Philèbe*, 11c.

celle qui caractérise le bon philosophe, c'est de savoir distinguer les vrais et les faux problèmes pour ne s'intéresser qu'aux problèmes vitaux : la souffrance, l'amour, la mort, la violence, le bonheur... Le seul vrai problème, c'est la réussite de la vie quotidienne, la vie concrète, la vie réelle. « Mon métier et mon art, dit Montaigne, c'est vivre. » Car la vie est « notre grand et plus glorieux chef-d'œuvre [16] ».

Le sage est l'homme suprêmement intelligent, parce qu'il sait se servir habilement de son intelligence pour résoudre ses problèmes essentiels, qui sont aussi les problèmes universels et éternels de l'homme. La sagesse est l'art d'utiliser intelligemment son intelligence.

Or le problème central de la vie est, pour le non-sage, la peur de la mort. C'est pourquoi le savoir-vivre implique un savoir-mourir, un art d'être serein face à la mort, jusqu'au dernier instant de vie : « Il est bien clair que l'homme ordinaire a peur de la mort et qu'il a peur jusqu'à la fin remarque Marcel Conche. Alors, que vaut son "bonheur" ? Il a peur parce qu'il a négligé la philosophie. De ce fait, il ne sait pas ce qu'est la mort et il la craint. La philosophie, si du moins elle accomplit sa vocation, dissout la crainte de la mort, et, par l'abolition de cette crainte fondamentale, rend possible le bonheur stable, inentamable, du sage [17]. »

Mais la sagesse se révèle d'abord dans l'exercice quotidien de l'existence, lorsqu'on ne pense pas à la mort, mais au bonheur en cette vie. La sagesse est l'art de vivre l'instant présent de la meilleure façon possible. Elle se révèle donc à chaque seconde, dans un bonheur d'exister dont l'occasion est extérieure mais la source intérieure. L'importance de l'habileté vitale dans le savoir-faire a été mise en valeur par les sophistes, tels Protagoras et Gorgias. Le sage maîtrise le *kairos*, l'instant propice, il sait saisir au vol le moment opportun pour dire ou faire ce qui convient. C'est l'homme à l'écoute du rythme des choses, qui sait s'arranger au mieux avec les circonstances, toujours singulières, toujours exceptionnelles. C'est donc avant tout un homme qui sait vivre et agir, plutôt qu'un homme qui sait écrire et parler... Plus un artiste qu'un savant. Un homme d'action plus que de théorie.

16 MONTAIGNE, *op. cit.*, II, 6 et III, 13.
17 CONCHE, *Analyse de l'amour et autres sujets*, « Le bonheur », p. 53.

Cependant, la sagesse ne se révèle pas seulement dans l'action la plus favorable du moment. Sage est la personne qui sait choisir le bon mode de vie, qui sait comment réussir sa vie dans sa globalité, dans son travail, son lieu de vie, sa famille, sa société, son histoire, parce qu'elle sait distinguer entre les valeurs supérieures et les valeurs inférieures.

La pratique de la philosophie n'est donc pas seulement la recherche d'un discours vrai sur le monde, mais d'un mode de vie aussi sage et heureux que possible. Sa recherche est de nature intellectuelle, mais elle implique l'individu dans son existence concrète, son destin et sa chair.

Dans l'Antiquité et à l'âge classique, tout cela était une évidence pour les philosophes. J'y insiste beaucoup ici parce que ceux qui se consacrent aujourd'hui à la pratique de la philosophie, étudiants et professeurs, chercheurs et écrivains, amateurs et intellectuels, semblent l'ignorer dans leur majorité. La philosophie semble n'être pour eux qu'un discours théorique d'érudition, un commentaire des sciences, une analyse de concepts ou une réflexion abstraite sur des objets extérieurs à leur vie [18]. Cette situation n'est pas nouvelle. Kant le notait déjà au XVIII^e^ siècle : « Une Idée cachée de la philosophie a depuis longtemps été présente parmi les hommes. Mais soit ils ne l'ont pas comprise, soit ils l'ont considérée comme une contribution à l'érudition.

« Si nous prenons les anciens philosophes grecs comme Épicure, Zénon, Socrate, etc., nous découvrons que l'objet principal de leur science a été la destination de l'homme et les moyens de l'atteindre. Ils sont donc restés beaucoup plus fidèles à l'Idée vraie du philosophe que cela n'est arrivé dans les temps modernes, où l'on ne rencontre le philosophe que comme artiste de la raison [19]. »

Tout se passe comme s'il était inconvenant de parler aujourd'hui de sagesse, comme si elle était un idéal périmé, comme s'il n'était plus digne de l'homme moderne de viser l'idéal de la

18 Il existe heureusement de notables exceptions, tels les philosophes cités dans ce livre : Marcel Conche, Robert Misrahi, Pierre Hadot, Gilles Deleuze, Michel Foucault, André Comte-Sponville, Michel Onfray, Clément Rosset, Michel Henry, Edgar Morin, etc. Pour une présentation simple de ces auteurs, voir RUSS, *La Pensée éthique contemporaine* et *La Marche des idées contemporaines*.

19 Cité par HADOT, *Qu'est-ce que la philosophie antique ?*, p. 401.

philosophie antique et classique. Mais la philosophie est recherche personnelle de la sagesse en soi-même ou elle n'est pas la philosophie. Toute personne qui pratique un exercice philosophique en perdant de vue ce but, et qui recherche la science sans viser une amélioration intérieure, perd l'essence de la philosophie : ce sera un étudiant, un intellectuel, un scientifique, il pourra se nommer logicien, historien, linguiste, psychologue, physicien ou moraliste, il pourra détenir un savoir et une compétence, mais il ne sera pas digne d'être appelé philosophe, même s'il réfléchit sur l'existence de Dieu, la mort ou la morale. Cela n'est pas une simple affaire de mot. Que les hommes, en particulier les intellectuels, ne soient pas authentiquement philosophes est de la plus haute importance : cela signifie qu'ils font passer d'autres valeurs avant la valeur suprême, la sagesse. Ainsi, dans leur existence quotidienne et dans l'usage de leurs compétences, ils s'attacheront à faire ce qui leur semble bon selon leur opinion sans réellement chercher à connaître et à faire ce qui est réellement bon. La pratique philosophique a nécessairement une dimension existentielle. Un philosophe ne cherche pas simplement à accroître sa science et à trouver des idées meilleures. Son but véritable est de s'améliorer intérieurement par la connaissance. Aimer la sagesse n'est pas désirer en avoir une connaissance abstraite, détachée de la vie immédiate et de ses singularités historiques. Ce qui intéresse le philosophe authentique, Socrate, Épicure ou Montaigne, c'est de devenir réellement meilleur, en tant que personne singulière engagée dans l'existence. La philosophie n'a aucune valeur si elle ne reste qu'un discours. Elle n'est qu'une réflexion donnant des réponses limitées à certaines questions, mais ces réponses ne prennent leurs sens que si elles s'incarnent dans l'existence. La philosophie réussit lorsque la compréhension qu'elle procure augmente l'épanouissement de sa personnalité, la réussite de son existence, la réalisation concrète de son humanité dans sa singularité, dans le cours entier de sa vie, dans la plénitude de son être-au-monde, à travers un bien-vivre général.

Par son acquisition du savoir-vivre, le sage a simplement actualisé toute la puissance dont est capable un homme pour accéder au bien : il dispose ainsi de la plus grande force qu'un homme puisse posséder, ce que les philosophes de l'Antiquité ont appelé la vertu.

**La vertu**

Le mot vertu est un bon synonyme de sagesse. Il vient de la racine *vir*, qui signifie au sens strict l'homme (d'où l'adjectif viril), mais dont le sens réel est la force, la vraie puissance d'un homme et d'une femme : sa force d'âme, sa bonté de cœur, l'excellence de son caractère, son intelligence de la vie. Le terme grec pour vertu est *arété* : excellence. Une force est une énergie capable d'engendrer un mouvement. Le mouvement engendré par la vertu est l'action bonne, l'action excellente. Le sage agit par l'activité la plus adaptée, il a le comportement le plus adéquat. Une vertu n'est pas un simple caractère psychologique comme la mémoire ou l'imagination. C'est une disposition constante, acquise, volontaire et raisonnable à faire le bien et à vivre selon la juste mesure, en évitant le défaut et l'excès, en restant au sommet de soi [20]. Plus la vertu est grande, plus l'action, l'activité, le comportement sont harmonieux, équilibrés, convenables. Non par rapport à un critère théorique, mais par rapport au seul critère existentiel et vivant : la pleine satisfaction intérieure, la joie et la paix éprouvées par ceux qui en sont les bénéficiaires. L'homme est vertueux s'il fait ce qui convient, à chaque instant, pour faire le plus de bien possible en lui et autour de lui, en toute liberté. La sagesse peut s'analyser en de nombreuses vertus, qui ne sont que des approches différentes d'une même capacité à faire le bien, à promouvoir la joie des hommes. Les Grecs distinguaient quatre vertus cardinales : le courage, la prudence, la tempérance et la justice. Mais on peut en décrire de nombreuses autres, qui découlent des premières : la bonne foi, la générosité, la tolérance, la miséricorde, l'humour, la douceur, la chasteté, la compassion, la simplicité, etc. La sagesse est constituée par l'ensemble de ces puissances, ces excellences. Cependant, les vertus ne sont pas seulement des potentialités. Elles sont toujours en acte et non en puissance : est juste celui qui agit en respectant le bien commun ; est prudent celui qui emploie les moyens adéquats au bonheur ; est tempérant celui qui modère ses désirs pour savourer pleinement les plaisirs ; est généreux celui qui fait du bien aux autres ; est chaste celui qui vit sa sexualité sans servitude passionnelle ; a de l'humour celui qui sait rire et faire rire de tout, etc.

20 Aristote, *Éthique à Nicomaque*.

La première vertu est le courage : elle est la force par laquelle je reste fidèle aux vertus. C'est la vertu du cœur, ou plutôt le cœur de toute vertu (*cor* en latin). Mais cette étymologie ne doit pas tromper : le cœur ne désigne pas ici la sensibilité et l'affectivité, mais la puissance de l'âme, l'amour éclairé par la raison. Dans son *Éthique*, Spinoza parle simplement de force d'âme (*fortitudo*), qu'il divise en fermeté d'âme (fidélité à l'amour raisonnable de soi) et en générosité (fidélité à l'amour raisonnable de l'autre) [21]. Le courage n'est donc pas la simple force de caractère. Ce n'est pas une simple capacité de surmonter la crainte, une insensibilité au risque et à la peur. Sinon, n'importe quel homme injuste surmontant sa crainte du danger serait courageux. S'il fait le mal, c'est qu'il est ignorant ou lâche, qu'il n'est pas dirigé par son cœur et sa raison, qu'il n'agit pas par l'amour raisonnable du bien. Le courage est la première vertu philosophique parce qu'elle est la force d'âme par laquelle chacun s'efforce de faire ce qui est nécessaire pour promouvoir les valeurs de la vie, selon la saine raison, en affrontant les difficultés avec constance et fermeté. Courageux est l'homme qui vit selon l'amour de la raison, qui s'efforce de faire le bien de façon imperturbable. Le courage suppose donc « la science des choses qui sont véritablement à craindre et de celles qui ne le sont pas », comme le dit Socrate dans le *Lâchès*. Or ce qui est à craindre, ce n'est ni la mort, ni la souffrance, mais seulement le malheur, la vie mauvaise, la vie sans valeur et sans art. Voilà pourquoi le premier courage est de chercher la vérité sur le bien et le mal, le courage de la pensée : la lucidité. Un homme courageux est un homme qui « s'efforce de bien faire et de se tenir en joie », selon la belle formule de Spinoza. Et bien faire, c'est d'abord penser et agir sous l'exigence de la vérité.

Seul l'homme qui accomplit le plus souvent la meilleure action possible mérite d'être appelé un sage. C'est ce qu'avait compris Montaigne, pour qui la philosophie n'avait de valeur qu'en action. La philosophie est la réalisation de la sagesse, non son rêve : « Ma philosophie est en action, en usage naturel et présent, peu en fantaisie [22]. » Remarquons au passage qu'un véritable examen de philosophie ne devrait pas – ou pas seulement –

21 Spinoza, *Éthique*, III, prop. 59.
22 Montaigne, *op. cit.*, III, 5.

consister dans des épreuves de réflexion théorique et linguistique, écrite ou orale, mais dans l'examen de la qualité d'être et d'action de l'étudiant, dans l'exercice de sa vie... « Je ne me soucie d'un philosophe, dit Nietzsche, qu'autant qu'il est capable de donner un exemple [23]. »

Un philosophe se reconnaît en particulier à sa générosité. Voltaire disait qu'un vrai philosophe fait tout ce qu'il peut pour faire le plus de bien possible autour de lui sans rien attendre en retour. Non parce qu'il est un saint, mais parce qu'il a compris que rien n'est plus utile pour faire son propre bien que de faire du bien autour de soi. Un philosophe n'a d'autre but que l'amélioration de soi, l'accroissement de sa puissance d'être, l'augmentation de sa valeur. Parce qu'il sait que c'est là sa première responsabilité, et que l'amour de soi est la seule source de toute générosité. La sagesse n'est autre que la jouissance de sa propre valeur, la connaissance joyeuse de sa propre personne, la réflexion satisfaite sur la santé de son âme. Parce qu'il possède la vertu, le sage est un homme fier mais sans orgueil, un homme fort mais sans violence, un homme comblé mais sans vanité, un homme politiquement actif mais sans engagement idéologique : il a le sens de la mesure, il agit selon sa nature, en respectant le sens de la vie, en accord avec la réalité. Et ce faisant, il contribue de la manière la plus efficace possible au bien de l'humanité : « La vertu est la chaîne de toutes les perfections, et le centre de toute la félicité, écrit Balthasar Gracian à la fin de son *Art de la prudence*. Elle rend l'homme prudent, attentif, avisé, sage, vaillant, retenu, intègre, heureux, plausible, véritable, et héros en tout. Il n'y a rien de si aimable qu'elle, ni de si haïssable que le vice. La vertu est une chose tout-à-bon, tout le reste n'est que moquerie. La capacité et la grandeur se doivent mesurer sur la vertu, et non pas sur la fortune. La vertu n'a besoin que d'elle-même, elle rend l'homme aimable durant sa vie, et mémorable après sa mort [24]. »

Il faut cependant se garder d'une mystification fréquente, qui absolutise la sagesse à son maximum et fait du sage un homme parfait, sans souffrance ni défaut. Le sage n'est qu'un homme : il peut se tromper. Mais il saura accepter son erreur et en tirer

23 Nietzsche, *Considérations inactuelles*, *Œuvres*, vol. 1, p. 297.
24 Gracian, *L'Art de la prudence*, § 300.

la leçon. Le sage reste soumis à ses passions. Mais il saura réfléchir à leurs conséquences et saura les maîtriser par la raison, grâce à sa science du bonheur et à la puissance de son amour du bien. Son savoir sur le monde est limité. Mais il saura faire ce qu'il sait être le meilleur compte tenu de son savoir. La sagesse n'existe donc qu'en situation : c'est l'intelligence de la vie, au service de la vie, par amour de la vie. Et relative, toujours, comme toute chose. Une sagesse parfaite demanderait en effet une science totale et un jugement infaillible.

« Puisqu'il n'est pas dans la nature de l'homme de posséder un savoir tel que si nous le possédions nous saurions ce qu'il faut faire et ce qu'il faut dire, écrit Isocrate, je considère comme sages, dans les limites de ce qui reste possible, ceux qui, grâce à leurs conjectures, peuvent atteindre le plus souvent la solution la meilleure. Et je considère comme philosophes ceux qui s'adonnent aux exercices, grâce auxquels ils acquerront le plus vite possible une telle capacité de jugement [25]. »

Il faut se garder aussi d'un autre contresens, qui est de considérer la sagesse comme une norme à laquelle il faudrait se conformer. Le sage ne suit pas un modèle, il exprime sa nature individuelle en faisant ce qu'il comprend être le meilleur pour lui-même. La sagesse ne consiste pas à respecter un idéal ou une morale, mais à être simplement et pleinement soi-même, en vivant selon sa raison. Le sage suit l'ordre du monde et respecte la Nature en assumant sa totale singularité. Il y a donc autant de manières d'être sage que de sages. C'est pourquoi il est instructif d'étudier les différentes formes historiques de sagesse, à travers plusieurs cultures, plusieurs philosophies, plusieurs styles. Bouddha n'est pas Épicure, Spinoza n'est pas Lao Tseu, Socrate n'est pas Montaigne. La sagesse est multiple, et d'autant plus sage qu'elle est singulière, et d'autant plus universelle qu'elle affirme sa particularité. Quelle qu'en soit la forme, la sagesse est un laisser-être qui exprime harmonieusement l'essence de l'individu dans une créativité et une originalité sereine. Elle est ce gai savoir qui permet d'être pleinement soi-même, de penser juste et de vivre bien. Le savoir-vivre qui seul peut supprimer le mal et nous combler de joie, en nous faisant aimer pleinement la vie en ce monde.

25 Isocrate, *L'Échange*, § 271.

La sagesse n'est d'ailleurs pas un état, c'est une quête incessante. Comme toute connaissance, comme toute puissance, comme tout amour, elle admet des niveaux et des variations. Elle est accessible à tous, à des degrés divers, par des approches différentes. La sagesse n'est ni d'Orient ni d'Occident, ni du Nord ni du Sud. Il n'y a pas une sagesse grecque, une sagesse indienne, une sagesse chinoise, une sagesse africaine... Il n'existe qu'une sagesse humaine, une sagesse universelle que chaque culture aborde avec son génie propre [26]. L'idéal de la pensée chinoise est comparable à l'idéal grec : « L'idéal commun du Confucéisme et du Taoïsme est une sagesse complète, écrit Marcel Granet. Une entière connaissance – ou plutôt une maîtrise – de soi. Cette maîtrise de soi et la connaissance qu'elle apporte et de soi et du monde (car l'Univers est un) s'obtient grâce à la libération des appétits et des désirs. Un sentiment exalté de puissance en résulte. [...] Une libération souveraine [27]. » Tous les sages se ressemblent : tous sont joyeux et sereins, tous sont libres et éveillés. Le but du philosophe est d'ailleurs moins de devenir « un sage » que de devenir « plus sage », aussi sage que possible. La philosophie est un effort intellectuel quotidien pour transformer nos idées fausses en idées vraies, nos passions en actions, nos tristesses en joies, notre servitude en autonomie. « Celui qui travaille à diriger ses affects et ses désirs, et cela par le seul amour de la liberté, écrit Spinoza, s'efforcera d'accéder, autant qu'il le peut, à la connaissance des vertus et de leurs causes, et d'emplir son âme de la joie qui résulte de leur connaissance vraie [28]. »

La sagesse suprême reste un horizon, même pour les plus sages, parce qu'elle implique une totale connaissance de soi et des choses. Pour le philosophe, surtout débutant, elle est un concept, une idée régulatrice qui lui sert de référence pour désigner sa perfection personnelle, le stade suprême de son évolution spirituelle. Cet état de perfection doit aussi être aussi pensé avec modestie, c'est-à-dire avec lucidité : le « sage » désigne bien le modèle humain le plus parfait, mais les sages réels restent des hommes et des femmes par nature limités, par essence perfec-

26 Voir Gadoffre, *Les Sagesses du monde*, actes du colloque du même nom.
27 Granet, *La Pensée chinoise*, p. 474.
28 Spinoza, *op. cit.*, V, prop. 10, scolie. p. 302.

tibles. « Tant sage qu'il voudra, dit Montaigne, mais enfin c'est un homme : qu'est-il plus caduc, plus misérable, plus de néant [29] ? » Si on est sage, ce n'est pas parce qu'on devient un « dieu », c'est parce qu'on sait relativement bien vivre, mais c'est surtout d'abord parce qu'on connaît « parfaitement » son humanité, son imperfection naturelle, et qu'on est assez lucide, comme Socrate, pour connaître les limites de sa sagesse. Un sage n'est pas « surhumain », c'est un être qui a épanoui ses potentialités humaines, car « la sagesse ne passe pas nos conditions naturelles [30] ». Il faut donc se garder des images poétiques et mythologiques qui assimilent le sage à un mage ou un alchimiste doué de pouvoirs magiques, même s'il est vrai que certains êtres dépassent infiniment les autres par leur puissance intérieure, leur savoir-être et leur savoir-faire. Ainsi Socrate, Bouddha ou Épicure. La sagesse doit plutôt être pensée comme le langage ou la créativité artistique : une potentialité présente en toute personne humaine, et que chacun accomplit un peu plus dans sa vie chaque fois qu'il augmente sa connaissance et sa puissance de faire le bien par la pratique de la philosophie.

La sagesse est le savoir supérieur parce qu'elle apporte à un homme le plus grand bien dont il puisse rêver et dont seuls les sages jouissent pleinement. Ce bien, il nous faut maintenant l'analyser directement : c'est le vrai bonheur. Ce qui réunit tous les sages de tous les temps et de tous les pays, c'est qu'ils ont compris, à travers des démarches différentes, le même secret. Socrate, Lao Tseu, Épicure, Bouddha ou Spinoza n'enseignent finalement que cela aux autres : le moyen de vivre pleinement heureux.

29 MONTAIGNE, *op. cit.*, II, 2.
30 *Ibid.*, II, 2.

# IV

# La finalité de la philosophie : le bonheur

Si la sagesse est le but du philosophe, sa visée dernière reste celle de tous les hommes : le bonheur, ici, maintenant et toujours, autant que possible. Le philosophe répond au « cri de la Nature », écrit Lucrèce, et celle-ci ne réclame rien d'autre « qu'un corps exempt de douleur, un esprit heureux, libre d'inquiétude et de crainte [1] ». S'il vise la sagesse dans sa pensée et dans son être, par le raisonnement, le philosophe cherche lui aussi le bonheur dans sa vie et dans son corps, par toute son action. « Je prends cette notion de sagesse dans la vie dans son acception immanente, c'est-à-dire l'art de rendre la vie aussi agréable et aussi heureuse que possible [2] », dit Schopenhauer.

Mais qu'est-ce que le bonheur ? En quel sens est-il le bien suprême ?

## La nature du bonheur

Le terme français de bonheur n'est pas très heureux... Car son étymologie signifie littéralement « bonne chance ». Le terme de bonheur indique seulement une existence favorisée par le sort. L'homme heureux serait l'homme chanceux, qui bénéficie de circonstances extérieures favorables. En grec, bonheur se dit *eudaimonia*, « dont le sort est heureux », qui a un bon *daimon*, un destin favorable ou un bon caractère. Sans doute la chance entre-t-elle pour une part importante dans le bonheur.

1 LUCRÈCE, *De la Nature*, II, I-31.
2 SCHOPENHAUER, *Aphorismes sur la sagesse dans la vie*, p. V.

Mais nous savons que les circonstances ne suffisent pas à faire le bonheur : l'homme le plus puissant, le plus célèbre, le plus riche, le plus beau peut ne pas être heureux. En revanche, Socrate, Épicure, Spinoza, bien que pauvres et *a priori* peu favorisés par le destin, furent profondément et immensément heureux. Bouddha était un prince, mais il n'a trouvé le bonheur qu'après avoir quitté son royaume, son pouvoir et ses richesses pour vivre dans la pauvreté. Le bonheur réel est en fait une satisfaction dont la source est intérieure : « Le bonheur n'est pas chose aisée. Il est très difficile de le trouver en nous, il est impossible de le trouver ailleurs [3]. »

Sans entrer dans une analyse détaillée (qui sera faite dans la quatrième partie), on peut le définir comme une joie intérieure assez exceptionnelle pour nous combler totalement. L'idée de bonheur désigne le sentiment de satisfaction complète dans lequel notre vie trouve son accomplissement. Tant qu'un homme ne connaît pas le bonheur, il le cherche. Et quand il l'a trouvé, il ne cherche rien d'autre que le conserver ou l'accroître. Le véritable sens de « bonheur » n'est donc pas la chance, mais plutôt l'état affectif, psychologique et spirituel qu'on peut appeler la félicité (*félicita* en italien, *felicidad* en espagnol, *felicidade* en portugais, *happiness* en anglais, *Glück* en allemand, *makariotés* en grec). Ces termes traduisent une expérience que chacun a sans doute plus ou moins connue temporairement : une satisfaction intégrale. À la différence du plaisir, toujours passager, superficiel et incomplet, le concept de bonheur désigne une satisfaction intérieure globale, profonde, vécue comme complète et durable. Cette satisfaction est toujours liée aux circonstances, mais elle dépend surtout de conditions intérieures. Elle exige un état d'esprit assez équilibré, serein, joyeux, épanoui, pour être capable d'apprécier pleinement la vie.

Il y a bonheur dès que la conscience d'exister s'accompagne d'une tonalité joyeuse, d'une certaine allégresse. Mais certaines joies n'ont du bonheur que l'apparence. Elles en ont le goût mais pas la substance. Le vrai bonheur est par essence une satisfaction assez profonde et assez stable pour engendrer un profond et solide sentiment de plénitude : le bonheur est total ou il n'est pas. C'est une joie pure, un plaisir complet : « Il faut

3 CHAMFORT, *Maximes et Pensées*, 2, § 1095.

méditer sur ce qui procure le bonheur, écrit Épicure, puisque lui présent nous avons tout, et lui absent nous faisons tout pour l'avoir [4]. »

Son intensité, sa profondeur et sa qualité peuvent varier : entre la gaieté d'un petit enfant, la joie d'un amant comblé, la satisfaction d'un philosophe avancé et la béatitude d'un sage, la différence n'est pas mince. Mais chacun éprouve une joie de vivre complète : il ne ressent aucun manque. Libéré, comme dit Bouddha, de la *dukkha*, c'est-à-dire de la souffrance liée à la soif.

Le philosophe ne cherche donc pas n'importe quel bonheur. Il ne lui suffit pas d'éprouver une superficielle absence de manque et une relative gaieté due aux circonstances. Il désire le bonheur lucide, accompli en conscience, par la réussite de toute son existence, bien exprimée par Goethe : « L'homme le plus heureux est celui qui peut relier la fin de sa vie avec son commencement [5]. »

Je sais que je suis véritablement heureux lorsque la pensée de ma vie tout entière produit dans tout mon être une pure et puissante joie, un sentiment d'amour serein, de réussite et d'accomplissement, malgré tous les moments de souffrance, de tristesse, d'échec. Et malgré la pensée du pire. Une forte joie passionnelle suffit parfois à nous donner, quoique fugacement, le sentiment de félicité, de satisfaction intégrale. Et c'est pourquoi les hommes préfèrent les joies éphémères et faciles des passions que la quête difficile de la sagesse, la connaissance de soi et l'assomption du tragique.

Le bonheur suppose le sentiment d'accomplir sa vie, de s'accomplir soi-même, en se libérant des servitudes passionnelles. Comme la sagesse, c'est un état dynamique, une élévation conquise chaque jour à travers les circonstances de la vie. « Il faut bien voir que nous vivons dans un continuel changement et qu'on nous dit heureux ou malheureux suivant que nous changeons dans le sens du meilleur ou dans le sens du pire, écrit Spinoza. On dit malheureux l'enfant qui passe à l'état de cadavre et l'on tient au contraire pour bonheur d'avoir pu parcourir tout le temps de la vie avec un Esprit sain dans un Corps sain [6]. »

4 ÉPICURE, « Lettre à Ménécée », *Lettres et Maximes*, p. 217.
5 GOETHE, *Pensées*, in *Œuvres*, p. 418.
6 SPINOZA, *Éthique*, V, prop. 39, sc.

Même heureux, le philosophe ne cesse de chercher la sagesse, pour se perfectionner, accomplir sa vie et vivre autant que possible dans la jouissance du bien souverain, un bonheur constant et parfait. Ce bonheur implique une stabilité, un équilibre, une confiance, une sérénité, une autonomie que seule la sagesse procure. « Vivre toujours parfaitement heureux. Notre âme en trouve en elle-même le pouvoir, écrit Marc Aurèle, pourvu qu'elle demeure indifférente à l'égard des choses indifférentes [7]. »

Ce bonheur suprême peut être indifféremment nommé félicité, béatitude, salut ou liberté. Peu importe le terme, c'est la réalité vécue qui importe. Celle-ci correspond exactement au *nirvâna* décrit par la tradition orientale : illumination, éveil, absence totale de manque, joyeuse plénitude, libération spirituelle... Cet état affectif et spirituel suprême est bien sûr exceptionnel. Mais il est par nature accessible à tout homme. Il ne met en jeu aucun savoir extraordinaire, aucun pouvoir surhumain, aucun don particulier. Chaque être est un Bouddha. Seule lui manque la connaissance de sa nature de Bouddha. La béatitude est le bonheur du sage, de n'importe quel homme qui a pleinement conscience de son essence et possède pleinement la vertu : « La béatitude n'est pas la récompense de la vertu, écrit Spinoza, mais la vertu même ; et cet épanouissement n'est pas obtenu par la réduction de nos désirs sensuels, mais c'est au contraire cet épanouissement qui rend possible la réduction de nos désirs sensuels.

« On voit par là quelle est la force du sage et combien il est supérieur à l'ignorant, conduit par ses seuls désirs sensuels. Non seulement l'ignorant est agité de mille façons par les causes extérieures, et ne possède jamais le vrai contentement intérieur, mais encore il vit dans une inconscience presque complète de lui-même, de Dieu et des choses et, sitôt qu'il cesse de pâtir, il cesse aussi d'être. Le sage au contraire, considéré en cette qualité, ne connaît guère le trouble intérieur, mais ayant par une certaine nécessité éternelle conscience de lui-même, de Dieu et des choses, ne cesse jamais d'être et possède le vrai contentement [8]. »

7 Marc Aurèle, *Pensées pour moi-même*, Livre XI, 16.

8 Spinoza, *op. cit.*, V, prop. 42. Lorsque Spinoza parle de Dieu, il ne s'agit pas du terme au sens courant de « l'être transcendant », mais de la Nature, la cause immanente de tout ce qui existe.

Atteindre la béatitude est l'affaire de toute une vie, et le désir profond de tout philosophe authentique. Mais le bonheur le plus intense peut être déjà éprouvé au début de l'activité philosophique. De même qu'un pianiste débutant peut déjà jubiler à l'extrême en déchiffrant fidèlement une sonate de Mozart ou un standard de Duke, un apprenti philosophe peut déjà éprouver une puissante félicité quand il commence à penser librement dans l'amour de la sagesse. Le bonheur n'est pas au bout du chemin, il est de cheminer.

### Le chemin du bonheur

La philosophie est ce chemin par lequel je cherche à comprendre ce qui est nécessaire au bonheur, à la vie pleinement satisfaisante. Mais parce qu'elle n'est pas séparée de la vie, la pratique de la philosophie est déjà en elle-même un plaisir. La réflexion conceptuelle et le dialogue ne sont pas pénibles, dès lors qu'ils progressent et réussissent. Au contraire, la philosophie est par elle-même une joie si elle est pratiquée dans l'intelligence de la vie, par et dans l'amour de la sagesse. En philosophant, en me libérant des opinions et en comprenant mieux la nature des vertus, je ressens plus fortement la joie immanente à la sagesse et je prend conscience de la valeur de la vie en moi. Le plaisir n'est pas obtenu après la réflexion philosophique mais en même temps : « Dans les autres occupations, écrit Épicure, une fois qu'elles ont été menées à bien avec peine, vient le fruit ; mais en philosophie, le plaisir va du même pas que la connaissance : car ce n'est pas après avoir appris que l'on jouit du fruit, mais apprendre et jouir vont ensemble [9]. »

Le bonheur que l'on obtient par la philosophie ne vient pas à la fin, après avoir atteint la sagesse. La pensée n'est pas seulement une activité transitive, un moyen au service d'une fin extérieure. Elle est une « certaine activité immanente », selon la formule d'Aristote [10], satisfaisante par elle-même, indépendamment de son résultat pratique.

« La philosophie réjouit dès le commencement de son exercice, écrit Marcel Conche. Pourquoi cela ? C'est que l'approche

9 Épicure, *Sentences vaticanes*, 27.

10 Aristote, *Éthique à Nicomaque*, I ; 3 ; 1095 b 32.

du bonheur est déjà bonheur. Je disais qu'à la différence du bonheur de surface, fragile et instable, de l'homme ordinaire, le bonheur que donne la philosophie était stable et constant. Je songeais alors à l'intelligence qu'elle nous donne de la nature des choses. Cela supposait un aboutissement. Mais il y a bonheur même s'il n'y a pas aboutissement. Le bonheur est tout au long du chemin. Dès lors, pour éprouver un bonheur constant, il suffit de philosopher toujours. Il faut philosopher et "ensemble gouverner sa maison", dit Épicure [11]. »

Le plaisir de philosopher n'est autre que le bonheur de penser sa vie dans la lucidité en tâchant de vivre un peu plus selon la sagesse. Qu'y a-t-il de plus sage que de philosopher, quand on n'est pas un sage ? Et qu'y a-t-il de meilleur que d'aimer ce qu'il y a de plus aimable ? La définition toute simple d'Épicure est sans doute l'une des meilleures : « La philosophie est une activité qui, par des discours et des raisonnements, nous procure la vie heureuse [12]. »

Peut-on aller jusqu'à affirmer qu'il est « impossible d'être heureux sans être sage », et qu'il est « impossible d'être sage sans être heureux », comme l'affirme également le philosophe grec ?

Oui, parce que seule la philosophie permet d'atteindre un bonheur à toute épreuve, en procurant une sagesse assez puissante pour affronter le tragique de la vie, la souffrance, la solitude et la mort. C'est pourquoi, si tout savoir peut être utile à l'homme, seule l'éthique – ou l'eudémonologie, la science du bonheur – est vraiment essentielle. Car elle seule répond directement aux problèmes qui intéressent nécessairement tous les hommes, qu'ils le veuillent ou non : comment vivre le mieux possible dans ce monde ? Que puis-je faire pour être heureux ? Et que faire pour conserver, étendre, enrichir mon bonheur ? Ce sont ces questions que la philosophie seule aborde et que la sagesse seule résout.

L'apprentissage de la philosophie dans ce sens pratique devrait donc être l'objet principal de l'éducation. Pour l'essen-

11 CONCHE, *Analyse de l'amour et autres sujets*, Le bonheur, p. 56. ÉPICURE, *Sentences vaticanes*, 41

12 BRUN, *Épicure et les épicuriens*, p. 165.

tiel, l'éducation moderne est encore étrangère, voire contraire à la philosophie. On éduque surtout les enfants pour les adapter à leur société, et non en vue de la sagesse. On ne développe pas fondamentalement leur sens critique et leur amour du savoir. On leur demande d'apprendre des connaissances comme des croyances, de se conformer à des modèles, de respecter des règles morales et des normes sociales. On ne respecte pas leur désir de s'épanouir, leur essence érotique, leur exigence de sagesse. Et l'on s'étonne ensuite de leur échec. Aussi, malgré son enseignement en fin de scolarité et un léger intérêt populaire, la philosophie authentique est aujourd'hui quasi inexistante. Les sociétés évoluent, la science progresse, la technique se développe, l'économie, l'industrie, le commerce se déploient sur le monde, mais faute de philosophie et de sagesse, le bonheur des hommes n'augmente pas. Au contraire ! Nous sortons d'un siècle qui a vu les pires horreurs. Aujourd'hui encore, des millions d'êtres humains vivent dans la souffrance. Un être humain meurt de faim toutes les quatre secondes. La violence et la dépression augmentent chaque année. Et pourtant, jamais nous n'avons eu autant de puissance et de savoir. Nous avons potentiellement les moyens de résoudre les problèmes psychologiques, économiques et sociaux de l'humanité sur toute la planète. Et pourtant, jamais les hommes n'ont été autant dans la détresse. Le monde est en crise. Le meilleur peut encore advenir, comme le pire. Que peut faire l'individu ? Comme au temps d'Épicure, le mieux est de philosopher, de chercher le bien-vivre pour soi-même et pour les autres.

C'est pourquoi il faut philosopher tout de suite, si je ne suis pas heureux. Car si je ne philosophe pas, je fais autre chose et je cherche dans cette autre action ce que la philosophie seule peut me procurer : la compréhension des moyens du bonheur pour moi et pour les autres. Différer de philosopher, c'est différer d'être heureux. « Il n'y a qu'une route vers le bonheur, écrit Épictète (que cela soit présent à ton esprit dès l'aurore, jour et nuit), c'est de renoncer aux choses qui ne dépendent pas de notre volonté [13]. »

13 ÉPICTÈTE, *Entretiens*, IV.

Nous comprenons mieux à présent cet amour qui anime la philosophie, et ce qui fait sa valeur tout autant que sa difficulté. Comme tous les hommes, le philosophe cherche le bonheur, mais à la différence des autres, il a compris que ce n'est pas le bonheur qu'il fallait chercher, mais la sagesse, c'est-à-dire le savoir le plus difficile. Dans un aphorisme intitulé « Une seule chose est nécessaire », Nietzsche présente cette idée avec sa densité coutumière : « Si l'on est intelligent, la seule chose dont on ait à s'occuper est d'avoir la joie au cœur. – Hélas, ajoutait quelqu'un, si l'on est intelligent, le mieux que l'on puisse faire est d'être sage [14]. »

C'est parce qu'il a compris cela que le philosophe pratique son art, étudie, lit, réfléchit, médite et dialogue. Il sait bien que le but de la vie est la joie, le plaisir, la satisfaction intérieure, mais il sait aussi que l'accès à la joie dépend d'un savoir intellectuel nécessaire au savoir-jouir. Le terme sagesse vient d'ailleurs du latin *sapere* qui signifie goûter, savourer. C'est ce « savoir-goûter » l'existence pour en jouir suprêmement qui motive le philosophe à l'étude et le conduit à y consacrer la meilleure partie de son temps.

Spinoza, peut-être le plus parfait philosophe, doit encore être cité ici. Au tout début de son œuvre, celui que Nietzsche a nommé le « sage le plus intègre » présente le bonheur comme l'objectif explicite de toute sa recherche : « Quand l'expérience m'eut appris que tous les événements ordinaires de la vie sont vains et futiles, comme je voyais que toutes les causes et les objets de mes craintes n'avaient en soi rien de bon ou de mauvais, si ce n'est dans la mesure où mon âme en était affectée, j'ai fini par prendre cette résolution de rechercher s'il n'existait pas un bien véritable, susceptible de se communiquer et de devenir, à l'exclusion de tout autre, l'unique affection de mon âme ; quelque chose dont la découverte et la conquête me procureraient pour l'éternité la jouissance d'une joie suprême et incessante [15]. »

Ce bien véritable est bien sûr la sagesse, que Spinoza décrit ailleurs comme « l'union de l'esprit avec la nature tout entière ». Comment l'atteindre ? Là est tout le problème. Car le plaisir de la philosophie n'est pas donné à quiconque se met en recherche

14 NIETZSCHE, *Humain trop humain*, « Le voyageur et son ombre », § 300, in *Œuvres I*.
15 SPINOZA, *Traité de la réforme de l'entendement*, § 1.

de la connaissance. Combien d'élèves, d'étudiants, de chercheurs, d'intellectuels étudient la philosophie non dans l'amour, la liberté et la joie, mais dans l'ennui, la contrainte et la tristesse ? C'est qu'ils ne savent pas la pratiquer, qu'ils la connaissent mal, ou qu'ils n'ont pas compris en quoi elle pouvait les sauver d'une vie futile et vaine, dirigée par les passions et passée à poursuivre de faux biens. Mais il suffit de se consacrer authentiquement à la recherche du vrai bonheur pour que la force des vertus s'éveille et nous libère progressivement de l'insatisfaction :

« Je voyais que mon esprit, en s'orientant vers ces pensées, se détournait des faux biens et méditait sérieusement l'institution d'une vie nouvelle, poursuit Spinoza. Cela me fut une grande consolation ; car j'observais que ces maux ne sont pas de ceux qui résistent à tout remède. Et quoique à l'origine ces moments de clairvoyance fussent rares et de très courte durée, cependant, à mesure que le vrai bien m'apparut mieux, ils devinrent plus fréquents et plus longs. Surtout quand j'eus observé que le gain d'argent, le plaisir et la gloire ne sont nuisibles qu'autant qu'on les recherche pour eux-mêmes et non comme des moyens en vue d'une autre fin. Au contraire, si on les recherche comme des moyens, ils ne dépasseront pas une certaine mesure, et, loin de nuire, contribueront beaucoup à l'atteinte de la fin qu'on se propose [16]. »

Comment progresser vers notre finalité, la vie heureuse, jusqu'à la félicité ? Nous parvenons ici au point crucial de l'initiation philosophique : la méthode. Parce qu'elle sera examinée en détail dans la troisième partie, je me contenterai ici d'analyser son principe : la raison.

16 *Ibid.*, § 11.

# V

# Le moyen de la philosophie : la raison

Il est possible de bien agir sans réflexion, spontanément, naturellement. N'importe qui peut goûter à l'occasion des moments de bonheur fugaces et superficiels. Mais la vie sans réflexion est par nature vouée à l'insatisfaction.

« L'homme ordinaire n'a pas la maîtrise de son bonheur, écrit Marcel Conche, lequel survient ou échappe à la faveur, ou défaveur, des événements. Ce n'est là qu'un bonheur de surface, bonheur instable, faute d'un bonheur de fond, d'un bonheur stabilisateur. Le philosophe voit la condition de tous les bonheurs de la vie qui ne sont pas simplement de surface dans un bonheur de fond, une sérénité essentielle, laquelle se fonde sur l'intelligence philosophique du monde et de la vie [1]. »

Cette intelligence du monde et de la vie n'est pas donnée. Elle implique une capacité de bien penser, selon les qualités de l'intelligence : clarté, rigueur, précision, solidité, finesse, souplesse... La sagesse implique une force intellectuelle. C'est une puissance d'agir fondée sur la réflexion. Avant d'être une capacité d'agir, elle est une force d'âme, un pouvoir de l'esprit. La faculté de penser et de juger propre au sage est la raison. Ce terme est aujourd'hui décrié. On critique la rationalité, la logique et la science, parce qu'on ne les comprend pas bien. Mais la raison n'est rien d'autre que la puissance de l'esprit. Discerner le vrai, penser le monde, comprendre la nature, telle est sa triple vocation.

1 CONCHE, *Analyse de l'amour et autres sujets*, « Le bonheur », p. 52.

## La puissance de l'esprit

La raison n'est pas une abstraction vague : c'est une capacité personnelle de discernement. Le sage sait juger avec sa raison ce qui est bien, juste, vrai, bon, et agir selon ces valeurs. La sagesse est un savoir choisir, entre toutes les idées d'actions possibles, l'idée qui sera la plus juste, la plus prudente, la plus généreuse, celle qui conviendra le mieux à atteindre le but recherché : le bonheur. La raison est le pouvoir que possède l'esprit de comprendre tout ce qu'il peut comprendre. Comprendre, c'est prendre avec, c'est saisir une chose pour ce qu'elle est, dans toutes ses dimensions, saisir tout son sens. Cela suppose la connaissance de toutes les relations que cette chose entretient avec le reste de l'univers, de sa structure interne, de ses propriétés, de sa valeur... Pour parvenir à cette totale compréhension, l'homme n'a d'autre pouvoir que son propre esprit. La raison est la puissance spirituelle à l'œuvre dans tous les hommes chaque fois qu'ils comprennent quelque chose, qu'ils distinguent clairement entre ce qui est réel et irréel, vrai et faux, juste et injuste, clair et obscur, bon et mauvais. De même que, selon la célèbre formule de Bichat, « la vie est l'ensemble des fonctions qui résistent à la mort », la raison est l'ensemble des fonctions qui résistent à la bêtise, à la folie, à toutes les formes d'erreurs et d'illusions. On peut donc affirmer avec Descartes, Spinoza et Leibniz qu'un homme est d'autant plus libre qu'il vit sous la conduite de la raison, c'est-à-dire qu'il comprend plus de choses, à commencer par lui-même.

Dans la pratique philosophique, la raison est surtout une puissance d'autocritique. Raisonner, c'est juger la valeur de nos jugements, et tout particulièrement de nos opinions.

Reconnaître l'insuffisance de l'opinion est la première étape à franchir pour accéder à la philosophie. Une opinion est en effet une croyance non réfléchie, une adhésion non critique, une idée que nous admettons pour vraie sans savoir si elle est vraie ni pourquoi elle est vraie. Au contraire, la science est le savoir que je sais nécessairement être vrai, parce que je connais la preuve et les limites de sa vérité, parce que je suis capable de comprendre et d'expliquer à moi-même et aux autres, par le raisonnement, sa vérité, c'est-à-dire son adéquation au réel. Socrate savait éveiller la lumière naturelle de la raison en jetant le trouble dans l'esprit de ses interlocuteurs. Grâce à la maïeutique, il leur faisait prendre conscience de leur ignorance et leur faisait comprendre qu'ils avaient tort d'adhérer à leurs opinions sécurisantes mais fausses. Il les conduisait à user de leur raison pour chercher la science dont ils avaient besoin pour trouver la sérénité.

La science (*épistémé*) est le savoir que nous devons chercher : le savoir vrai et le vrai savoir, le savoir au-delà des croyances, le savoir par lequel la réalité elle-même se dévoile aux hommes et les réunit par-delà leurs différences. Tel est le sens originel du mot vérité : le dévoilement du réel (*aléthéia*, en grec : la levée du voile).

Même s'il en sait bien moins que les autres, le philosophe sait qu'il ne possède pas la sagesse, parce que la véritable connaissance de soi demanderait de tout savoir, non seulement sur soi, mais sur l'homme en général et sur le monde. Un philosophe n'a pas peur d'avouer son ignorance fondamentale. Il cherche la connaissance et reste en éveil, critique de toute opinion, sans opinion lui-même.

Vingt-cinq siècles après Socrate, Bachelard fera encore de l'opinion le « premier obstacle à surmonter » par l'esprit philosophique : « La science, dans son besoin d'achèvement comme dans son principe, s'oppose absolument à l'opinion. S'il lui arrive, sur un point particulier, de légitimer l'opinion, c'est pour d'autres raisons que celles qui fondent l'opinion. De sorte que l'opinion a, en droit, toujours tort.

« L'opinion pense mal ; elle ne pense pas : elle traduit des besoins en connaissances. En désignant les objets par leur utilité, elle s'interdit de les connaître. On ne peut rien fonder sur l'opinion, il faut d'abord la détruire. Elle est le premier obstacle à surmonter [2]. »

Une réflexion philosophique commence généralement par la critique des préjugés de l'opinion publique. Elle implique d'abord un détachement des croyances populaires et des mythes, ces merveilleuses histoires léguées par la tradition qui nous racontent de façon symbolique le secret de nos origines et de notre destination. Cela commence à « l'âge de raison », lorsqu'on décide de ne plus se raconter d'histoires, de ne plus

2 BACHELARD, *La Formation de l'esprit scientifique*, p. 13.

prendre les images pour la réalité, les mots pour les choses, les opinions pour la vérité.

Que la philosophie ait pour unique moyen la raison entraîne qu'elle est accessible à tous. Tous les hommes possèdent naturellement le pouvoir potentiel de discerner le vrai du faux et tous peuvent, à condition d'y être éduqué et d'y travailler, progresser en sagesse et en tirer un bénéfice. C'est le sens du célèbre début du discours de la Méthode : « Le bon sens est la chose du monde la mieux partagée », car « la puissance de bien juger et distinguer le vrai d'avec le faux, qui est proprement ce qu'on nomme le bon sens ou la raison, est naturellement égale en tous les hommes. » En quel sens la raison est-elle innée ? Non dans le sens où chacun possède à la naissance la même puissance de penser, la même imagination, la même mémoire, la même vivacité d'esprit. Mais dans le sens où – sauf exception due à une maladie psychique ou à l'emprise des délires d'une passion – chaque homme possède dès l'enfance assez d'intelligence pour faire spontanément la différence entre une idée vraie et une idée fausse. La raison est une propriété de la conscience : elle n'est rien d'autre que la conscience qui revient sur elle-même et s'interroge sur le rapport au réel qu'elle dévoile, en particulier grâce au langage. Dans un raisonnement, la conscience réfléchit sur elle-même et examine son rapport à la vérité qu'elle vise. En devenant réfléchie, la conscience se transforme. Elle devient critique. Elle comprend d'abord que l'opinion n'est pas la science, que la connaissance n'est pas la vérité. Elle veut atteindre la réalité. Se libérer des préjugés. Dépasser les apparences. Sortir de la croyance. Atteindre la certitude. Elle veut comprendre. Elle se pose alors des questions qui sortent de l'ordinaire, qui dépassent l'ordre habituel des pseudo-évidences. Lorsqu'elle se met en quête de la vérité sur soi et sur le monde, la conscience atteint une extraordinaire liberté de penser. « Philosopher, c'est un questionner extraordinaire, en dehors de l'ordre, sur ce qui est en dehors de l'ordre, écrit Heidegger. Ce questionnement est entièrement libre et volontaire, établi pleinement sur une base secrète de liberté, sur ce que nous avons appelé le saut [3]. »

3 HEIDEGGER, *Introduction à la métaphysique*, p. 25.

Ce saut vers le questionnement libre et extraordinaire a commencé avec les penseurs grecs d'avant Socrate, lors de la découverte du logos. Avant de désigner une faculté humaine, la raison, le langage, la logique, le discours ou la science, ce terme de *logos* désigne en grec le principe caché du Monde.

**Le logos**

L'idée que l'homme peut atteindre la sagesse en comprenant le monde par sa seule raison apparaît explicitement en Europe dans l'Antiquité grecque du VIe siècle. Cette idée apparaît aussi à la même époque en Orient avec des penseurs tels que Lao Tseu et Bouddha. En réalité, l'apparition de la philosophie est bien plus ancienne. La raison n'est pas née avec les premiers livres de philosophie, mais au moment où certains *Homo sapiens* ont commencé à librement s'interroger sur le sens de leur existence à l'aide d'une prodigieuse invention de la vie : le langage. La réflexion philosophique a sans doute commencé lorsque certains anthropoïdes ont pris conscience de la mort, à l'origine de l'humanité. Alors il sont devenus des hommes, des « mortels », des êtres conscients qu'ils allaient mourir et qu'ils devaient donner un sens à leur vie. Cependant, l'idée de philosophie n'apparaît qu'au moment où l'idée de logos est pensée et définie comme telle. Historiquement, elle apparaît au VIe siècle avant J.-C., en Asie Mineure et en Grèce. La civilisation grecque a tiré de cette idée les fondements de toute la culture occidentale. En découvrant le logos, les Grecs « inventent » au même moment, non seulement la philosophie, mais aussi la logique, la métaphysique, la physique, les mathématiques, l'histoire, la démocratie, le droit, l'esthétique, le théâtre, la rhétorique, etc. En un sens, comme le dit Heidegger, « la philosophie parle grec » : c'est dans la langue grecque que le concept de philosophie apparaît, comme ceux de logique, physique, politique, théologie, ontologie, éthique. Avant eux, la liberté totale de penser selon la vérité universelle n'existait pas. Si bien que « devenir philosophe » implique en quelque sorte, encore aujourd'hui, de « devenir Grec », au sens où l'entend Marcel Conche : « La raison attend, en chacun de nous, qu'on la choisisse, elle est la puissance de rejet, de questionnement, de liberté, inhérente à chacun de nous. Car tout individu humain a vocation à devenir philosophe ; et pourtant, que l'homme devienne philosophe, la pression de la collectivité est telle que cela n'arrive presque jamais. Et, en tout cas, cela n'était jamais arrivé avant l'invention de la philosophie par les Grecs, et avant que les Grecs n'apprennent au monde l'identité de la liberté et de la raison – la raison étant conçue, dans sa réalité, comme la raison concrète d'un homme libre [4]. »

L'idée de logos est une idée toute simple, mais bouleversante. Elle a d'abord été affirmée avant Socrate par une série de penseurs extraordinaires qu'on a appelés les physiologues. On regroupe généralement ces penseurs très différents sous la dénomination de « présocratiques » : Anaximandre, Pythagore, Thalès, Héraclite, Parménide, Anaxagore, Empédocle, Démocrite, etc. Tous ont reconnu la même idée fondatrice, à l'origine de la philosophie : le réel est intelligible. Pour ces philosophes, l'Univers (le Tout) est un monde (un ensemble ordonné, un cosmos). Il est donc nécessairement organisé par une puissance de vie inconnue mais compréhensible (la nature, la *phusis*), selon des principes cachés mais logiques (des principes, des lois) que nous pouvons comprendre par la pensée réfléchie (*logos*).

Tant que le logos n'est pas découvert, pas de philosophie ni de science possibles. L'idée de sagesse elle-même ne prend son sens que si l'homme peut harmoniser l'ordre de sa vie à l'ordre du monde. Héraclite « l'obscur » l'affirme avec une pleine clarté : « La sagesse consiste en une seule chose, à connaître le logos qui gouverne tout et partout [5]. »

C'est donc à l'idée de logos que le philosophe doit s'éveiller, pour vivre dans la vérité du monde, le seul et unique monde, comme le dit encore Héraclite dans cette merveilleuse formule du fragment 89 : « Il y a pour les éveillés un monde unique et commun, mais chacun des endormis se détourne dans un monde particulier. »

Les éveillés, ce sont ceux qui ont compris l'existence du logos, à la fois ordre de la pensée et ordre du monde.

C'est pourquoi la philosophie est essentiellement un discours, un *dia-logos* : une traversée du langage qui part des

4 CONCHE, *op. cit.*, « Devenir Grec », p. 88.

5 HÉRACLITE, Fragment 41, in VOILQUIN, *Les Penseurs grecs avant Socrate*, p. 76. Voir aussi CONCHE, *Héraclite*.

mondes imaginaires, relatifs à chaque subjectivité, pour atteindre l'unique monde réel, commun à tous. Philosopher, c'est aller, à travers le langage, trouver l'ordre réel des choses. C'est mettre de l'ordre dans ses idées pour y retrouver la cohérence dynamique de l'univers. Le logos est la pensée ordonnée selon le cosmos, l'univers spatio-temporel ordonné. L'idée d'un ordre immanent au monde peut être pensée de diverses façons. Ce qu'Héraclite nomme *logos* correspond au *dharma* évoqué par Bouddha, au *Tao* de Lao Tseu, à la *phusis* des épicuriens, l'âme du monde des stoïciens ou encore le Dieu ou la nature naturante de Spinoza. Malgré des variantes importantes, l'idée de fond reste la même : le monde n'est pas un pur chaos, tout change sans cesse, mais l'évolution se déroule selon le déterminisme de « lois » immanentes et universelles. Les lois du monde peuvent elles-mêmes évoluer. Mais cette évolution est elle-même l'expression du logos éternel. Toute la science est la recherche de ces lois : lois de la vie (biologie), lois de la pensée (psychologie), lois de l'environnement (écologie), lois de l'être (ontologie), lois de l'homme (anthropologie)... Si nous voulons atteindre la liberté, le bonheur, la sagesse sur Terre, individuellement par l'éthique et collectivement par la politique, nous devons nécessairement suivre les lois universelles de la Nature. Voilà l'idée originelle de la philosophie, son principe fondateur, tant chez les premiers philosophes grecs que chinois : « L'idée d'Ordre (de Tao) retient en elle le sentiment que comprendre et s'entendre, c'est réaliser la paix en soi et autour de soi. Toute la sagesse chinoise sort de ce sentiment. Dans toutes les écoles se retrouve l'idée que le principe d'une bonne entente universelle se confond avec le principe d'une universelle intelligibilité[6]. »

Ce principe ontologique peut aussi s'énoncer à la façon de Leibniz : « Rien n'est sans raison ». Ou rien n'est sans cause : tout existe selon une nécessité naturelle et peut être compris selon sa logique propre, selon l'ordre propre au réel.

La raison n'est donc pas seulement la faculté de l'ordre, source de la logique, de la mathématique et de toutes les sciences de la Nature. Elle est d'abord notre faculté naturelle de distinguer entre l'être et le non-être, entre le vrai et le faux. Elle est ce par quoi nous pouvons avoir l'intuition de toute vérité.

6 GRANET, *La Pensée chinoise*, p. 480.

## L'intuition de la vérité

Le concept de raison est souvent l'objet d'un contresens, parce qu'on ne le comprend pas bien, qu'on l'oppose de façon simpliste à la sensibilité, à l'imagination, à l'intuition. Pour ceux qui connaissent mal le langage (c'est-à-dire le *logos*), la tentation est grande de réduire la raison à son premier sens latin, *ratio* : le calcul, la proportion, le rapport abstrait entre deux grandeurs. Raisonner, ce serait seulement calculer, faire un compte, une démonstration mathématique : rien de très intéressant pour nous qui voulons vivre, aimer, agir, jouir ! C'est réduire la raison à l'une de ses ressources, d'ailleurs très puissante. En fait, la raison est simplement le bon sens, comme dit Descartes, c'est-à-dire le sens de la vérité, le sens du réel, quelle que soit la nature de ce réel : des idées, des choses, des signes, des événements, des sentiments. Lorsque nous pensons une chose en son absence par l'imagination, quand nous expérimentons une qualité sensible avec notre corps par la perception, lorsque nous éprouvons un sentiment par notre affectivité, et lorsque nous le faisons en prenant conscience de leur réalité avec un total sentiment d'évidence, c'est encore la raison qui agit en nous. La raison n'est pas le privilège de l'esprit : elle est la propriété de la vie et de la conscience, parce qu'elle est une propriété du corps, une propriété de la Nature. En fait la raison conceptuelle qui passe par le discours n'est qu'une « petite raison », un outil de cette « grande raison du corps » dont Nietzsche parle dans son *Zarathoustra* :

« Le corps est raison, une grande raison, une multiplicité qui a un seul sens, une guerre et une paix, un troupeau et un berger. Ta petite raison, elle aussi, mon frère, que tu appelles "esprit" est un outil de ton corps, un petit outil, un petit jouet de ta grande raison. [...]

« Il y a plus de raison dans ton corps que dans ta meilleure sagesse. Et qui donc sait pourquoi ton corps a justement besoin de ta meilleure sagesse [7] ? »

Pourquoi le philosophe cultive-t-il l'usage de la raison dans la pensée consciente et le discours conceptuel ? Justement pour que son esprit retrouve dans sa sagesse la raison immanente au corps,

7 NIETZSCHE, *Ainsi parlait Zarathoustra*, I, « Des contempteurs du corps », p. 308.

son logos. Et parce que seul le langage lui permet de comprendre avec une pleine clarté la vérité de ce qu'il sent et expérimente, en la distinguant des délires de l'imagination, des erreurs des jugements perceptifs, des illusions engendrées par ses passions. La psychanalyse, les psychothérapies et les techniques corporelles (méditation, yoga, sophrologie, etc.) sont indispensables pour développer la connaissance empirique et intuitive de soi, mais elles sont insuffisantes si elles ne s'accompagnent pas de la clarification de notre esprit, de notre langage et de notre conception du monde par la philosophie [8]. L'imagination (la faculté de produire des images mentales), ou l'intuition (la pensée directe d'une réalité sans l'intermédiaire de raisonnements), ne s'oppose en rien à la raison discursive. Pas plus qu'elle ne s'oppose à la perception sensorielle et affective. En fait, la raison ne s'oppose qu'à une seule chose, la déraison sous toutes ses formes : la confusion mentale, le désordre psychique, la bêtise, le délire, la folie. Pas plus que l'âme ne s'oppose au corps, la pensée logique ne s'oppose à l'affectivité, à l'imaginaire, à la symbolique, ni même à la mystique. Elle s'oppose seulement à l'obscurité, la pauvreté, la misère de la pensée qui fait prendre l'opinion simpliste des choses pour les choses elles-mêmes.

La raison est impuissante sans l'imagination, la sensibilité, la perception, l'affectivité, mais l'imagination, la sensibilité, la perception, l'affectivité sont aveugles sans la raison. Le logos est simplement le discernement par la conscience de ce qu'il y a de vrai dans la pensée, qu'elle soit pensée par image, par sentiment ou par concept. La raison n'est donc pas une « faculté » à acquérir, mais une puissance immanente à notre être, à la fois corps et esprit. Elle n'est autre qu'une attention au vrai. Elle est la conscience qui s'éclaire elle-même, qui réfléchit sur elle-même, la sur-conscience. Elle peut se développer, mais est tout entière présente en chacun. Bien sûr, il ne faut pas sur-rationaliser le monde comme le font les idéologies, en introduisant de force un ordre intellectuel qui n'y est pas. Ni attribuer des causes imaginaires aux phénomènes incompris, comme dans la superstition. Il faut simplement être attentif à la manière dont la réalité se manifeste et se déploie. L'attention directe du réel par la conscience se nomme l'intuition. La connaissance intuitive est la

8 Voir DELOURME, *Le Bonheur possible, Philosophie du changement personnel.*

forme la plus profonde, la plus puissante et la plus haute de la raison. Quelle est sa différence avec le raisonnement déductif, c'est-à-dire le long enchaînement de questions et de réponses par lequel je cherche à démontrer la vérité d'une thèse ? L'intuition est immédiate. Elle est la perception directe du réel, la connaissance du vrai sans intermédiaire. L'intuition est la saisie d'une réalité sans passer par le raisonnement, les concepts, les démonstrations, les déductions, les arguments. La pensée intuitive, dit Deleuze à la suite de Spinoza et de Bergson, diffère par la vitesse de la pensée. Dans la démonstration, la raison passe d'étape en étape en tâtonnant, en obéissant laborieusement aux règles de la logique, de la démonstration et de l'argumentation, à travers des essais et des erreurs, des « rectifications continues » (Bachelard), des « conjectures et des réfutations » (Popper). Dans l'intuition, la raison saisit une essence dans sa totalité et atteint le vrai en un éclair. Est-il possible d'aller directement de l'opinion à l'intuition du vrai sans passer par le raisonnement ? Peut-on passer de l'erreur à la vérité sans passer par le travail du raisonnement analytique ? Pour certaines idées évidentes, oui. Certaines intuitions sont directement accessibles à l'esprit. Certaines sont purement logiques et mathématiques : « A est A et différent de non-A », « le tout est plus grand que la partie », « 6 / 3 = 4 / 2 ». D'autres sont psychologiques : « je ressens une douleur », « je perçois du rouge ». D'autres, enfin, ontologiques : « je pense donc je suis », « la substance existe nécessairement ». Il a plusieurs manières de définir l'intuition, mais elle désigne à chaque fois une connaissance directe de la réalité. Pascal nomme *cœur* cette faculté de « sentir » la vérité, et il la distingue de la raison discursive : « Nous connaissons la vérité, non seulement par la raison, mais encore par le cœur ; c'est de cette dernière sorte que nous connaissons les premiers principes [...]. Car la connaissance des premiers principes, comme qu'il y a espace, temps, mouvement, nombres, est aussi ferme qu'aucune de celles que nos raisonnements nous donnent [9]. » Bergson la définit comme une « espèce de sympathie intellectuelle par laquelle on se transporte à l'intérieur d'une chose pour coïncider avec ce qu'elle a d'unique et par conséquent d'inexprimable [10]. » Toute la philosophie a pour fonction de développer

9 PASCAL, *Pensées*, 282.

cette connaissance intuitive. Mais hormis les rares certitudes absolues directement accessibles par son esprit, l'homme doit critiquer par le raisonnement discursif l'immense majorité de ses idées dont l'origine est l'expérience perceptive. Il doit surtout se libérer des opinions fausses et des préjugés acquis pendant l'enfance avant d'aller immédiatement au vrai avec toute la puissance de son intuition.

Car le philosophe n'est pas seulement en quête de la vérité mathématique, abstraite et générale. Ni même de la connaissance scientifique de tel ou tel phénomène isolé ou de la pensée purement logique ou métaphysique. Le but de la raison philosophique, c'est la sagesse universelle d'un accord avec la Nature recherchée dans l'éthique. C'est pourquoi le logos ne s'accomplit en l'homme que par la compréhension de la Nature.

**La compréhension de la Nature**

Pour agir en accord avec le monde, il faut le connaître tel qu'il est, comprendre comment il est. Cela implique de comprendre tout ce qui s'y passe à partir de ses lois. La loi ne doit pas être comprise ici dans son premier sens humain, comme le décret arbitraire (*lex*) qui exprime la volonté du roi (*rex*). Elle désigne la nécessité à l'œuvre dans les choses, dans les événements et dans leurs rapports. Les Grecs ont pensé cette idée de nécessité universelle par le concept de Nature. Seule sa connaissance permet d'évacuer la peur de vivre et d'atteindre la sérénité. Lucrèce le répète à trois reprises dans son magnifique poème à la gloire d'Épicure et de la philosophie : « Ces terreurs, ces ténèbres de l'esprit, il faut donc pour les dissiper, non les rayons du soleil ni les traits lumineux du jour, mais l'étude rationnelle de la Nature [11]. »

Trouver l'unité du tout en dévoilant les lois de la Nature, telle est la vocation de la raison, comme l'indique clairement le fragment 50 d'Héraclite : « Si ce n'est pas moi, mais le logos que vous avez entendu, il est sage alors de dire dans le même sens, tout est un [12]. »

10 Bergson, *La Pensée et le Mouvant*, « Introduction à la métaphysique », p. 192.
11 Lucrèce, *De la Nature*, vers 54-60 du livre II, 87-93 du livre III, 38-42 du livre VI.
12 Héraclite, *Fragments*, traduction Conche.

Dans une conférence qui commente ce fragment, Heidegger rappelle que l'origine du mot logos, *legein*, a un sens plus profond que son sens premier : parler ou raisonner [13]. *Legein*, en grec, veut dire étendre, rassembler, réunir, recueillir, mettre à l'abri, récolter. Philosopher, c'est parler pour recueillir la vérité du monde, son unité invisible mais vivante, le logos à l'œuvre dans l'être des choses, ce que les Grecs appellent la *phusis*, c'est-à-dire la Nature.

Que signifie exactement cette idée de Nature, tellement importante pour le philosophe ? C'est une idée complexe et ambiguë. Aujourd'hui, le mot est surtout utilisé dans le langage courant dans un sens très restreint, pour désigner l'environnement vivant, la biosphère, la faune et la flore, voire simplement la campagne ou la végétation. Mais le sens du concept de Nature est infiniment plus riche. Comme « Dieu », la notion de Nature est objet de nombreuses superstitions pour le non-philosophe. La plus fréquente la personnifie à l'image d'une mère attentionnée. La Nature serait « bonne, prévoyante, pure ». Dans l'opinion commune et le langage courant, la notion de Nature est surtout utilisée par opposition à l'homme : la Nature, c'est ce qui est inné et non acquis. C'est l'ensemble des choses qui existent sans l'homme. On utilise généralement cette idée sans plus de précision, selon l'idée vague et confuse que le naturel est différent de l'artificiel. Chacun considère cette distinction comme une évidence, mais personne ne sait généralement l'expliquer. En fait, chacun croit en l'existence d'une Nature sans être capable de la définir. Chacun veut la respecter, mais nul ne sait ce qu'elle est. Cette idée confuse de la Nature opposée à l'artifice est en fait une simple opinion. Pour la plupart des hommes, elle est un mythe, une superstition, une illusion. Les ignorants croient en la Nature comme d'autres croient en l'existence d'un Dieu imaginaire : un être mystérieux dont ils ne savent rien mais dont ils imaginent confusément l'existence à travers des images simplistes. Ils sont victimes d'un système de croyances véhiculé par le langage et accepté par tous sans critique. Comme l'a montré C. Rosset dans *L'Anti-Nature*, cette idée est liée à un préjugé anthropocentrique selon lequel « ce qui se fait tout seul » (nature) diffère de « ce qui se fabrique par

13 Heidegger, *Essais et Conférences*, « Logos », p. 249.

l'homme » (artifice)[14]. Bien qu'il soit dénué de tout fondement et d'ailleurs réfuté par toute la science moderne, ce préjugé est profondément enraciné dans notre culture. Il repose sur un préjugé plus général, le dualisme. D'un côté, il y aurait la Nature obéissant à ses lois, de l'autre l'homme défini par sa liberté. D'un côté la matière, de l'autre l'esprit. D'un côté le monde, de l'autre Dieu. Mais rien ne justifie la croyance d'une séparation entre l'homme et le reste de la Nature, entre la matière et l'esprit. Avant d'être l'objet d'une superstition, la Nature est une idée métaphysique cruciale, difficile à penser, peut-être l'idée la plus importante de toute la philosophie. La conception la plus courante est issue d'Aristote. Elle se contente de distinguer les phénomènes naturels par le critère de la causalité interne. Les êtres vivants entrent dans cette catégorie : on admet généralement qu'il sont produits par une force immanente – on reconnaît là l'œuvre de la Nature – par opposition aux phénomènes attribués à un être surnaturel et transcendant (Dieu), ceux qu'on attribue au hasard et aux accidents (inertie, matière) et ceux qui sont dus à l'intelligence et la volonté humaine (artifice, culture). Mais ces oppositions courantes ne permettent pas de résoudre le problème crucial de l'unité du monde. Comment comprendre ensemble tous les phénomènes ? Quel est le lien entre la matière, la vie, la pensée, la culture, Dieu ?

C'est ce problème qui est résolu par l'intuition de l'idée de Nature. À l'origine, la *phusis* désigne le principe vital qui anime, produit et organise l'ensemble de l'univers. Elle est la cause de tout, immanente au monde (et non transcendante, hors du monde) qui fait apparaître toute chose, qui détermine tout ce qui existe selon un principe unique, le logos. La Nature ainsi pensée produit donc non seulement la vie mais aussi les propriétés de la matière, elle inclut l'artifice, le hasard, l'homme, la culture, l'intelligence, la pensée, absolument tout ! La frontière entre le naturel et l'artificiel est une pure illusion due à notre ignorance de l'unité fondamentale de tout ce qui existe. L'action humaine est tout aussi naturelle que l'inertie matérielle ou la vie. La Nature ne s'oppose à rien, puisqu'elle engendre tout, se manifeste partout ! Cette intuition révolutionnaire énoncée dans l'Antiquité par Héraclite, Bouddha et Lao Tseu, sera réaffirmée

14 ROSSET, *L'Anti-Nature*, chap. 1 : « Le mirage naturaliste », p. 13.

avec une parfaite clarté au XVIIe siècle par Spinoza. Le philosophe hollandais démontre dans son *Éthique* que le dualisme est une illusion, car la raison comprend par intuition la nécessaire vérité du « tout est un ». Seule existe en effet la Nature, parce que tout existe selon la nécessité de la Nature, selon les lois de la Nature. Ainsi le vrai Dieu (c'est-à-dire la cause de tout) ne peut être qu'immanent, absolument identique à la Nature. Dieu est la puissance infinie de la Nature qui engendre toute chose selon ses lois, et non un être transcendant. La matière, la vie, la pensée, la culture sont donc naturelles ! La matière et l'esprit sont seulement deux attributs (deux manières d'apparaître) de la même substance, elles obéissent au même logos. Les ignorants attribuent au hasard ou à un Dieu transcendant les faits dont ils ignorent la cause naturelle. Mais cela peut se comprendre aussi par le mécanisme naturel de l'illusion. Car la Nature détermine également l'homme à penser selon des lois universelles : le logos qui nous permet de concevoir des idées vraies est identique au logos qui conçoit les choses dans le monde car, « l'ordre et la connexion des idées sont les mêmes que l'ordre et la connexion des choses [15] ». Respecter la Nature, c'est alors simplement respecter la vérité. La raison humaine n'est rien d'autre que la compréhension de la cause des choses, de la *phusis*. Comprendre la Nature dans sa totalité, et vivre en accord avec ses principes, c'est exactement penser selon la raison et vivre selon la sagesse, dans l'harmonie heureuse avec les choses. Ces principes ne sont pas des dogmes mais des intuitions rationnelles qui s'avèrent surtout être de puissants principes de sagesse et de bonheur. Il ne s'agit pas de croire, mais de comprendre. Le philosophe est le seul à reconnaître qu'il ne comprend pas entièrement le logos et qui tente de le connaître dans sa vérité, par-delà les préjugés. Le philosophe est à la recherche de l'unité cachée du monde, de ses principes invisibles, au-delà de toutes les opinions. Voilà pourquoi on ne devient philosophe que lorsqu'on a le courage de se détacher des croyances populaires et des mythes religieux, des superstitions et de toutes les explications imaginaires acquises depuis l'enfance.

15 SPINOZA, *Éthique*, II, prop. 7.

Le philosophe est un physiologue, non au sens moderne, mais au sens originel : il cherche à connaître la *phusis*, la « Nature hasardeuse dans sa vierge énergie » dont parle Whitman [16], la « vraie » nature libérée de toutes ses idées réductrices, humaines, trop humaines. Ceci reste encore aujourd'hui un projet fantastique, parce que nous ne connaissons pas le monde dans sa totalité, la « nature de la Nature » nous échappe par son ahurissante complexité, malgré toute la puissance de la métaphysique et les découvertes de la science moderne, les mathématiques, la physique quantique, la biologie moléculaire, la psychologie, etc.[17] Comme les premiers penseurs grecs, nous pouvons encore nous questionner sur le sens de ce concept et nous interroger avec Nietzsche : « Quand aurons-nous retrouvé la pure nature, la nature retrouvée, la nature délivrée [18] ? »

Les physiologues grecs ne sont pas les premiers à s'être interrogés sur la Nature, l'origine du monde, les mouvements des étoiles, le miracle de la vie, les principes qui régissent les hommes, les vivants et les choses. De nombreuses civilisations antiques, des Chinois, des Indiens, des Égyptiens, des Hébreux, des Incas ou des Mésopotamiens témoignent d'une interrogation essentielle sur la sagesse possible de l'homme et sur son rapport avec le bonheur. La Bible en donne un éloge superbe, dans les proverbes de Salomon :

« Heureux l'homme qui a trouvé la sagesse,
Et l'homme qui possède l'intelligence !
Car le gain qu'elle procure est préférable à celui de l'argent,
Et le profit qu'on en tire vaut mieux que l'or ;
Elle est plus précieuse que les perles,
Elle a plus de valeur que tous les objets de prix.
Dans sa droite est une longue vie,
Dans sa gauche, la richesse et la gloire.
Ses voies sont des voies agréables,
Et tous ses sentiers sont paisibles.
Elle est un arbre de vie pour ceux qui la saisissent,
Et ceux qui la possèdent sont heureux [19]. »

16 WHITMAN, *Feuilles d'herbe*, « C'est moi que je célèbre », 1, p. 31.
17 Cf. MORIN, « La nature de la nature », *La Méthode*, vol. 1.
18 NIETZSCHE, *Le Gai Savoir*, § 109.
19 Proverbes, 3, 13-18.

Cependant, l'idée de philosophie comme libre recherche du savoir par la seule intelligence humaine est absente dans les textes sacrés comme la Bible : la sagesse y est présentée comme un ensemble de commandements d'origine mystérieuse, de nature transcendante. La sagesse est plus qu'humaine, elle est divine. Elle ne peut être obtenue que par la grâce d'une révélation surnaturelle à laquelle l'homme doit se soumettre. Avec les Grecs – ou par exemple en Orient avec les bouddhistes et les taoïstes –, le monde n'est pas la création d'un Dieu transcendant mais la production continue d'une Nature immanente. C'est pourquoi la sagesse suprême devient objet d'étude rationnelle fondée sur une science de la Nature et non une révélation magique fondée sur des textes mythologiques simplistes, engendrés par l'imagination d'une hypothétique transcendance. C'est là que la philosophie et les églises se séparent. Héritier de Socrate, Épicure l'a expliqué avant Spinoza, les religions historiques ne demandent pas de comprendre la nature des choses : elles exigent seulement d'obéir à des commandements sacrés et de respecter des rites transmis par une tradition. Aussi, le philosophe critique tout ce qui n'est pas compréhensible dans les discours religieux. S'il apprécie la valeur symbolique des textes sacrés, il récuse tout ce qui s'oppose à la sagesse, c'est-à-dire à la vérité. Il ne se soumet à aucune croyance, mais étudie le message de sagesse des religions au même titre que les textes rationnels, conformément à l'esprit des fondateurs : « Je ne suis pas venu apporter la paix, mais le glaive », dit Jésus.

Il faut le répéter encore, parce que là est l'essentiel de l'initiation : pour être philosophe, authentiquement philosophe, il ne faut rien d'autre que de la lucidité. Cette lucidité engendre la volonté de s'améliorer intérieurement, et cette volonté se manifeste par un désir joyeux de comprendre autant que possible la nature de l'homme autant que la nature des choses, pour y trouver sérénité et bonheur.

La philosophie commence lorsque le réel prend sa revanche, qu'il nous administre comme Socrate la magistrale gifle de la désillusion, en nous révélant la vacuité de notre prétendu savoir. La désillusion est souvent douloureuse, mais elle est toujours bonne. Elle nous réveille de notre sommeil intellectuel et nous enseigne que nous manquons d'une sagesse élémentaire. Elle nous fait naître à la raison, instrument de la liberté : « Pour trouver la sérénité et le bonheur, que j'ai effectivement eus au cours de ma vie, écrit Marcel Conche, j'ai dû me libérer de mon être judéo-chrétien, me refaire une personnalité intellectuelle et morale par un retour à la Nature – et à la Raison – c'est-à-dire aux Grecs [20]. »

La raison est donc l'unique moyen du philosophe, la seule voie qui peut le mener à la sagesse et au bonheur de vivre selon les lois de la Nature. Mais le philosophe n'est pas un pur être de raison. Son exigence de compréhension est l'expression d'une force naturelle, un effet de l'*éros*. C'est pourquoi il nous faut revenir sur les conditions affectives de la philosophie et analyser plus profondément son moteur : le désir.

20 CONCHE, *op. cit.*, « Signification de la nature ».

# VI

## Le moteur de la philosophie : le désir

La philosophie implique dans son essence même une force érotique, un désir. Mais tout désir n'est pas philosophique. Quelle est exactement la nature du désir philosophique ? C'est de tendre plus ou moins directement vers un gain de sagesse, une amélioration de soi. C'est donc déjà une vertu. Le désir philosophique nécessite en effet une certaine connaissance de notre perfectibilité et de la valeur de la sagesse. Il demande déjà un minimum d'éducation, de raison, de lucidité, de prudence, de sagesse. Cependant le désir à l'œuvre dans la vertu est de même nature que le désir qui agit dans la passion. Quelle est la différence exacte entre ces deux types de désir ? Comment l'amour passionnel et confus du plaisir peut-il se transformer en amour raisonnable et lucide du bien ?

### Le désir, entre passion et vertu

Une vertu est une force spirituelle mais elle reste une puissance vitale, un désir physique. Le moteur de la vertu et de la passion est l'*éros*, l'énergie vitale. Mais le désir du vertueux a pour origine la raison, c'est-à-dire la compréhension du bien, par la puissance de l'esprit. J'agis par vertu lorsque je fais ce que je sais être la meilleure chose possible pour satisfaire mon désir de bonheur, avec le sentiment d'être en plein accord avec moi-même, parce que je comprends la valeur de mon action. La puissance de la vertu est donc la même que celle de la passion. C'est l'énergie du désir, de l'amour, de la joie et de la vie. La seule différence entre la vertu et la passion est que le désir vertueux est équilibré, parce que sa force est éclairée par le savoir. La passion et la vertu sont toutes deux des forces affectives. Mais la passion est un attrait que je subis, alors que la vertu est un pouvoir que j'exerce. Le désir est vertueux lorsqu'il exprime la totalité de mon être. Il est passionnel lorsqu'il n'en exprime qu'une partie. C'est pourquoi la *philia* n'est autre que l'*éros* libéré du *pathos* grâce à la *sophia*. L'amour libre et heureux est le désir libéré du manque et savourant la plénitude de sa joie grâce à la sagesse. Une vertu comme la générosité n'est pas autre chose que de l'égoïsme. Mais c'est un égoïsme lucide. L'égoïsme n'est pas en lui-même un défaut. C'est une qualité propre à tout *ego*, à tout individu animé par un désir qui lui est propre, un désir non conditionné. L'égoïsme est affirmation de soi, amour de soi, recherche de son bonheur. Le désir égoïste par lequel chacun s'aime lui-même est absolument nécessaire à développer et encourager. Mais pas sous sa forme passionnelle, ignorante et excessive. L'égoïsme passionnel est l'amour pathologique de soi. C'est le désir par lequel l'homme cherche son plaisir immédiat sans suivre la raison, sans comprendre ce qui est réellement bon pour lui, d'après des images fausses. L'égoïsme passionnel détermine un être à agir sans réflexion, sans tenir compte du logos, à travers ces vices que sont la mesquinerie, l'avarice, la cupidité, l'avidité, l'ambition, l'orgueil... Le mesquin imagine qu'en amassant richesses, plaisirs et honneurs sans souci du bien d'autrui et sans réflexion sur le véritable bien, il sera heureux. Il n'est pas méchant : il est ignorant. Qu'il comprenne que ces passions ont pour origine l'ignorance et l'opinion confuse, qu'il comprenne qu'elles entraînent nécessairement plus de tristesses que de joies, qu'il comprenne enfin en quoi la pratique des vertus et l'amitié combleront mieux son désir, et il ressentira des affects actifs et raisonnables, sans cesser d'être égoïste. La vertu est l'égoïsme intelligent. Un sage est égoïste : il agit pour son bien, pour obtenir le plus de satisfaction possible. Mais son désir égoïste étant actif et raisonnable, il trouve son bonheur dans une vie sage, en agissant avec justice, tempérance, prudence, courage et générosité.

Comment la passion devient-elle vertu ? Par la compréhension du logos. Pour qu'une passion de l'esprit devienne une action de l'esprit, il suffit que l'esprit en comprenne parfaitement la cause, qu'il acquière une idée vraie de son désir et de la valeur exacte de son objet. Dès que l'esprit comprend clairement l'origine d'une avidité, elle cesse. Lorsque je comprends pleinement que telle action généreuse est plus satisfaisante pour moi que telle autre mesquine, alors nécessairement je la préfère, je la désire activement, avec confiance et intensité. La passion pour une personne, une chose ou une activité diminue d'autant plus qu'on connaît avec clarté et précision leur réelle capacité à satisfaire notre désir selon les lois de notre nature. Alors la force du désir cesse d'être subie par l'esprit. Elle devient une action spirituelle, une force d'âme qui nous permet d'aimer sans passion la personne, la chose ou l'activité pour leur valeur réelle, et de libérer l'énergie du désir pour investir de nouveaux objets d'amour. L'énergie de l'être se met alors au service du vrai bien, compris comme désirable. Plus l'esprit comprend de choses, moins il est soumis aux passions, et plus il augmente sa puissance et sa liberté d'agir selon la vertu, dans la juste mesure, selon la bonne limite, en aimant ce qui est bon et fuyant ce qui est mauvais. La réalisation du désir philosophique n'est pas seulement de l'ordre d'une libération affective, elle s'accompagne d'une jouissance spirituelle.

Un bien spirituel – l'appréciation d'une valeur, l'exercice d'une vertu, la connaissance d'une science, la contemplation d'une œuvre d'art, la création d'une amitié... – est infiniment plus plaisant qu'un bien sensible – un bon plat, un beau corps, une activité physique agréable... – parce qu'il s'accompagne aussi d'un accord avec soi qui s'accompagne d'amour de soi. Mais le plaisir lié à la connaissance n'est pas immédiatement perceptible par les sens. Il nécessite un jugement, un goût, une culture, une compréhension de ce qui fait la valeur de ce bien. Une éducation du goût. Une certaine sagesse.

Fou dans la passion, raisonnable dans la philosophie, ou sage dans la vertu, l'amour est ce qui mène le monde. Tout ce que nous faisons, nous le faisons par amour, y compris ce que nous n'aimons pas faire... Car c'est toujours par amour d'un bien (réel ou illusoire) que nous tolérons un mal.

Impossible de philosopher si l'on n'éprouve pas dans son cœur le désir ardent de la sagesse, si l'on ne ressent pas un amour authentique pour la connaissance, si l'on ne désire pas de tout son être se libérer de la servitude des passions et de l'horreur des vices. Ceci est tout à fait fondamental. Car on ne peut enseigner la philosophie qu'à celui qui ressent en lui une authentique aspiration érotique à la sagesse. Et ce désir est moins une volonté d'accumuler du savoir qu'un élan vers une amélioration intérieure.

Tous les hommes ont plus ou moins le désir de progresser. Mais chez le philosophe, le désir de s'améliorer par l'intelligence l'emporte sur les autres. Il le détermine à chercher le savoir essentiel et tout ce qui y contribue (des rencontres, des expériences, des livres, des discours, des cours) avant toute autre chose, avant toute autre source de plaisir. Ce désir est-il rare, est-il exceptionnel ? En tant que pur désir de savoir, de comprendre, de connaître, sans doute. Mais en tant que désir érotique et recherche de volupté, en tant que désir de bonheur, il est universel. Avant de porter sur des connaissances, avant d'être désir d'un discours, d'une réponse, d'une discussion, d'une lecture, d'un exercice intellectuel, le désir philosophique est avant tout un désir érotique. Il est du même ordre que celui qui pousse un enfant vers le jeu ou deux amants vers l'union de leurs corps. Dans le désir de connaissance comme dans le désir d'un corps, c'est toujours la même chose qui est visée : le seul vrai bien, la joie.

### L'essence du désir : la quête de la joie

Qu'est-ce qu'un désir ? C'est une force qui nous met en mouvement vers la joie. Mais la haine qui engendre violence et tristesse n'est-elle pas un désir ? Oui, mais son but n'est pas la tristesse. Une haine tend toujours à détruire la cause d'une tristesse. Ainsi, c'est encore la joie qui est visée par la haine, au-delà d'elle-même et de ses effets directs. Car un affect de haine – une colère, un mépris, une abjection, une rancune – est par nature impuissant à produire le bien. La haine est toujours passive. Elle ne naît jamais de la compréhension, ne s'accorde pas avec la raison, parce qu'elle est une diminution de puissance pour celui qui la ressent. Plus un homme est sage, plus il cherche à se préserver de la haine et à satisfaire son désir de joie selon les lois de la Nature : « Puisque la Raison n'exige rien qui s'oppose à la Nature, écrit Spinoza, elle exige donc elle-même que chacun s'aime soi-même, qu'il recherche sa propre utilité, en tant qu'elle lui est réellement utile, qu'il poursuive tout ce qui conduit réellement l'homme à une plus grande perfection, et que, d'une manière générale, chacun s'efforce de conserver son être autant qu'il le peut [1]. »

Toute haine est mauvaise parce que toute tristesse est mauvaise, passage à un degré inférieur de perfection dans la pensée et dans l'action. La haine tend à engendrer la haine de l'autre, en lui infligeant une souffrance. Elle est le germe de la violence et de la barbarie. Au contraire, la philosophie est toujours un amour, un désir positif, parce qu'elle n'a pas pour but la destruction, mais la création. Non la possession, mais la jouissance. Non le conflit, mais l'accord. Non la diminution de puissance, mais le développement de la vertu, de la raison et de la connaissance, en soi et dans les autres. Philosopher, c'est combattre la haine par la compréhension. On a emprunté à Spinoza cette idée pour en faire une sorte de devise : « Ne pas se plaindre, ne pas se moquer, ne pas haïr, mais comprendre[2]. »

Mais la destruction des préjugés et l'acquisition des connaissances n'est qu'un moyen. Le but est la joie. « Celui qui a beaucoup de joie doit être un homme bon, écrit Nietzsche. Mais peut-être n'est-il pas le plus intelligent, bien qu'il atteigne ce à quoi le plus intelligent aspire de toute son intelligence[3]. »

C'est pourquoi le jeune Nietzsche proposait de renverser les valeurs de notre culture nihiliste et de mettre enfin la science au service de l'art, et l'art au service de la vie. La véritable intelligence aspire à l'accomplissement de la vie, c'est-à-dire à l'art de vivre dans la joie liée à la connaissance. Pour le philosophe, la vie tout entière est un moyen de connaissance, de victoire et de gaieté :

« Non ! La vie ne m'a pas déçu ! Je la trouve au contraire d'année en année toujours plus vraie, plus désirable et plus mystérieuse – à partir du jour où la grande libératrice est venue sur moi : la pensée que la vie pouvait être vécue comme une façon d'expérimenter la connaissance, et non comme un devoir, comme une fatalité ou comme une imposture. Et quant à la connaissance elle-même : peu importe qu'elle soit pour les autres un mol oreiller ou le chemin qui y mène, un divertissement ou encore une forme d'oisiveté – pour moi, c'est un monde de dangers et de victoires, un monde dans lequel les sentiments héroïques ont un endroit où faire la fête et où danser.

1 Spinoza, *Éthique*, IV, prop. 18, sc., p. 238.
2 Spinoza, *Traité politique*, in *Œuvres IV*, p. 12.
3 Nietzsche, *Humain, trop humain*, « Le voyageur et son ombre », in *Œuvres II*, p. 827.

La vie comme moyen de connaissance : avec ce principe dans le cœur, on peut vivre non seulement plein de courage, mais encore vivre avec joie, rire de joie [4] ! »

La joie philosophique ne vient que de la connaissance. Directement, par le plaisir actif de la pensée et par ses bénéfices indirects, par le gain de compréhension, de conscience, de liberté et d'amitié qu'elle procure dans la vie tout entière. Spinoza définit d'ailleurs la compréhension et la joie de la même façon : le passage à une perfection supérieure. La joie est pour l'affectivité ce que la compréhension est pour l'esprit : une augmentation de puissance. Comprendre, c'est augmenter sa puissance de penser, sa puissance d'agir, sa puissance de sentir, sa puissance de jouir. Plus je comprends, plus j'augmente ma capacité de bonheur. La sagesse n'est autre que cette joie de comprendre les causes de la joie. Tout ce qui peut augmenter cette compréhension doit donc être cherché par le philosophe : « Il n'est aucune chose que nous sachions avec certitude être bonne que ce qui conduit réellement à la compréhension [5]. »

La compréhension philosophique n'est donc jamais, à la différence des sciences, purement abstraite et intellectuelle. Elle est existentielle. Lorsque, par l'étude de la Nature, je comprends mieux ce que je suis et ce que je désire, j'augmente réellement ma capacité d'agir. Mon affectivité est bouleversée, dynamisée, vivifiée : la compréhension philosophique du désir intensifie mon sentiment d'exister selon le sens de la vie. Plus je me comprends, plus je me sens harmonisé à la nécessité dans les choses. Je perçois alors intuitivement la vie du monde, je m'éveille à une nouvelle temporalité, une forme plus intense et plus lucide de présence, un nouvel état de conscience, un éveil. Parce qu'elle rend attentive à la créativité vivante de la nature en soi et hors de soi, la joie philosophique fait renaître à la vie universelle, intérieure autant qu'extérieure. Cela peut aller jusqu'au sentiment de joie panique et de communion avec toute la Nature si bien décrite par Giono et Hölderlin dans leurs romans [6]. La perception de sa puissance hors de nos préjugés éveille les sens et transforme notre manière d'être dans le monde, elle modifie

4 Nietzsche, *Le Gai Savoir*, IV, § 324.
5 Spinoza, *Éthique*, IV, prop. 27.
6 Voir chez Giono : *Présentation de Pan*, *Que ma joie demeure*, *Les Vraies Richesses*, *Triomphe de la vie*. Chez Hölderlin : *Hypérion*.

notre rapport au temps. Parce qu'elle est une attention au réel, la pensée philosophique nous fait percevoir le temps réel, ce temps intuitif que Bergson nomme la durée. La durée est le temps vécu, qualitatif et concret, par-delà l'image mathématique, abstraite et homogène que notre intelligence se fait spontanément du temps saisi par des concepts tels que passé, présent, futur. La durée n'est pas, comme l'espace, l'objet d'une connaissance objective et quantifiable. Elle n'est pas mesurable par une montre ni communicable par les signes abstraits du langage. Elle est l'expérience immédiate et intuitive par un sujet conscient de son temps vécu. C'est la perception directe de notre vie intérieure. L'expérience de notre être comme corps vivant, jouissant et souffrant. C'est le « s'éprouver vivant » que les sophrologues appellent la « vivance » et que les bouddhistes proposent de développer dans la méditation zen, la pensée sans objet [7]. Percevoir le monde et penser son existence à travers l'intuition vitale de sa durée intérieure, c'est percevoir sa vie dans son dynamisme créateur et faire l'expérience d'une joie extrême :

« Si cette connaissance se généralise, ce n'est pas seulement la spéculation qui en profitera. La vie de tous les jours pourra en être réchauffée et illuminée. Car le monde où nos sens et notre conscience nous introduisent habituellement n'est plus que l'ombre de lui-même ; et il est froid comme la mort. Tout y est arrangé pour notre plus grande commodité, mais tout y est dans un présent qui semble recommencer sans cesse. Habituons-nous, au contraire, à voir toute chose *sub specie durationis* (sous la forme de la durée) : aussitôt le raidi se détend, l'assoupi se réveille, le mort ressuscite dans notre perception galvanisée. Les satisfactions que l'art ne fournira jamais qu'à des privilégiés de la nature ou de la fortune, la philosophie ainsi entendue nous les offrirait à tous, à tout moment, en réinsufflant la vie aux fantômes qui nous entourent et en nous revivifiant nous-mêmes. Par là elle deviendrait complémentaire de la science dans la pratique aussi bien que dans la spéculation. Avec ses applications qui ne visent que la commodité de l'existence, la science nous promet le bien-être, tout au plus le plaisir. La philosophie pourrait déjà nous donner la joie [8]. »

7 Voir par exemple DESHIMARU, *La Pratique du zen*.
8 BERGSON, *La Pensée et le Mouvant*, « L'intuition philosophique », p. 141.

Les pratiques méditatives sont, comme les psychothérapies, l'étude des concepts et des sciences, le dialogue avec autrui ou la réflexion sur sa propre vie, des voies philosophiques. En fait, toute démarche de progression spirituelle est philosophique. Car la philosophie est par nature le désir de s'unir à ce qui peut nous donner une occasion d'éveil, une joie de comprendre, une certaine progression vers la liberté et la sagesse. Si j'étudie un texte ou que je dialogue avec autrui sans éprouver dans mon cœur une joie active à chercher la sagesse dans ce texte ou ce dialogue, si je ne cherche pas la compréhension intuitive de la Nature et l'intensification de ma vie intérieure, j'effectuerai bien une activité intellectuelle, mais je ne ferai en aucun cas de la philosophie. La joie philosophique n'exclut pas les déceptions, les difficultés, les souffrances. Elle ne préserve pas des régressions passionnelles. Mais elle emplit notre conscience de sa force active et nous donne le courage de continuer à chercher en donnant le meilleur de nous-même.

La philosophie apparaît donc comme la réalisation d'un unique désir, le désir de comprendre le monde pour le vivre dans la joie. Plus grande capacité d'agir, de penser, de jouir de l'existence, plus grande liberté dans l'amour qui vient illuminer toute la vie, voilà en quoi consiste l'amour de la sagesse que pratique activement l'authentique philosophe, seul ou avec ses amis.

### L'amour philosophique : la *philia*

La *philia* grecque est souvent traduite par la notion d'amitié. En réalité, elle désigne la forme raisonnable du désir amoureux : l'amour raisonnable envers soi-même, envers le monde, et bien sûr aussi envers les autres. Qu'est-ce que l'amitié sinon l'amour sain entre deux êtres qui s'aiment pour ce qu'ils sont ? L'amitié est la relation libre et joyeuse entre deux êtres qui se reconnaissent, s'accordent et s'enrichissent l'un l'autre dans un respect mutuel. Cet amour peut être plus ou moins intense. Il peut être aussi fort que la plus puissante passion. Mais il ne souffre pas du déséquilibre, de la confusion, de l'excès, du manque qui caractérise le *pathos*. La *philia* est par définition sereine. Elle ne s'oppose pas non plus à l'amour des beaux corps, à la sexualité, à la jouissance des biens sensibles. Mais elle dépend de tout autre chose : de la beauté des âmes, de leur liberté intérieure, de leur degré d'intelligence et de bonté. L'amitié véritable s'accompagne nécessairement de vertu. Le terme *philein* signifie en grec aimer, quel que soit l'objet de l'amour. Mais c'est dans les rapports interpersonnels que la *philia* est principalement vécue. Aristote en voit le modèle dans « la joie que ressentent les mères à aimer leurs enfants », et dans « l'amour entre mari et femme », quand « tous deux mettent leur joie dans la vertu de l'autre [9]. » L'amitié peut exister entre deux amants, dans des relations familiales et sociales, lorsque chacun trouve un plaisir ou un intérêt dans la relation à l'autre. Mais ces relations sont d'autant moins plaisantes et intéressantes qu'elles sont passionnelles. La *philia* n'est donc véritable et parfaite qu'entre deux personnes vertueuses, unies par un sentiment de totale bienveillance, sans aucun manque, aucune peur, aucun *pathos*. « L'amitié parfaite est celle des bons et de ceux qui se ressemblent par la vertu, explique Aristote. C'est dans le même sens qu'ils se veulent mutuellement du bien, puisque c'est en tant qu'ils sont bons eux-mêmes ; or leur bonté leur est essentielle. Mais vouloir le bien de ses amis pour leur propre personne, c'est atteindre au sommet de l'amitié. De tels sentiments traduisent le fond même de l'être et non un état accidentel [10]. » Une véritable amitié est extrêmement rare parce qu'elle nécessite la rencontre de deux êtres capables de vertu. « Il y a bien çà et là, sur la Terre, écrit Nietzsche, une espèce de continuation de l'amour où ce désir avide que deux personnes ont l'une pour l'autre fait place à un nouveau désir, à une nouvelle avidité, à une soif commune, supérieure, d'un idéal placé au-dessus d'elles : mais qui connaît cet amour ? Qui est-ce qui l'a vécu ? Son véritable nom est amitié [11]. »

Voilà pourquoi le philosophe cherche aussi en l'autre la sagesse, l'augmentation de la force d'âme, de la connaissance et de la sérénité. Son désir est de vivre toujours plus dans la *philia*, dans l'amour sain des autres et de lui-même : de vivre dans l'amour serein de la vie.

9 ARISTOTE, *Éthique à Nicomaque*, VIII, 9 et IX, 4.
10 *Ibid.*, VIII, 3.
11 NIETZSCHE, *Le Gai Savoir*, I, § 14. Voir aussi ARISTOTE, *Éthique à Nicomaque*, livre VIII et IX. MONTAIGNE, *Essais*, II, chap. XVIII.

Aucune différence essentielle donc entre *éros* et *philia* : les deux incarnent la même force du désir de joie en chacun. Mais l'une est une énergie sauvage, l'autre un goût maîtrisé. La *philia*, c'est l'*éros* devenu intelligent, équilibré, raisonnable, tempéré, maîtrisé, éclairé sur lui-même, lucide sur ce qu'il désire. L'amitié est la forme que prend le désir érotique lorsque l'être amoureux accède à un certain équilibre, une certaine autonomie, un certain degré d'évolution spirituelle. La notion de *philia* désigne donc l'alliance entre l'amour et la sagesse. L'amitié n'est pas la synthèse contradictoire de l'amour (désir naturel d'union) et du respect (devoir moral de répulsion), comme dit Kant [12], mais l'harmonisation en nous du désir et de la raison. Elle réunit la force immanente à la vie et la lumière immanente au savoir. La *philia* est en elle-même amour sage et sagesse aimante, parce qu'elle nous pousse à agir en vue de notre bien commun. Face à l'ami ou à l'amie, je suis conduit à agir avec générosité, à faire ce qui convient de faire pour notre bien à tous deux. La *philia* est le désir raisonnable d'une joie partagée.

Le désir d'amitié philosophique ne s'adresse pas seulement au prochain, à la personne connue. Il a également pour objet le monde, l'ensemble des choses, des vivants et des hommes. La générosité est une vertu universelle, car tout homme recherchant la vertu pour lui-même désirera aussi le bien pour les autres, et cela d'autant plus qu'il sera dirigé par la raison.

Lorsqu'elle est vécue avec autrui, dans la joie de la réciprocité amicale, elle devient le bien suprême : « De tous les biens que nous procure la sagesse pour le bonheur en cette vie, écrit Épicure, l'amitié est de beaucoup le plus grand [13]. » Et c'est pourquoi Socrate recherchait avant tout l'amitié : « Il est un bien après lequel je soupire depuis mon enfance. Tel voudrait des chevaux, tel des chiens, celui-ci de l'or, celui-là des honneurs. Pour moi, avoir un ami, voilà ma passion [14]. »

Mais la première sagesse est de rechercher l'amitié envers soi-même. Être philosophe, c'est la suprême générosité envers soi même : c'est agir pour se faire le plus de bien possible en cherchant les moyens du vrai bonheur. La pratique de la philo-

12 KANT, *Métaphysique des mœurs*, « La doctrine de la Vertu », p. 147.
13 BRUN, *Épicure et les épicuriens*, p. 153.
14 PLATON, *Lysis*, 211e.

sophie n'empêche pas de jouir des plaisirs sensuels et charnels, au contraire. Elle empêche seulement d'agir contre la joie et contre la sagesse. Le vrai philosophe s'efforce donc de jouir de toute chose dans la tempérance et la prudence, en restant juste et généreux. Il ne se distingue des autres hommes que par une seule chose : il a compris que rien n'est plus aimable que la sagesse, c'est-à-dire la qualité de la relation à soi et à l'autre, et que rien n'est plus désirable que de cultiver les liens de l'amitié. « Tu n'es pas d'ici, dit le renard. Que cherches-tu ? – Des hommes, dit le Petit Prince. Qu'est-ce que signifie "apprivoiser" ? – Les hommes, dit le renard, ils ont des fusils et ils chassent. C'est bien gênant ! Ils élèvent aussi des poules. C'est leur seul intérêt. Tu cherches des poules ? – Non, dit le petit prince. Je cherche des amis. Qu'est-ce que signifie "apprivoiser" ? – C'est une chose trop oubliée, dit le renard. Ça signifie "créer des liens" [15]. »

La *philia* est le lien sacré entre les hommes et avec le monde : elle intègre amour, sagesse et bonheur. Parvenu à la liberté totale, au détachement complet des passions, la *philia* prend le nom d'*agapé* (la charité), et la philosophie prend la dimension de la religion. Une religion non confessionnelle, sans dogme ni prophète, sans rite ni culte, dont le fondement est la lucidité et la finalité, le bonheur universel. L'*agapé* est l'*éros* libéré de tout *pathos*, la *philia* devenue universelle, pleinement réalisée.

La bienveillance est le sentiment propre de la philosophie, son affect fondamental. Le philosophe est un ami. Ami du savoir, de lui-même, de ceux qu'il aime, de sa famille, des hommes, du monde. Et, bien sûr, ami de tous les autres philosophes authentiques.

Le désir philosophique du bien-vivre se confond donc avec le désir d'amitié. Son éveil n'est possible que lorsqu'on vit déjà suffisamment bien : il faut avoir le ventre plein et l'esprit libre des préoccupations matérielles pour pouvoir vraiment se consacrer à la recherche de la vérité. Mais un minimum de socialisation, de travail, d'argent et d'intégration sociale le permet. Il faut aussi un minimum de conscience et de connaissance, à commencer par la maîtrise minimale du logos : les animaux et les très jeunes enfants ne peuvent philosopher, parce qu'il leur

15 SAINT-EXUPÉRY, *Le Petit Prince*, p. 67.

manque l'usage du logos. Mais une fois ces conditions remplies, tous les hommes sont potentiellement philosophes, pour peu qu'ils acceptent de reconnaître leur insatisfaction et d'en chercher la vraie cause. La pratique de la philosophie nécessite en fait surtout du courage pour admettre qu'une vie consacrée à l'accumulation stérile des savoirs, des biens matériels, de l'argent et des honneurs est vaine et futile si elle n'amène pas au vrai bonheur. La condition essentielle de la philosophie est donc l'authenticité.

# VII

## La condition de la philosophie : l'authenticité

L'authenticité est le courage d'être soi-même. Est philosophe l'homme ou la femme qui assume son désir de bonheur et son besoin de sagesse dans le silence de sa conscience. Sans ce retour sur soi, sans l'épreuve de cette solitude, pas de philosophie : la philosophie est personnelle, ou elle n'est pas.

### Une aventure personnelle

Être philosophe n'est pas un état : c'est une conquête, une vigilance, une activité. La pratique de la philosophie implique la décision personnelle de vivre en rupture avec la manière habituelle d'être et d'agir. Elle nécessite des changements existentiels et tout un projet de vie : le choix d'une profession, d'un lieu de vie, de relations et d'activités qui participent ou sont compatibles avec la quête de la sagesse. Mais la rupture essentielle est intellectuelle, spirituelle. Elle ne concerne pas le rapport à autrui ou à la société. Elle concerne le rapport à soi-même. Le philosophe fait le choix de la raison. N'ayant d'autre but que la vérité, il n'a d'autre alternative que de se détacher de toute aliénation, de tout conditionnement, de toute appartenance idéologique. Un authentique philosophe ne peut posséder ni opinions arrêtées ni se soumettre à aucune doctrine. Il ne peut être d'aucun parti politique, d'aucune Église, d'aucune idéologie. Aimer la sagesse et comprendre la Nature pour agir selon la vertu lui suffit. Il peut s'informer de la pensée d'autrui mais ne peut admettre d'autre maître que lui-même : « Quand bien même nous pourrions être savants du savoir d'autrui, au moins sages ne pouvons-nous être que de notre propre sagesse [1]. »

1 MONTAIGNE, *Essais*, I, 25.

Un philosophe peut accepter des théories et des maîtres à penser avec lesquels il dialogue, réfléchit, s'interroge pour progresser intérieurement, il ne peut adhérer à des systèmes fermés et avoir des maîtres penseurs. Le seul maître à penser, c'est la raison. Le seul système à respecter, c'est le réel. Personne ne peut devenir sage autrement que par un effort qui lui est propre, effectué par son intelligence, à partir de son expérience intime de la vie, par une réflexion toujours ouverte, toujours critique, pour satisfaire son propre désir de compréhension.

La philosophie est donc une activité éminemment individuelle. Une pratique absolument solitaire, comme toute pratique artistique, même lorsqu'elle est effectuée avec d'autres, en relation avec d'autres pensées. La philosophie est éducation : *e-ducere*, c'est « sortir hors de », s'élever hors de la caverne de son ignorance, de sa dépendance, grâce à de sages éducateurs... Mais c'est aussi s'élever hors de la dépendance de toute soumission au jugement d'autrui. Même en présence d'autrui ou d'un livre, cette ascension est une auto-éducation : personne ne peut philosopher à ma place, car personne ne peut comprendre le réel et devenir meilleur à ma place, personne ne peut apprendre à penser et à vivre ma vie à ma place. C'est pourquoi la philosophie est essentiellement école de la liberté de penser. Elle est quête d'autonomie intellectuelle. Elle exige d'apprendre à penser par soi-même, à trouver soi-même les réponses aux questions fondamentales qui se posent à travers son existence.

On ne peut donc commencer à philosopher qu'à partir d'un certain âge, celui de la maturité intellectuelle. Celle-ci peut commencer dès l'enfance. Pour les plus précoces, selon ma propre expérience, le questionnement philosophique peut naître avant cinq ans. Cette maturité peut aussi ne jamais advenir. Elle dépend essentiellement de la capacité de s'autocritiquer. Les connaissances et l'intelligence ne suffisent pas. Il faut un certain courage, une puissance psychique, un équilibre intérieur, une confiance en soi dont la condition est une autonomie intellectuelle autant qu'affective. La quête de cette autonomie devrait être le but principal de l'éducation des enfants. Mais l'éducation est ainsi faite que beaucoup n'y parviennent jamais. Aliénés par des interdits moraux et des tabous sociaux, inhibés par leurs névroses, bloqués par leurs complexes, meurtris par leur culpabilité, ils sont incapables d'assumer leur désir de bonheur et sont angoissés par toute approche rationnelle de l'existence par la philosophie. Une thérapie psychologique s'avère souvent nécessaire pour acquérir la santé psychique nécessaire pour affronter sa vérité intérieure, accepter d'écouter sa raison et entendre son désir de bonheur. Un philosophe doit avoir la force psychologique de reconnaître sa faiblesse, ses vices et son ignorance, non seulement devant les autres mais pour et devant soi-même. Il doit aussi et surtout avoir le courage de reconnaître sa responsabilité sur lui-même. La décision de philosopher implique une sorte de naissance à soi. L'authenticité philosophique n'est pas une simple sincérité. Elle met en jeu l'existence de son être pensant et l'éveil de sa raison, dans un engagement total de sa personne. Tout à coup, « je » m'éveille à moi-même, je découvre que j'étais dans l'illusion, que je me complaisais dans un pseudo-savoir : je croyais savoir qui j'étais, ce que je faisais, ce que je pensais et disais sur toutes les choses. Je croyais chercher le bonheur et vivre dans le réel. Un jour, par une expérience, une lecture ou une rencontre, je suis confronté à la présence du logos, je fais l'expérience du doute devant une opinion sécurisante qui m'apparaît soudain dérisoire. Je suis alors jeté hors de mon sommeil intellectuel et amené à la réflexion radicale. « Je m'aperçois que mon esprit dort, écrit Rimbaud dans *Une Saison en enfer*. S'il était bien éveillé toujours à partir de ce moment, nous serions bientôt à la vérité qui peut-être nous entoure. » Alors surgit, avec un peu d'angoisse mais aussi une joie nouvelle, la lucidité philosophique, la conscience de mon errance passée, avec le sentiment fascinant que « la vraie vie est absente », que « nous ne sommes pas encore au monde ». Je découvre que je me trompais moi-même en acceptant pour vraies de pseudo-évidences. Un jour, je commence à m'intéresser au monde réel que j'avais jusque-là négligé au profit de mon petit univers imaginaire, tellement plus simple et apparemment plus sécurisant. La philosophie commence souvent par une révolte contre soi-même, contre sa naïveté, sa crédulité, son infantilisme démasqués. Devenir philosophe, c'est assumer la blessure narcissique de n'être que soi. Que sais-je ? Que suis-je ? Rien, ou presque. L'épreuve peut être atroce, terriblement humiliante. Nous avons tous commencé par adhérer aux idées de nos parents et de notre entourage, nous sommes remplis depuis l'enfance de fausses idées, nous vivons dans un monde social où le langage est simplifié, où la vérité et la sagesse sont tenues pour impossibles ou inutiles. Nous sommes habitués à esquiver l'étude des vrais problèmes, à tenir pour réel un univers d'images, à tenir pour légitimes des myriades d'opinions vagues, des préjugés, des affirmations sans fondements sérieux, diffusées par la société et renforcées aujourd'hui par le pouvoir des médias... De ce fait, non seulement nous ne savons rien de certain et de solide, mais nous ne sommes rien, car nous nous identifions à ce que nous croyons être, à ce qu'on nous a dit que nous étions, à ce qu'il fallait être. La philosophie commence avec le rejet de la morale, du « Il faut être cela ! Tu dois obéir ! » Elle commence avec l'affirmation authentique de soi et du questionnement éthique : « Que suis-je ? Que puis-je être ? » À cette question le philosophe répond : je ne sais pas qui je suis, mais je sais que je suis vivant, que je suis capable de penser, et animé par l'amour de la sagesse, en quête de mon bonheur, et le seul responsable de ma vie.

La condition de la philosophie est l'authenticité intellectuelle : la lucidité. Celle-ci implique simultanément la reconnaissance de notre ignorance et du pouvoir de notre intelligence. La première lucidité, c'est la connaissance de notre vraie puissance. En permettant à la fois la modestie – la connaissance joyeuse de notre mesure – et la fierté – la connaissance joyeuse de notre valeur –, la lucidité nous préserve de l'orgueil – la fausse joie de nous croire plus sages que nous sommes – et nous aide à supporter notre humilité – la connaissance triste de notre faiblesse. La lucidité est la juste connaissance de son savoir, c'est l'état d'esprit de celui qui ne s'illusionne pas. Voilà pourquoi la philosophie commence par un acte de mise en lumière, une connaissance de soi qui apparaît comme nouvelle, et d'ailleurs souvent accompagnée par la tristesse d'une désillusion, voire d'une humiliation de n'être qu'humain (humilité et humain ont la même racine : *humus*, la terre). Paradoxalement, c'est au moment où je découvre l'étendue de mon ignorance et la force de mon illusion que j'en sais le plus, c'est là que je deviens enfin maître de moi-même.

Les sages savent à quel point ils sont ignorants, et cela les libère de l'illusion... Le philosophe sait qu'il n'est pas encore assez savant pour être sage, mais il a la lucidité minimale de reconnaître qu'il ne sait pas vivre, aimer, agir, penser convenablement. Il a assez de force psychique pour assumer son désir de sagesse et se consacrer toute sa vie, autant que possible, à se désillusionner.

### Une quête infinie

L'humanité n'aura sans doute jamais fini de philosopher. Les hommes n'auront jamais fini de faire progresser leur connaissance de la Nature et de s'accorder avec ce monde incroyable, si mystérieux, toujours en évolution, notre monde. Et même en admettant qu'un jour l'humanité tout entière vive dans la paix et le bonheur, même si – chose improbable – la science de la Nature parvient un jour à son achèvement, chaque être humain devra à chaque époque faire son éducation et apprendre à vivre bien en empruntant pour lui-même le chemin vers la sagesse. Tous les sages ont d'abord été philosophes. Tous ont dû élaborer par eux-mêmes leur propre sagesse. Chaque personne doit développer sa vertu avec son style, selon sa personnalité, dans son milieu et selon sa culture. Même une fois parvenu à la sagesse et au suprême bonheur, un homme doit philosopher chaque jour pour rester en éveil. Il doit chercher à s'harmoniser avec le cosmos, à lutter contre le désordre, à harmoniser ses passions, à dissoudre ses tristesses et tous les germes de haine que la vie peut apporter. Le dialogue avec les autres et avec soi reste donc incessant.

Une fois que le logos s'est éveillé à sa conscience, l'homme saisit le sens de son existence dans l'amour de la sagesse. Il se met en dialogue avec lui-même, avec les autres philosophes, dans la quête des joies de la connaissance, ne cessant de s'éveiller, de s'interroger, de chercher. Ce dialogue ne s'interrompt qu'à la mort, ou peut-être à la sagesse suprême, lorsqu'on atteint l'état mystique.

Mais Socrate, Bouddha, Jésus, Lao Tseu ou Épicure n'ont cessé de parler et d'enseigner l'éveil jusqu'au dernier moment. La philosophie est un art du discours, un dialogue qui exige une parole authentique et une maîtrise des concepts en vue de la clarté, de la précision, de la vérité. Sans quoi la communication n'est que bavardage, parole obscure, creuse, stérile, et dangereuse. Chacun doit intégrer les principes des autres philosophes pour développer sa propre conception du monde. Malgré l'immense diversité de ses réponses, l'histoire de la pensée humaine témoigne ainsi d'une recherche unitaire, jamais achevée. « La philosophie n'est pas un temple, écrit Canguilhem, mais un chantier. » C'est pourquoi on peut aussi affirmer avec Hegel que « l'histoire de la philosophie ne manifeste, dans les philosophies en apparence diverses, qu'une seule philosophie aux divers degrés de son développement [2]. »

La nature, le but, la finalité, le moteur et la condition de la philosophie sont maintenant clairs. Ses causes et ses obstacles sont connus. Mais je n'ai pas encore vraiment identifié son origine. La cause est ce qui détermine quelque chose à exister, la condition est ce qui la rend possible, le moteur ce qui la met en mouvement vers sa finalité en poursuivant un but. Mais par quoi la philosophie commence-t-elle ? Il ne suffit pas de se savoir ignorant et d'être lucide, ni de se savoir insatisfait, ni même d'être animé par un désir de sagesse et d'amitié. Tout cela est nécessaire mais insuffisant. Pour pouvoir authentiquement philosopher, dans la force originelle du terme, il faut éprouver un sentiment très particulier et très puissant, que les Grecs appelaient le *thaumazein* : l'étonnement.

2 HEGEL, *Précis de l'encyclopédie des sciences philosophiques*, § 13.

# VIII

## L'origine de la philosophie : l'étonnement

L'amour véritable de la sagesse survient lors d'une expérience affectivement bouleversante : un éveil. Le sentiment qui l'accompagne est une sorte de vertige intellectuel et érotique, un étonnement que Socrate savait merveilleusement produire chez ses interlocuteurs. Le jeune et intelligent Théétète, interrogé sur le problème du devenir de toute chose, en témoigne :

« Par les dieux, Socrate, c'est prodigieux comme je m'étonne de ce que peuvent être les choses, et il arrive qu'à les considérer vraiment, je sois pris de vertige !

– Il semble, mon ami, que Théodore n'a pas mal deviné ta nature. Car s'étonner est tout à fait le propre d'un philosophe. La philosophie n'a pas d'autre principe que celui-là, et celui qui a fait d'Iris la fille de Thaumas n'est pas un mauvais généalogiste [1]. »

Ce sentiment de surprise et de perplexité n'existe pas seulement avant la philosophie, elle en est constamment l'origine, comme une source intarissable : « C'est l'étonnement qui poussa les premiers penseurs comme aujourd'hui à philosopher [2]. »

De quel étonnement s'agit-il ? Est-ce la stupeur imbécile devant ce qui est inhabituel et sensationnel, devant ce qui frappe notre imagination ? Non, c'est la perplexité de la raison et de la conscience devant les choses mêmes, dans leur réalité concrète ; c'est l'émotion profonde de l'intelligence, ressentie

1 PLATON, *Théétète*, 155d. *Thaumas* signifie étonnement, mais aussi merveille, prodige. Fils de Gaïa, la Terre, et de Pontos, la mer personnifiée, il symbolise l'étonnement qui engendre la communication aux hommes des messages divins (symbolisée par sa fille Iris, messagère des dieux).

2 ARISTOTE, *Métaphysique*, A, 2.

par le scientifique comme par le poète, devant le mystère absolu et éternel de l'existence quotidienne : « Avoir l'esprit philosophique, remarque Schopenhauer, c'est être capable de s'étonner des événements habituels et des choses de tous les jours, de se poser comme sujet d'étude ce qu'il y a de plus général et de plus ordinaire [3]. » Ce ne sont pas les particularités de telle ou telle chose qui sont en soi sources de méditation philosophique. C'est le fait même de leur existence. L'origine de la philosophie est un sentiment d'étonnement infini devant l'existence même du monde, et de toute chose au monde : « La philosophie naît de notre étonnement au sujet du monde et de notre existence, qui s'impose à notre intellect comme une énigme [4]. »

### L'énigme de l'être

En quel sens l'être est-il une énigme ? En ce que je constate que je suis dans le monde, mais que je ne le comprends pas. Pire : non seulement le monde est incompris dans son existence, mais il apparaît comme incompréhensible dans son essence même. J'aurais beau tout savoir du monde, de sa structure, de ses lois et de son histoire, son existence même resterait un parfait mystère. L'existence apparaît en elle-même comme un mystère total. Pourquoi ce monde ? Pourquoi cette Terre et son ciel étoilé ? Non seulement je n'arrive pas à penser la réalité d'une façon satisfaisante, mais il semble que la réalité soit par essence à jamais impensable. Penser le caractère impensable du monde, c'est faire l'expérience de l'énigme ontologique, en étant submergé par la présence bouleversante de ce monde singulier. Pourquoi y a-t-il de l'être plutôt que rien ? Pourquoi les choses sont-elles comme elles sont ? Pourquoi la nature, la vie et la mort ? Pourquoi cette profusion infinie de choses et d'êtres dans l'espace et le temps ? Pourquoi l'homme existe-t-il ? Pourquoi est-ce que j'existe, tel que je suis ? Et qu'est-ce que je suis ? Qu'est-ce que je peux être ? Malgré toutes les opinions des hommes, en dépit des mythes religieux et des croyances populaires, malgré tout notre savoir scientifique, ces questions sont sans doute à jamais sans réponses. De pures énigmes. Étince-

3 SCHOPENHAUER, *Le Monde comme volonté et comme représentation*, p. 294.
4 *Ibid.*, p. 300.

lantes, mais silencieuses. Suprêmement fascinantes, comme autant d'étoiles scintillantes dans le ciel le plus noir. L'être nous est donné, mais il ne parle pas. Le monde se déploie, mais il se tait. Et il nous interroge, par sa seule présence. Nous ne pouvons le questionner, et c'est pourquoi nous devons nous questionner. « Nous n'avons aucune communication à l'être », dit Montaigne [5]. Mais il y a de l'être et je ne peux pas penser sans m'interroger sur le sens de l'être dans mon être, parce qu'il m'est impossible de vivre bien dans ce monde tant que je n'ai pas une idée claire de ce qu'est le monde, de ce que je suis et ce que j'ai à faire dans ce monde.

Ce sens de l'énigme est inséparable de l'authenticité intellectuelle déjà analysée. Il exige une extraordinaire lucidité, une profonde conscience de notre ignorance radicale et fondamentale face à l'être. L'étonnement philosophique naît lorsque je comprends que je ne comprends pas, c'est la surprise intellectuelle devant la découverte de la vérité fondatrice de mon humanité : l'homme est l'être dont l'essence est de se questionner sur le sens de l'être. L'éveil philosophique met en pleine lumière notre ignorance abyssale, non accidentelle mais essentielle, face à l'être impensable, inconceptualisable, irreprésentable. L'étonnement peut survenir devant le moindre des *étants* : un caillou sur la plage, la lune dans le ciel, la présence d'un insecte, le mystère insondable d'un regard, le visage d'un nouveau-né, l'expérience incessante de sa propre existence. La philosophie commence comme la poésie : quand on est frappé, comme par la foudre [6], par le mystère nu de l'existence de toute chose.

### L'émerveillement poétique

La poésie et la philosophie ont même origine : l'émerveillement, l'étonnement joyeux – et plus ou moins angoissé – devant ce qui dépasse notre raison : le sublime propre à toute réalité (*sub-limis* : qui dépasse la limite). Le merveilleux était présent dans la pensée humaine bien avant la philosophie. Elle se manifeste dans les arts et les religions, dans la pensée symbolique qui décrit poétiquement l'origine mystérieuse de toute chose à travers

5 Montaigne, *Essais*, II, 12.
6 C'est l'étymologie d'étonnement : *ex-tonnere*, être frappé par la foudre.

des mythes [7]. Aristote remarquait que « aimer les mythes est, en quelque manière, se montrer philosophe, car le mythe est composé de merveilleux [8]. » Mais le merveilleux poétique n'est pas seulement lié au problème de l'origine des choses. Il est suscité par les choses elles-mêmes. À l'origine de la philosophie et de la poésie, il y a le même vertige raisonnable devant le réel, une ivresse abyssale sans objet déterminé, parce que le réel est par définition infini et qu'il dépasse toute mesure, toute raison. L'émerveillement poétique est la perception sensible de ce qu'il y a d'extraordinaire dans tout ce qui est ordinaire. C'est l'oubli fulgurant de ce que nous croyons savoir sur les choses, et l'irruption soudaine de la présence nue de la réalité, hors des habitudes mentales. Jean Cocteau fait de cette expérience de *vision* et de *dévoilement* du réel le propre de la poésie : « L'espace d'un éclair, nous voyons un chien, un fiacre, une maison, pour la première fois. Tout ce qu'ils présentent de spécial, de fou, de ridicule, de beau nous accable. Immédiatement après, l'habitude frotte cette image puissante avec sa gomme. Nous caressons le chien, nous arrêtons le fiacre, nous habitons la maison. Nous ne les voyons plus. Voilà le rôle de la poésie. Elle dévoile, dans toute la force du terme. Elle montre nues, sous une lumière qui secoue la torpeur, les choses surprenantes qui nous environnent et que nos sens enregistraient machinalement [9]. » L'éveil poétique peut survenir à tout moment. Il suffit de sortir des habitudes de la vie utilitaire, du sommeil de la vie sociale, et d'accéder à l'étonnement simple et extraordinaire qui accompagne la sensation d'être-au-monde, non comme un sujet devant des objets à manipuler, mais comme un être en relation avec le mystère de son destin. L'émotion poétique peut se transcrire dans le langage, mais elle est purement intérieure, affective et spirituelle. Elle rejoint cependant la quête philosophique de la sagesse et du bonheur dans le sens où elle est solidaire du questionnement éthique. Avant de désigner la façon d'agir, les mœurs, *éthos* signifie en effet le séjour, la demeure, l'habitation, la manière d'être. La recherche du bonheur par l'éthique inclut la réflexion poétique sur le sens de notre séjour sur Terre. L'éthique ne consiste

7 Voir les études de ELIADE, *Aspects du mythe*.
8 ARISTOTE, *op. cit.*, A, 2.
9 COCTEAU, « Le Secret professionnel » in *Poésie critique*.

pas seulement à réfléchir sur la manière d'améliorer notre action. Elle exige de réfléchir plus profondément sur le sens de notre être-au-monde et sur notre manière d'habiter nos vies. En nous faisant voir les choses hors de l'habitude, la poésie nous conduit à l'interrogation fondamentale de l'éthique : comment habiter le monde ? Qu'est-ce qu'habiter le monde ? L'émotion poétique met radicalement en lumière le sens même de notre vie, elle interroge la valeur fondamentale de notre être. Elle nous fait accéder à une existence authentiquement humaine parce qu'elle nous fait percevoir notre vie dans la perspective du mystère du monde. L'énigme ontologique nous permet d'interroger le sens de toute chose à travers ce que Heidegger nomme l'unité des quatre : la Terre et le Ciel, les divins et les mortels [10]. L'émerveillement poétique peut être mêlé de terreur. Découvrir l'impensable singularité de tout ce qui existe est une expérience affective et spirituelle proprement abyssale. Devant le mystère de la vie qui nous anime, de la Terre qui nous porte, du Ciel qui nous gouverne et de la mort qui nous attend à tout moment, notre étonnement ne peut être qu'infini, de l'ordre d'une folie. Mais tout notre salut en dépend, car seul un tel sentiment a assez de puissance pour nous réveiller de notre torpeur intellectuelle et nous amener à l'amour de la sagesse en vue du bonheur, par la recherche d'une compréhension du monde dans toutes ses dimensions. La finalité de toute méditation poétique, philosophique ou mystique est d'accéder à l'authenticité spirituelle, de percevoir pleinement le mystère de ce qui advient, ici et maintenant, dans le flux toujours renouvelé de l'être, au cœur du monde.

Le bonheur lui-même n'est autre que l'étonnement joyeux de la raison devant le monde perçu à la fois comme étrange et familier. Lorsqu'elle est ressentie comme un événement exceptionnel par la conscience lucide, l'existence ne suscite pas le sentiment d'absurdité et de nausée dont parlent Camus et Sartre, mais l'émerveillement, l'enchantement, la féerie chantée par Rimbaud dans toute son œuvre, en particulier dans ses *Illuminations*. On pourrait objecter que les visions de Rimbaud sont esthétiques, qu'elles viennent de son imaginaire et non de sa connaissance du réel, de sa sensibilité déréglée et non de sa

10 Heidegger, *Essais et Conférences* : « L'homme habite en poète » et « La chose ».

raison. En réalité, le poète a fait l'expérience du caractère merveilleux du réel. En se faisant voyant, il a perçu intuitivement les potentialités infinies de l'humanité et de l'amour. C'est une imagination sœur de sa raison qui s'exprime avec virtuosité dans les fulgurances de sa prose. Sa parole poétique relie les choses pour célébrer le miracle de la vie : « J'ai tendu des cordes de clocher à clocher, des guirlandes de fenêtre à fenêtre, des chaînes d'or d'étoile à étoile, et je danse [11]. » À l'extrême fin d'*Une Saison en enfer*, sa dernière œuvre littéraire, il exprime un désir philosophique : « Posséder la vérité dans un cœur et un corps. »

La philosophie n'a pas pour but d'abolir l'étonnement poétique, mais de l'accomplir. Cet étonnement est infini : même lorsqu'il a atteint le plus haut degré de la sagesse, le philosophe continue à s'étonner, c'est-à-dire à s'émerveiller devant tout ce qui existe, et devant le fait de l'être lui-même, à chaque seconde, en tout lieu. Heidegger a bien montré que l'énigme de l'être était, plus que la connaissance des *étants*, c'est-à-dire des choses existantes, la question séminale de la philosophie : « La philosophie recherche ce qu'est l'étant en tant qu'il est. La philosophie est en route vers l'être de l'étant, c'est-à-dire de l'étant visé dans son être [12]. »

Heidegger a même proposé d'y voir le caractère essentiel de l'humanité : « Seul de tout l'étant, l'homme est appelé, par la voix de l'Être, à éprouver la merveille des merveilles : que l'étant est [13]. » Il ne faut donc pas espérer de la philosophie qu'elle dissipe cet étonnement, qu'elle nous fasse comprendre pourquoi le monde existe, pourquoi l'homme existe. Au contraire, elle ne peut qu'approfondir notre étonnement. La sagesse consiste seulement dans un accord joyeux avec l'être dans ce monde absolument et irrémédiablement étrange. Il s'agit de connaître le monde, non de l'expliquer. Heureuse ou malheureuse, la vie dans ce monde est sans doute inexplicable. Au cœur de l'étonnement, même au plus profond de l'émerveillement et du bonheur le plus serein, un sentiment terrible demeure : le tragique.

11 Rimbaud, *Illuminations*, phrases.
12 Heidegger, *Questions III*, « Qu'est-ce que cela, la philosophie ? ».
13 Heidegger, *Questions IV*, postface à « Qu'est-ce que la métaphysique ? ».

## La reconnaissance du tragique

La plus profonde vérité que doit assumer le philosophe avec toute sa lucidité, la connaissance qu'il doit affronter avec tout son courage, sans nausée, révolte ou indignation, c'est ce que Nietzsche nomme le tragique de l'existence. Là est la principale et intarissable source d'étonnement philosophique : la vie est tragique par essence, le tragique est l'essence de la vie. Elle est à la fois source de terreur et d'émerveillement, et elle le sera toujours. Voilà ce que le philosophe doit comprendre, et qui sera à jamais source de stupéfaction et d'enthousiasme. Que la vie et toute chose au monde soient irrémédiablement tragiques ne signifie pas que l'existence soit nécessairement triste, dramatique, catastrophique, ni que l'univers soit absurde, irrationnel, incohérent. Le tragique n'est pas le pessimisme, encore moins le nihilisme. Il est simplement le « surprenant par essence [14] ». Le monde est par essence surprenant dès que nous le voyons dans son être, au-delà de nos représentations. Le concept de tragique, avant de désigner un genre littéraire, recouvre exactement l'idée d'une réalité difficile, voire impossible à digérer, mais nécessaire à avaler (*tragein* : avaler, manger). Doit être supporté et appelle le maximum de tolérance tout ce qui est inéluctable, insurmontable, irréconciliable, mais réel, inéluctablement réel. Le philosophe doit d'abord avaler la faiblesse, la souffrance, le temps, la violence, la mort, et l'ensemble des maux qui affectent et affecteront toujours l'humanité. « C'est le mal moral, c'est la souffrance et la mort qui confèrent à l'étonnement philosophique sa qualité et son intensité particulières, écrit Schopenhauer ; le *punctum pruriens* de la métaphysique, le problème qui remplit l'humanité d'une inquiétude que ne sauraient calmer ni le scepticisme ni le criticisme, consiste à se demander non seulement pourquoi le monde existe, mais aussi pourquoi il est plein de tant de misères [15]. » En réalité, la vie tout entière et le monde en général sont tragiques, parce qu'ils sont par essence problématiques, énigmatiques, étonnants... Tout ce qui existe et tout ce qui nous arrive doit être assumé tel quel, ce qu'il y a de bon comme ce qu'il y de mauvais, le merveilleux comme l'horrible.

14 ROSSET, *La Philosophie tragique*, p. 8. Voir aussi *La Logique du pire* et *L'Anti-Nature*.
15 SCHOPENHAUER, *op. cit.*, II, p. 306.

Tout doit être assumé sans haine, tout doit être pensé sans illusion. Tout est tragique, il n'y a rien hors du tragique, parce que la réalité est surprenante par essence : toujours nouvelle, insaisissable, étonnante. Nous ne savons pas pourquoi nous sommes dans ce monde, ni qui nous sommes, mais ce monde et cette vie nous sont donnés. La seule chose que nous savons, c'est que nous sommes vivants, animés par le désir nécessaire de vivre bien, que nous sommes conscients, animés par le désir de comprendre et d'être heureux dans ce monde d'une complexité inouïe. Philosopher, c'est affronter lucidement le tragique, c'est-à-dire le réel tel qu'il est, dans sa bouleversante énigme, par-delà les illusions réconfortantes, humaines, trop humaines, parce que nous désirons le bonheur réel, malgré notre faiblesse, notre détresse, notre solitude. Le monde et notre vie dans ce monde sont à jamais, dans leur nécessité même, un mystère. La philosophie a pour but d'approfondir ce mystère, de l'explorer, d'en penser l'ineffable présence. Mieux : de le vivre, de l'accomplir autant que possible dans la joie, puisque tel est le sens de la vie. Peut-être d'ailleurs n'y a-t-il de joie que tragique. Car ce n'est que dans la dissonance que peut se révéler l'harmonie, ce n'est que par rapport à la toute puissance de la mort que peut s'affirmer le triomphe de la vie. Ce n'est que face au malheur que le bonheur peut se conquérir. Le tragique n'est donc pas seulement « l'irréconciliable ». Il est aussi, comme l'a bien vu Rosset, « l'indispensable » : sans la surprise tragique, pas de joie lucide, pas de philosophie, pas de sens à la vie.

Le sentiment du tragique est une condition de l'accès à la philosophie comme exercice de désillusion, parce que la sagesse est nécessairement tragique. Un sage ne se fait plus d'illusion sur le monde et sur lui-même. Il assume le caractère impensable du réel tel qu'il est, ou plutôt tel qu'il devient, et il tire tout son bonheur de l'adéquation joyeuse entre son désir et cette réalité merveilleusement énigmatique, formidablement complexe, infiniment multiple. Il affronte la vie et la mort sans l'écran protecteur de l'idéologie.

La raison pas plus que la science ne peuvent éliminer la conscience du tragique. Au contraire, plus notre science progresse, plus la cosmologie, la biologie, l'anthropologie avancent, plus elles mettent en lumière l'énigme du réel, l'incroyable complexité du monde, l'impensable singularité de la vie.

Que le logos puisse comprendre le cosmos, voilà le grand principe tragique, qui continue de frapper de stupéfaction nos plus grands physiciens, tel Einstein : « Ce qu'il y a d'incompréhensible, c'est que le monde soit compréhensible. » Cette incompréhensible compréhensibilité du monde fait de l'étonnement philosophique une source inépuisable de bonheur. Devant l'éternelle vérité de la Nature, l'esprit éprouve un réconfort – et non une consolation – pour affronter sereinement la vie avec courage. « Le philosophe ne s'étonne pas une fois pour toutes, mais toujours, écrit Marcel Conche. Il s'étonne de vivre, de la vie, et cet étonnement est bonheur. Il s'étonne de la Nature, de la sérénité qu'elle garde dans son mouvement éternel – sérénité de la Nature qui fonde sa propre sérénité [16]. »

Le bonheur du philosophe ne supprime donc pas l'étonnement face au tragique. Il met au contraire en valeur son unique et paradoxal objet : le réel.

16 CONCHE, *Analyse de l'amour et autres sujets*, « Le bonheur », p. 53.

# IX

# L'objet de la philosophie : le réel

Étonnement radical devant l'existence, la philosophie n'a pas d'objet spécifique. Tout peut être source d'étonnement pour le philosophe, tout est digne de réflexion. « Philosopher revient à ceci, dit Jankélévitch : se comporter à l'égard de l'univers comme si rien n'allait de soi. »

Le philosophe ne s'intéresse pas, comme les scientifiques modernes, à l'étude spécialisée de tel ou tel objet. La philosophie est la seule science non réductionniste. Son objet n'est pas local, c'est le plus général, parce qu'il regroupe tout ce qui existe, la réalité tout entière. Toute philosophie est en fait une théorie du réel. Le philosophe authentique n'admet qu'un seul *isme,* le seul qui puisse le préserver de toute idéologie : le réalisme. Le philosophe n'a évidemment pas la prétention d'enfermer la réalité dans une théorie ou un système. Son réalisme exprime simplement sa résolution à chercher à s'accorder avec le réel, pour autant que cela est possible. Tout le problème est de bien comprendre le sens de ce concept très particulier : le réel.

### L'impossible définition du réel

Que désigne au juste cette idée de réel, d'être ou d'existence ? Elle caractérise simplement toute chose existante, sujet ou objet, matérielle ou spirituelle, inerte ou vivante. Toutes ont en commun le fait d'être réelles, d'exister. Cette notion de réalité est à la fois la plus simple et la plus difficile de la philosophie. Dans le langage courant, elle désigne simplement ce qui existe. Le réel est l'ensemble des choses, des faits, des événements.

C'est ce qui est d'une certaine façon, ce qui existe à un titre quelconque, ce qu'on ne peut changer, ce qui résiste, ce qui demeure, ce qu'on ne peut que constater, ce avec quoi il faut compter... L'être ne s'oppose pas à l'apparence (car apparaître, c'est être apparent) ni au devenir (car devenir, c'est être changeant). Il s'oppose seulement au néant, à l'irréel, à l'inexistant. Ainsi la notion de réalité désigne-t-elle simplement tout ce qui existe. Impossible à définir, si ce n'est de façon négative : ce qui n'est pas rien, qui n'est pas irréel... Le concept de réel est donc un concept tout à fait étonnant, un concept « surprenant par essence », un concept tragique car impensable : un concept silencieux. Un mot qui ne peut se définir, mais renvoie simplement, en silence, à ce qui existe et se réalise, hors des mots et des concepts, des images et des représentations.

On peut distinguer des catégories de réalités : des choses matérielles, des idées, des sentiments, des événements, des essences, des accidents, des attributs, des propriétés, des signes... Mais toutes ont en commun d'être réelles. Le réel n'est pas caché. Il est à la fois donné dans l'expérience – puisque toute expérience est expérience du réel – et objet d'une intuition rationnelle, une évidence première. La notion d'existence fait partie des notions qui sont « d'elles-mêmes si claires qu'on les obscurcit en les voulant définir [1] », explique Descartes. Mais bien que chacun comprenne ce que signifie l'idée de réalité, le réel lui-même est par définition énigmatique. Car la seule réalité à laquelle nous ayons accès est notre expérience sensible ou intellectuelle du réel. On ne peut donc rien dire d'autre du réel qu'il est ce qu'il est, simplement présent dans tout ce qui advient à l'existence. Un énigmatique « présent » non représentable. « Le réel ne désigne pas seulement ce qui est présent, mais aussi tout ce à quoi il advient d'être présent, c'est-à-dire tout ce qui est "présent présentement et non présentement", écrit Clément Rosset. Le réel n'est pas ce qui se conserve mais ce qui, à chaque instant, est présent, offrande de l'être sur fond d'éventuel non-être qui ne vaut que dans l'instant où il est, pas en tant qu'il a été ou pourrait être dans l'avenir [2]. »

1 DESCARTES, *Principes de la philosophie*, I, X.
2 ROSSET, *L'Objet singulier*, p. 31, *Le Réel et son double*, p. 23.

La connaissance du réel ne s'oppose donc pas à l'imaginaire. Une image est réelle et elle peut donner une assez bonne description d'une chose. Elle s'oppose à l'illusion. Sont illusoires toutes les représentations qui « doublent » le réel par une connaissance qui le décrit autrement que comment il est. Le réel se caractérise ainsi par son « idiotie », c'est-à-dire une absolue simplicité : « Le réel est ce qui est sans double : il n'offre ni image, ni relais, ni réplique, ni répit. En quoi il constitue une "idiotie" : *idiotés*, idiot, signifie d'abord simple, particulier, unique, non dédoublable. Traiter de l'idiotie est évoquer le réel. Un réel lointain car à jamais reléguable dans le miroir. Un réel voisin car toujours en vue [3]. »

Penser le réel tel qu'il est, sans illusion, telle est la première tâche du philosophe. Mais une fois admis le principe de réalité, une fois assumé le caractère nécessairement tragique et « idiot » de l'existence, il reste à connaître le réel dans sa richesse, à comprendre le monde pour ce qu'il est, pour s'approcher de la sagesse et du bonheur.

Comment comprendre ensemble la multiplicité de tout ce qui est réel, à tous les niveaux de réalité : les corps, les forces, les sentiments, les idées, les signes ? Quel est le rapport entre l'homme et le monde ?

Ce problème exige de conceptualiser le réel dans ses éléments. L'objectif de la philosophie est la science du réel. La philosophie est la seule discipline à avoir la folie de prendre pour objet la totalité de ce qui existe, le monde, qui n'est justement pas un objet, mais l'idée simple de ce qu'il y a de plus complexe.

### La compréhension du monde

La notion de monde signifie une totalité ordonnée, un ordre de co-appartenance. L'étymologie de monde, *mundus*, désigne le sillon qui délimite un territoire, une frontière. La philosophie étudie tout ce qui est en deçà de la frontière du réel. « La philosophie est essentiellement la science du monde ; son problème, c'est le monde ; c'est au monde seul qu'elle a affaire [4]. »

3 Rosset, *Le Réel, traité de l'idiotie*, p. 79.
4 Schopenhauer, *Le Monde comme volonté et comme représentation*, p. 884.

Par « monde » il faut entendre ici tout ce qui existe, c'est-à-dire l'ensemble des « mondes » : monde de la matière, de la vie, de la pensée, de la culture... Tâche infinie, mais nécessaire : la sagesse consiste dans un accord avec tout ce que la Nature produit. Dans l'idéal, le philosophe doit donc être un encyclopédiste : « Le philosophe est celui qui possède la totalité du savoir dans la mesure du possible[5]. »

Même si le philosophe recherche en priorité le savoir-vivre et le développement de sa vertu, l'ambition d'une connaissance totale de tout reste aujourd'hui la marque de l'esprit philosophique. « Correctement traduit selon son sens originel, le terme de philosophie est un autre nom pour la science universelle, la science du tout du monde, de l'unique totalité qui embrasse tout ce qui est. Très vite l'intérêt d'abord dirigé sur le tout – et par là même la question du devenir qui englobe toute chose et de l'être qui subsiste dans le devenir – commence à se scinder en fonction des formes générales et des régions de l'être ; et ainsi la philosophie, l'unique science, se ramifie en une diversité de sciences particulières[6]. »

Bien que la réalité soit une, elle est composée d'une multiplicité de « mondes », plusieurs sous-ensembles de réalités en interrelation. Il est commode et habituel de distinguer différentes parties dans la philosophie selon le « monde » étudié.

### Les parties de la philosophie

On peut diviser la philosophie en trois disciplines, comme les stoïciens qui l'assimilaient à un œuf : la coquille est la logique, le blanc la physique, et le jaune l'éthique. On peut aussi distinguer entre philosophie théorique et philosophie pratique. Ou encore entre philosophie de la nature et philosophie de l'esprit. Mais il est sans doute préférable de distinguer entre la philosophie première et la philosophie seconde. La philosophie première, aussi appelée ontologie ou métaphysique, s'interroge sur la réalité en général. La philosophie seconde étudie les parties du réel et se divise en autant de disciplines qu'il y a d'objets d'étude distincts : la logique, l'épistémologie, la physique, l'éthique,

5 Aristote, *Métaphysique*, alpha.
6 Husserl, *La Crise de l'humanité européenne et la philosophie*, p. 35.

la politique, l'esthétique, l'histoire, l'anthropologie, etc. Le propre de la philosophie est de relier toutes ces disciplines entre elles, à partir d'une théorie générale du réel, une conception du monde et de l'homme.

La métaphysique est la partie la plus profonde et la plus difficile de la philosophie. Elle cherche à comprendre les principes cachés de l'être, les fondements du monde et de l'existence, au-delà de l'expérience que nous en avons. Toute philosophie admet nécessairement une certaine métaphysique, un ensemble de vérités premières, qui tiennent toutes ensemble. Descartes résume bien cela dans un célèbre passage de ses *Principes* : « Lorsqu'il s'est acquis quelque habitude à trouver la vérité en ces questions (la logique), le philosophe doit commencer tout de bon à s'appliquer à la vraie philosophie, dont la première partie est la métaphysique, qui contient les principes de la connaissance, entre lesquels est l'explication des principaux attributs de Dieu, de l'immatérialité de nos âmes, et de toutes les notions claires qui sont en nous. La seconde est la physique, en laquelle, après avoir trouvé les vrais principes des choses matérielles, on examine en général comment l'univers est composé ; puis en particulier quelle est la nature de cette Terre et de tous les corps qui se trouvent autour d'elle, puis la nature des plantes, des animaux et de l'homme, afin qu'on soit capable après de trouver toutes les autres sciences qui lui sont utiles.

« Ainsi toute la philosophie est comme un arbre dont les racines sont la métaphysique, le tronc la physique, et les branches qui sortent de ce tronc toutes les autres sciences qui se réduisent à trois principales, à savoir la médecine, la mécanique et la morale, j'entends la plus haute et la plus parfaite morale qui, présupposant une entière connaissance des autres sciences, est le dernier degré de la sagesse [7]. »

La métaphysique est par définition le fondement sur lequel toute la philosophie repose. Elle est, avant l'éthique, le premier degré de la sagesse, et la première connaissance que le philosophe doit acquérir. « La philosophie est la recherche de la sagesse, c'est-à-dire de la connaissance divine des premières causes [8]. »

7 Descartes, *op. cit.*, Préface.
8 Aristote, *ibid.*, alpha

Ce qu'Aristote nomme les premières causes, ce sont les « principes » de la nature, les vérités premières qui régissent tout ce qui existe dans l'univers : la matière, la vie et la pensée. Pour désigner la science des premiers principes, Aristote n'utilise pas le terme « métaphysique ». Il se contente de l'appeler « la science que nous cherchons », sans lui donner de nom. En grec, principe se dit *arché* : recherche de l'origine, du commencement (comme dans *archéologie*, *archive*), qui sert à la fois de fondement (comme dans *architecture*) et de commandement (comme dans *monarchie*).

Le questionnement métaphysique se distingue donc en ce qu'il porte sur la réalité en général, et non sur une réalité particulière, un certain objet de la nature. Les sciences particulières font partie de la philosophie seconde. Elles cherchent à comprendre une partie du réel, un objet spécifique séparé du reste : la logique (le raisonnement), la physique (la matière), l'épistémologie (la connaissance), l'éthique (le bien), la politique (le pouvoir), l'esthétique (l'art), l'histoire (le passé), l'anthropologie (l'homme), etc. La philosophie première porte sur la réalité en général, quelle qu'elle soit, sur l'être en tant qu'être, à la fois dans sa totalité, sur le plan de l'univers entier, et dans toutes ses manifestations singulières : tout, absolument tout, de la logique à l'esthétique, de la science à l'éthique, de la physique à la psychologie. Comment tout cela tient-il ensemble pour faire un monde, notre monde ? Quelle est la clé du mystère ? Voilà l'ambition folle de la métaphysique : comprendre l'infinie multiplicité des choses et l'insondable complexité de l'univers par une théorie intelligible, simple et unifiée. La philosophie est la recherche d'une résolution des énigmes de l'existence. La métaphysique est la réflexion sur l'énigme des énigmes, sur le fait même qu'il y ait un monde, de la vie, des hommes. Elle a donc aussi pour objet le plus grand des mystères, celui de l'être. Elle est une ontologie : une science de l'être (*ontos*). « Le but de la philosophie, dit Hegel, est de comprendre tout ce qui est. » La philosophie dépasse et intègre donc ce qu'on appelle aujourd'hui la science dans son sens moderne, c'est-à-dire la connaissance objective de certains phénomènes (physique, chimie, biologie, psychologie, sociologie, sémiologie...). En étudiant la totalité des phénomènes, des choses et des événements perceptibles par les sens, le philosophe ne vise pas seulement, comme le scientifique moderne, la maîtrise technique des choses déterminées, ce que Heidegger appelle les *étants*. Il veut accéder à l'être caché des choses, il veut comprendre leur essence, c'est-à-dire leur véritable « nature », dans leur être.

Il doit comprendre ce qui apparaît, ce qui est visible, ce qui se manifeste à nos sens dans l'expérience, les apparences, ou plutôt les apparitions, les phénomènes. Tel est l'objet de la physique : la connaissance des phénomènes naturels et de leurs lois, dans la réalité perceptible par les sens. Mais le désir propre au philosophe est d'aller à travers les phénomènes perceptibles pour dévoiler le réel. C'est pourquoi la philosophie est aussi et d'abord une phénoménologie, une étude de la manière d'apparaître des choses, même lorsque le philosophe s'interroge sur ce qu'elles sont par une ontologie. On voit ici surgir un paradoxe, car il n'y a pas d'autre possibilité pour l'homme que de chercher l'être des *étants* à travers les apparences qu'il perçoit. Le philosophe doit donc s'interroger sur l'être dans le phénomène, dans les *étants*. Il ne peut fonder son ontologie qu'à partir d'une interprétation de ses manifestations phénoménologiques. D'où la définition synthétique et technique de Heidegger : « La philosophie est l'ontologie phénoménologique universelle issue de l'herméneutique du *Dasein* [9] », où *Dasein* désigne l'être de l'homme et herméneutique la science de l'interprétation. La possibilité de s'interroger par le langage sur le sens de son être fait en effet de l'homme un lieu où l'être apparaît comme question, un « là-être » (traduction impossible de l'allemand *Dasein*).

Philosopher, c'est chercher les principes de la nature visible et invisible, c'est s'interroger sur la nature de la « substance » (*sub-stare* : ce qui se tient en dessous) dont sont faites toutes les choses matérielles ou spirituelles à partir de l'expérience humaine. Penser la substance non perceptible des choses, tel est l'objet de la métaphysique et de l'ontologie.

La philosophie n'a donc pas d'objet spécifique. D'abord parce qu'elle a la sagesse de s'intéresser à la totalité du monde, dans la totalité de ses apparences. Ensuite parce qu'elle a la folie de viser une connaissance de la substance des choses, dans les choses, sous les choses, dans leur être. Enfin parce qu'un philosophe vise tout autre chose qu'une connaissance objective de

9 Heidegger, *Être et Temps*, Introduction, § 7.

type scientifique. Que cherche-t-il à connaître ? Non seulement les choses, mais ce en quoi elles sont intéressantes dans l'optique de la pensée subjective, dans l'horizon de la vie, de l'amour, de la sagesse et du bonheur : leur signification, leur valeur, leur sens. Le philosophe ne vise pas la constitution d'une physique et d'une biologie, mais la pensée d'une ontologie qui permette une vie conforme à l'éthique. Il n'a pas pour horizon la vie, mais le sens de la vie. C'est ce qu'il faut examiner pour finir.

# X

# La quête de la philosophie : le sens

Le sage est pleinement heureux. Il vit dans la plénitude du sens : sa connaissance de lui-même et de la Nature lui permet d'harmoniser le sens de sa vie avec le sens de l'être. Que signifient ces notions : le sens de la vie, le sens de l'être ? Quelle est la nature du « sens » ?

## Le sens du sens

La notion de sens est l'une des notions les plus difficiles à penser. Le mot « sens » est lui-même ambigu : on parle des cinq sens, du sens d'un mot, du sens d'un événement, du sens d'un fleuve, du sens d'une histoire... Peut-on dégager un point commun à toutes les acceptions possibles du sens : la sensation, la signification, la valeur, l'orientation, l'intelligibilité ?

Oui : un sens quelconque est toujours le résultat d'un rapport entre une chose particulière qui fait sens et un environnement par rapport auquel cette chose prend son sens. Le sens d'une rivière résulte de son rapport avec son origine et sa fin. Un sens comme la vision résulte du rapport entre le sujet percevant et l'objet perçu par une image visuelle. Le sens d'un événement résulte de son rapport avec son contexte, ses causes et ses conséquences, etc. Le propre d'un sens est donc d'être à la fois lié à une chose et d'être par définition, non pas absent de la chose comme on le dit parfois, mais lié à ce qu'elle n'est pas. Le sens est à la fois dans la chose et échappant à la chose. Toujours paradoxal : à la fois intérieur et extérieur, manifeste et caché, dans la chose et dans la relation avec ce qu'elle n'est pas. C'est pourquoi un sens n'apparaît à l'homme qu'au sein d'une interprétation, c'est-à-dire un acte de pensée qui comprend la nature de la chose en la reliant au contexte par rapport auquel elle prend son sens. Cela est vrai pour le sens des mots. Le signe « étoile » peut être pris comme un dessin dans le contexte de cette feuille et n'a alors pas d'autre sens, pour un être non humain, que sa forme particulière, sans signification déterminée. Dans le contexte de la langue française, le mot écrit prend un sens conventionnel. Il peut renvoyer à une forme géométrique telle que « ☆ », ou à un astre du ciel tel que notre soleil, ou à une danseuse, ou encore à n'importe quel être aimé ou brillant dans son domaine. Le sens est donc ce par quoi une chose est saisie par la pensée comme étant ce qu'elle est, comme ayant une certaine essence et des propriétés qui la définissent. Il est assez facile de trouver le sens des mots et de dégager le sens d'un discours parce que le langage est un système de signes qui associe arbitrairement des images acoustiques (le signifiant, ici l'empreinte psychique du son « étoile ») et des concepts (le signifié, ici les différentes idées d'étoile). Le sens d'un mot est explicité par le biais de définitions conventionnelles qui forment un concept. Chaque mot a ainsi un ensemble de sens et renvoie à des référents (des choses hors du langage) plus ou moins déterminés selon le contexte et la convention de langage. Le travail philosophique est pour l'essentiel un travail d'élucidation du sens des mots, parce que toute opinion et toute science s'exprime par des mots. C'est toute la difficulté du dialogue. Il s'agit d'abord de bien comprendre ce que nous disons. Mais le philosophe ne s'intéresse au sens des mots que pour connaître le sens des choses. Les concepts sont les outils fondamentaux de la pensée, mais ils ne sont que des outils. Car le sens n'est pas dans les mots, ni dans l'homme, il est dans les choses mêmes. Le langage et la pensée ne sont pas la source du sens, comme on l'entend souvent. Ils en sont seulement le révélateur. Ce n'est pas le mot étoile qui donne son sens à un astre du ciel, c'est l'astre du ciel qui donne son sens au mot étoile. Ce n'est pas le sens du mot « vie » que le philosophe désire comprendre, mais le sens de la vie même. Ce n'est pas le sens du concept de bonheur qui l'intéresse, mais le bonheur lui-même, en tant que suprême valeur de la vie. La quête du sens est inséparable de la réflexion sur les valeurs. Que signifie la notion de valeur ?

## La valeur des choses

La valeur d'une chose est sa désirabilité ou sa préférabilité, c'est-à-dire son caractère plus ou moins bon ou mauvais. On parle de la valeur d'une réalité, par exemple un aliment, un objet technique, une œuvre d'art ou une action pour désigner sa qualité, son degré d'excellence, qui la fait être légitimement désirable pour l'homme. On peut distinguer des niveaux selon les valeurs et construire une science des valeurs, une axiologie. La hiérarchie la plus simple sépare les valeurs sensibles, l'agréable, les valeurs physiologiques, le sain, et les valeurs techniques, l'utile. Au-dessus, on situe les valeurs spirituelles, qu'on peut séparer en valeurs logiques, esthétiques et éthiques : le vrai, le beau, le bien. Enfin, on parle de valeurs politiques, la justice et la paix, et de valeurs religieuses, le divin et le sacré. Ces classifications sont utiles, mais elles ne doivent pas masquer l'essentiel : il n'y a de valeur que par et pour un sujet, par son désir. Une valeur est la saisie par un sujet de la qualité d'un objet. Mais la qualité n'est pas propre à l'objet. Elle met en jeu la relation entre un objet et un sujet. La valeur est donc également un rapport, une relation. C'est pourquoi il n'y a de valeur que relative. La valeur d'un aliment n'est pas sa richesse énergétique ou sa composition chimique, mais sa capacité à contribuer à notre plaisir et à notre santé. Ce n'est pas parce que je juge qu'une chose est bonne que je la désire, dit Spinoza, c'est parce que je la désire que je la juge bonne [1]. La valeur d'une chose est sa capacité à être cause de notre joie. Une chose a d'autant plus de valeur qu'elle peut nous donner de la joie. La notion de valeur désigne ce qui mérite d'être aimé. Tout le problème du philosophe est de distinguer entre la vraie et la fausse valeur des choses. C'est donc encore la vérité qui doit être cherchée dans le domaine des valeurs. Car tout ce à quoi nous accordons une valeur n'est pas digne d'être désiré [2]. Il ne suffit pas de désirer une chose et de la juger bonne pour qu'elle soit réellement cause de joie. Encore faut-il que la chose soit telle que je la désire, et que je la désire réellement telle qu'elle est. Encore faut-il que je sache percevoir ce qu'il y a de bon et de mauvais en elle. Voilà

1 SPINOZA, *Éthique*, III, prop. 9, scolie.
2 L'analyse détaillée des désirs et des valeurs est réalisée dans la quatrième partie.

pourquoi la connaissance des choses (la physique) est, autant que la connaissance de soi et des autres (la psychologie), absolument nécessaire à la réalisation éthique. L'éthique n'est pas une préférence arbitraire mais l'objet d'une science possible, quoique relative à chacun. Et c'est pourquoi chacun doit philosopher, comprendre ce qui est bon ou mauvais pour lui, selon la raison, dans une chose ou une action. Une chose n'a de valeur réelle que dans la mesure où elle mérite d'être aimée par un sujet, parce qu'elle lui est réellement bonne, qu'elle peut lui apporter réellement de la joie. Les valeurs sont toujours relatives. Ce qui est bon pour l'un peut être mauvais pour l'autre. Mais elles sont universellement partageables dès lors qu'elles sont fondées sur la raison. C'est le cas des valeurs éthiques. Les vertus sont des valeurs universelles. Elles sont toujours bonnes, toujours désirables par les hommes, pour peu qu'ils soient raisonnables. Mais chacun a sa sagesse propre, selon son savoir, sa personnalité et sa culture.

Admettons à présent que le philosophe possède la science des valeurs, admettons qu'il comprenne assez la nature des choses pour distinguer celles qui valent la peine d'être cherchées, et qu'il vive dans la joie sereine en pratiquant l'art de vivre, pour autant que les circonstances le lui permettent. Son bonheur de vivre suffira-t-il à le combler assez pour qu'il cesse de philosopher ? Non. Ce qui lui restera à méditer, à approfondir, à célébrer, c'est le sens de l'être, le sens de toutes choses, et le sens de sa vie heureuse même.

### Le sens de l'être

Une chose possède une valeur en fonction du désir humain, mais elle ne prend tout son sens que par rapport au tout de l'être. Ce n'est pas seulement l'être en général qui intéresse le philosophe, mais son sens. La notion d'être n'est pas ésotérique. Elle désigne simplement ce qui existe réellement, indépendamment de toute représentation objective. Suffit-il de savoir ce qu'est une chose pour comprendre pleinement son sens ? Suffit-il de savoir que ce liquide est de l'eau pour connaître tout le sens, c'est-à-dire toute la valeur de cet élément, non seulement pour moi en particulier, mais pour la vie et pour l'univers en général ? Non, parce qu'une chose n'a de sens que dans son rapport à la totalité de l'être. Le sens ontologique d'une chose est en fait l'ensemble des relations qu'elle entretient avec le reste de l'univers, en particulier avec l'homme, mais pas seulement. Une chose ou un événement ont un sens en eux-mêmes, ils participent bien au sens de l'être en étant ce qu'ils sont. Mais ce sens ne peut être perçu par l'homme que s'il parvient à penser cette chose dans son rapport au tout, à travers une idée adéquate à la fois de la chose et du tout. Penser la valeur de l'eau, le sens de l'eau, implique de connaître sa structure chimique et sa réalité physique, mais aussi de penser son importance pour la biologie de l'univers, sa valeur vitale et son importance écologique et économique pour les vivants. C'est apprécier sa charge symbolique pour le poète, sa valeur sacrée pour le religieux, dans la source, la pluie, l'océan, le sang, le vin, les larmes de détresse ou de joie... Comprendre le sens d'un événement, c'est saisir la totalité de son sens par rapport à la totalité du sens de l'histoire.

La philosophie est à la fois réflexion d'un homme sur sa vie propre et méditation sur la totalité du réel. Elle est la seule discipline intellectuelle qui s'interroge sur le sens de l'être, sur le sens de l'histoire, jusqu'au sens du sens.

C'est pourquoi elle n'a pas pour but la connaissance des objets du monde – c'est le but de la recherche scientifique –, mais de leur signification. « La philosophie n'a pas d'objet écrit G. G. Granger. Toute philosophie vise à organiser, non des faits, mais des significations [3]. »

Une signification n'est pas un fait objectif. C'est un rapport établi par un sujet entre un fait et une totalité pensée comme telle. Une signification est « ce qui résulte de la mise en perspective d'un fait à l'intérieur d'une totalité, illusoire ou authentique, provisoire ou définitive, mais en tout cas vécue comme telle par une conscience [4]. »

La signification d'une chose n'est pas non plus son sens. Le sens est ontologique alors que la signification est humaine. Elle est l'idée que l'homme se fait du sens d'une chose. Pour saisir et communiquer une signification, l'homme utilise des signes : des mots, des gestes, des images, des symboles. La philosophie est la recherche et l'organisation de la signification des idées, par une

3 GRANGER, *Pour la connaissance philosophique*, p. 14 et 258.
4 GRANGER, *Essai d'une philosophie du style*, p. 11.

réflexion sur l'idée de Monde, pour saisir autant que possible le sens des choses en particulier et de l'être en général. C'est pourquoi la vie n'a de sens pour l'homme que si elle est pensée dans l'horizon du monde, par le langage, et pas seulement vécue. Le philosophe cherche la science des objets du monde dans la perspective du sens de tout ce qui existe, y compris de sa propre vie d'homme. La quête du sens de l'être est la plus grande question de la philosophie, comme l'a bien montré Heidegger. C'est ici que la lucidité du philosophe doit s'exercer pleinement, sous peine de retomber dans les délires de la superstition et de l'idéologie : donner du sens à ce qui n'en a pas, attribuer de faux sens aux choses, voir des signes partout, croire comprendre le sens de l'Histoire, de l'évolution naturelle, voire la volonté de Dieu... C'est pourquoi il est essentiel de distinguer entre le sens des choses (toujours problématique) et la signification qu'elles ont pour l'homme qui les pense. Considéré en lui-même, le réel est insignifiant, inintelligible, idiot. C'est là une des manifestations les plus claires de son caractère tragique : le réel ne peut renvoyer par définition qu'à lui-même, il ne peut être comparé à rien d'autre, puisqu'il est tout ce qu'il peut être. C'est le pivot de la philosophie tragique, depuis Héraclite et jusqu'à Nietzsche : le réel est insignifiant. Le monde n'est pas un livre à déchiffrer. C'est plutôt une œuvre d'art à contempler. On peut lui attribuer des significations, mais elle est en elle-même son propre sens. Le tragique n'est pas l'absurde. L'absurde suppose en effet un décalage intellectuel entre un sens attendu et le sens perçu par une interprétation. Le philosophe ne se révolte pas contre l'apparent non-sens du monde parce qu'il se refuse de l'interpréter. Il constate avec étonnement le sens mystérieux du monde, s'émerveille de sa présence insignifiante et ininterprétable, et reste critique devant toutes les significations illusoires. Son but est de comprendre. « Rendre le réel à l'insignifiance », écrit Rosset, consiste en fait à « rendre le réel à lui-même : à dissiper les faux sens, non à décrire la réalité comme absurde ou inintéressante [5]. » Absurde est en fait le nom que les sots donnent aux choses qu'ils ne comprennent pas. Rien n'est absurde. Toute chose a un sens. Non à interpréter mais à comprendre, dans un étonnement infini.

5 Rosset, *Le Réel, traité de l'idiotie*, p. 40.

Car le sens de l'être est sans doute à jamais une énigme. Le monde est un mystère. La moindre chose est un mystère. Qu'est-ce qu'une chose ? demande Heidegger. Qu'est-ce que penser ? Qu'est-ce que être [6] ? Toute la valeur de la philosophie est de laisser ces questions ouvertes. C'est pourquoi elle reste toujours une quête. La pensée philosophique est moins une pensée calculante (comme l'est par nature la science moderne) qu'une « pensée méditante » : « Une pensée à la poursuite du sens qui domine dans tout ce qui est [7]. »

Chercher le sens de l'être, pour vivre toujours plus dans la sérénité heureuse, tel est le sens de la vie humaine.

### Le sens de la vie

En cherchant le bonheur par la sagesse, quelle que soit sa tradition de pensée et sa culture d'origine, le philosophe est animé par le sens de la vie, et rien d'autre. La philosophie est le sens de la vie dans tous les sens du terme : l'orientation, la sensation, la signification.

Elle va dans le sens de la vie parce qu'elle s'inscrit dans sa finalité immanente, en vue d'un mieux-être et d'un accomplissement (orientation). Elle a le sens de la vie parce qu'elle cherche à développer le sentiment jubilatoire de santé, d'harmonie, de vitalité qui culmine dans la béatitude (sensation).

Enfin, elle résout le problème du sens de la vie, en procurant une intelligibilité non seulement à son existence, mais à tout ce qui existe (signification) : lorsque je pratique la philosophie, lorsque je cherche à progresser en sagesse, je comprends intuitivement pourquoi j'existe et pourquoi le monde existe, parce que je sais que j'accomplis ma destinée d'être humain, dans l'immanence de ma recherche, tout en respectant l'énigme de l'être. La vie du philosophe a un sens, immanent à la vie, et qui consiste à réaliser son plus profond désir : augmenter sa joie, sa connaissance, sa puissance, sa liberté pour accomplir le sens de la vie, ce que le Zarathoustra de Nietzsche appelle le « sens de la Terre ».

6 HEIDEGGER pose ces questions dans toute son œuvre. On peut l'aborder par les *Essais et Conférences*. Pour une approche simple, voir STEINER, *Heidegger*, ou BOUTOT, *Heidegger*.
7 HEIDEGGER, *Question III*, « Sérénité », p. 166.

« Mes frères, restez fidèles à la Terre, avec toute la puissance de votre vertu ! Que votre amour qui donne et votre connaissance servent le sens de la Terre. Je vous en prie et vous en conjure. Ne laissez pas votre vertu s'envoler des choses terrestres et battre des ailes contre des murs éternels ! Hélas ! il y eut toujours tant de vertu égarée ! Ramenez, comme moi, la vertu égarée sur la Terre – oui, ramenez-la vers le corps et la vie ; afin qu'elle donne un sens à la Terre, un sens humain [8] ! »

La vie du philosophe prend son sens humain dans l'approfondissement quotidien du bonheur de vivre sur la Terre, dans l'horizon du sens de l'être et son partage avec les autres.

La philosophie peut-elle réellement apporter la sagesse et le bonheur ? Pas toujours, si on en juge par la vie de nombreux philosophes de premier plan. Mais c'est sans doute qu'ils n'ont pas su atteindre la sagesse, qu'ils ont été empêchés par les circonstances, piégés par des illusions ou vaincus par leurs névroses. Tous les sages ont été souverainement heureux, et tous ont d'abord été philosophes. Le témoignage de Spinoza, le « plus philosophe des philosophes », suffit ici. À la fin de sa vie, le sage hollandais, pourtant exclu et malade, écrivait à un ami : « Le bénéfice que j'ai tiré de mon pouvoir naturel de connaître – pouvoir que je n'ai jamais trouvé en défaut – a fait de moi un homme heureux. Car j'en tire de la joie et je m'efforce de vivre non dans la tristesse et les gémissements, mais dans la tranquillité d'âme, la joie et la gaieté, et m'élève ainsi d'un degré [9]. »

À chacun de pratiquer la philosophie pour lui-même, par lui-même, avec lui-même. À chacun de répondre à l'appel de l'Être, à l'injonction de l'*éros*, au sens de la vie. À chacun de chercher autant qu'il le peut la sagesse, pour célébrer chaque jour la fête de vivre, face au tragique, sur notre merveilleuse Terre, avec toujours plus de bonheur. À chacun de répondre à l'invitation de la *philia*, comme le chante en poète le plus sage des Grecs : « La *philia* fait le tour de la Terre et nous convie tous à nous réveiller pour la vie heureuse [10]. »

8 NIETZSCHE, *Ainsi parlait Zarathoustra* in *Œuvres*, II, p. 342.
9 SPINOZA, *Correspondance* in *Œuvres*, vol. 4, Lettre XXI.
10 ÉPICURE, *Sentences vaticanes in Lettres et Maximes*, 52.

# Synthèse

La philosophie est par nature une recherche individuelle de sagesse (*sophia*) par amour raisonnable de la vie (*philo*) afin de jouir du plus grand bonheur possible. Sa condition est l'authenticité face à soi-même et son origine un étonnement face à l'énigme de l'être. Son but est la compréhension du monde pour posséder la science de la vie bonne et augmenter ses vertus. Le philosophe procède pour cela à une critique des opinions et recherche la vérité par le dialogue avec autrui. Il a pour seule exigence la compréhension de la réalité par les concepts, pour seul moteur la force de son désir et pour seul moyen la lumière de sa raison.

Enfin, la philosophie est la quête du sens de l'être par une métaphysique qui fonde la physique et permet l'éthique, c'est-à-dire l'art de vivre dans l'amitié, la joie et la sérénité, pour accomplir le sens de la vie en soi-même et avec les autres, en accord avec la Nature.

# *Deuxième partie*

# À quoi sert la philosophie ?

Après avoir analysé la définition théorique de la philosophie, je vais préciser son utilité en examinant la question suivante : à quoi bon faire de la philosophie ? Que pouvons-nous réellement espérer de cette activité, de cet effort, de ce travail, sur le plan pratique ?

Je vais pour cela analyser la valeur d'une opinion couramment formulée, y compris par d'éminents philosophes, tel Jankélévitch : « La philosophie ne sert à rien ». Que signifie cette formule ? Au-delà de son sens le plus évident, elle peut avoir plusieurs significations. Commençons par le premier sens : la philosophie est totalement inutile, sans valeur, sans intérêt. Contre ce jugement encore fort répandu, il faut réaffirmer la suprême utilité de la philosophie.

*Cinquième partie*

[illegible]

# I

## Rien de plus utile à l'homme que la philosophie

Dire que la philosophie ne sert à rien équivaut d'abord à affirmer qu'elle est une perte de temps. Le plus souvent, ce jugement est prononcé pour la dénigrer, la ridiculiser, se moquer de son apparente inutilité. Cela revient à dire : ne faites pas de philosophie, cela ne vous mènera nulle part, vous n'en tirerez aucun bénéfice, vous tournerez en rond. Ne perdez pas votre temps, vivez plutôt ! La philosophie a longtemps été négligée, elle est encore objet de mépris, voire d'insultes. À quoi cela est-il dû ? Parce qu'elle est parfois complexe, on la trouve compliquée, trop compliquée. Parce qu'elle demande une formation initiale exigeante, on la juge obscure, ésotérique, inaccessible. Cela tient d'abord à son langage. Le discours des philosophes est souvent étrange, parfois aride, toujours paradoxal. On croit ainsi que la philosophie est par nature hermétique. Mais si beaucoup de philosophes sont peu clairs, on peut considérer avec Bergson, qu'« il n'y a pas d'idée philosophique, si profonde ou subtile soit-elle, qui ne puisse ni ne doive se dire dans le langage de tout le monde. »

D'autre part, parce qu'elle a très peu d'adeptes, la philosophie apparaît comme élitiste et aristocratique, même si la démocratisation du savoir a rendu aujourd'hui ses amateurs plus nombreux. Elle semble ésotérique et exclure par sa difficulté d'abstraction la majorité des hommes. Enfin, parce que les philosophes sont parfois des marginaux, des « personnages » souvent déroutants, étonnants, secrets, idéalistes ou révolutionnaires, on la juge inquiétante, voire dangereuse. Ajoutons que certains philosophes amateurs ou professionnels ne manifestent pas toujours des signes éclatants de sagesse, de sérénité et de joie.

Qu'on méprise ou insulte la philosophie n'est pas très grave. Cela devient plus gênant lorsque le philosophe est lui-même méprisé et insulté. Car de l'insulte à la persécution il n'y a qu'un pas, vite franchi par les ignorants, ceux qui ignorent la *sophia* et ne savent pas dialoguer. La philosophie a commencé avec la mise à mort de Socrate par la démocratie athénienne. Son seul crime : penser librement. La liste des philosophes persécutés serait longue... Giordano Bruno a été brûlé vif pour avoir simplement osé mettre en doute la transcendance de Dieu et affirmer des idées révolutionnaires telle que l'infinité de l'univers. Spinoza a failli être assassiné par un juif fanatique et a été banni et maudi par sa communauté pour la même raison. Et combien de milliers de personnes ont-elles été emprisonnées et le sont encore aujourd'hui à cause de leur esprit critique ? Si la philosophie ne servait vraiment à rien, on laisserait les philosophes plus tranquilles... Ceux qui dénigrent ou méprisent la philosophie ne savent tout simplement pas de quoi ils parlent. Ils croient, comme certains élèves arrivant en classe de Terminale que la philosophie est « l'art de parler pour ne rien dire », « l'art de se compliquer la vie inutilement », ou encore, « la science des problèmes inutiles ».

La vraie philosophie est le contraire. Elle est l'art du dialogue, de la compréhension qui s'oppose au bavardage, à la parole vaine, qui parle sans savoir ce qu'elle dit ni pourquoi elle le dit. La philosophie n'est autre que l'art de choisir les problèmes, c'est la science des vrais problèmes. Si la philosophie nous permet d'apprendre à affronter la vie et la mort pour vivre et vieillir dans la sérénité, alors elle est utile, et même plus qu'utile... Elle est indispensable. D'autre part, la philosophie ne complique pas la vie. Elle cherche au contraire à expliquer le monde sans le réduire, à simplifier la vie sans la diminuer, à unifier notre existence sans perdre sa richesse. Le problème du philosophe est d'affronter le tragique de l'existence et de surmonter la complexité du réel en nous faisant triompher des difficultés majeures de l'humanité. Enfin, elle ne crée pas de problèmes supplémentaires à ceux de la vie quotidienne, elle s'efforce au contraire de les formuler clairement et de les résoudre dans un horizon universel. S'il lui arrive d'aborder des sujets légers ou spéculatifs, le philosophe s'intéresse principalement aux problèmes essentiels de notre vie : la morale, la mort, l'amour, la guerre, le bonheur...

On peut ainsi reconnaître avec La Bruyère des avantages très pratiques à la philosophie : « Bien loin de s'effrayer ou de rougir même du nom de philosophe, il n'y a personne au monde qui ne dût avoir une forte teinture de philosophie. Elle convient à tout le monde ; la pratique en est utile à tous les âges, à tous les sexes et à toutes les conditions : elle nous console du bonheur d'autrui, des indignes préférences, des mauvais succès, du déclin de nos forces et de notre beauté ; elle nous arme contre la pauvreté, la vieillesse, la maladie et la mort, contre les sots et les mauvais railleurs ; elle nous fait vivre sans une femme, ou nous fait supporter celle avec qui nous vivons [1] ! »

Nous pourrions nous arrêter là et affirmer sereinement que la philosophie sert à quelque chose. L'esprit philosophique exige pourtant d'aller plus loin. Il exige d'analyser la validité des thèses adverses à celles qui semblent vraies, pour préciser et enrichir notre point de vue initial. Et nous allons voir qu'il n'est pas totalement faux de dire que la philosophie ne sert à rien.

1 La Bruyère, *Les Caractères*, « De l'homme », § 132.

# II

## En quel sens la philosophie ne sert à rien

La philosophie est d'abord inutile si on entend par « philosophie » les idées des autres philosophes, les systèmes des grands penseurs tels Aristote ou Descartes. L'aristotélisme ou le cartésianisme ne servent à rien et à personne tant qu'ils restent des systèmes du passé. La philosophie n'a aucun intérêt tant qu'elle demeure lettre morte enfermée dans un livre. La thèse est donc vraie dans le premier sens suivant :

### La philosophie ne sert à rien, parce que seule ma philosophie peut me servir à quelque chose

La connaissance des idées d'un philosophe de valeur peut m'être utile. Mais les grands penseurs ne me serviront que dans la mesure où je fais miens leurs raisonnements, que dans la mesure où je les lis, les étudie, les critique et comprends par moi-même le sens et la vérité, même partielle, de ce qu'ils ont pensé. Mais alors, ce n'est plus leur philosophie, c'est la mienne. La philosophie est une activité absolument personnelle. Je peux avoir un employé pour effectuer un travail à ma place. Mais personne ne peut philosopher à ma place. Seule ma pratique de la philosophie m'est directement utile et « La philosophie » ne sert donc à rien... Mon travail personnel peut se nourrir des idées et des œuvres des autres, mais ma sagesse doit être conçue, engendrée, créée comme ma propre œuvre. Elle est l'aboutissement d'un long cheminement intérieur, une rumination, une digestion, un dialogue quotidien avec soi-même et avec les autres qui ne cesse jamais. Même lorsqu'un philosophe partage la majorité des idées d'un autre penseur, il doit penser par et pour soi-même.

La thèse est également vraie en un sens plus profond. La philosophie ne sert à rien dans le sens où elle est un art. Comme la musique ou la peinture, elle est non seulement personnelle, elle est aussi « irrécupérable ».

### La philosophie ne sert à rien parce qu'elle a sa fin en elle-même

La philosophie ne peut être au service de rien d'autre que d'elle-même parce qu'elle ne sert aucun intérêt étranger. Elle ne vise à produire aucun effet externe au philosophe. En un mot : elle n'est pas une technique. Que cherche le technicien ? L'efficacité, l'utilité extérieure. Il s'efforce de trouver les moyens les plus appropriés pour atteindre un but qui lui est imposé de l'extérieur. Au contraire, l'artiste agit en vue d'une beauté intérieure à son œuvre par un acte totalement libre. Il s'efforce de produire un objet « inutile » parce que sa valeur est totalement immanente. Une œuvre d'art ne sert à rien. Là est toute sa valeur. « L'utile est toujours laid », disait Théophile Gautier. C'est qu'un objet utile n'a pas de valeur par lui-même, mais uniquement par rapport à autre chose. La philosophie a une valeur par elle-même, parce que la sagesse qu'elle procure est à elle-même sa récompense. Plus je comprends, plus je me libère de ma folie, plus j'atteins le bien véritable, la joie et la sérénité. Le sentiment de bonheur est donné par la philosophie accomplie. Au moment où le sage agit, il continue à raisonner, à penser selon la vérité la sagesse de son acte et, faisant cela, il aime la sagesse, et reste donc philosophe. Philosopher est un bonheur, penser dans la vérité est un bonheur, progresser vers la sagesse est un bonheur. Et à quoi sert le bonheur ? À rien, parce qu'il est tout. Le bonheur est tout ce que nous désirons, il est ce en vue de quoi nous faisons tout le reste. « Il ne faut pas de tout pour faire un monde, disait Eluard, il faut du bonheur, et rien d'autre ! »

La philosophie ne sert à rien et elle n'a pas à servir à autre chose qu'à philosopher. Elle fait partie de la vie bonne, en tant qu'effort pour penser sous l'exigence de la vérité. Même si nous philosophons en vue de vivre bien, hors de la pensée, hors de la théorie, dans la vie de tous les jours, la philosophie reste à elle-même son propre but, parce qu'elle est en un sens le but même de la vie. La philosophie est donc bien, comme l'affirme

Aristote, l'activité la plus haute de l'existence humaine. Elle procure à celui qui parvient à l'apogée de la connaissance le bonheur le plus parfait de la vie, la béatitude. « *Primum vivere, deinde philosophari* », disaient les anciens. Cela veut dire : il est nécessaire de vivre d'abord, pour pouvoir philosopher. Mais cela signifie aussi, plus profondément, que nous vivons d'abord afin de philosopher, parce que la philosophie n'est autre que la vraie vie, la pensée au service de la vie la meilleure.

Il est important de comprendre cette pureté, cette intégrité et cette autosuffisance de la philosophie, car cela nous permet de la distinguer de sa sœur ennemie, avec qui on la confond souvent : l'idéologie.

### La philosophie ne sert à rien parce qu'elle n'est pas une idéologie

On peut appeler idéologique toute « pensée qui ne critique pas son rapport à elle-même et à la réalité [1]. » Une idéologie se présente généralement comme un système d'idées. Elle a l'apparence d'une science mais, au contraire de la science, elle ne vise pas une connaissance. Un système idéologique est construit de manière à justifier une croyance donnée à l'avance, dans un but de transformation de la société. L'adepte d'une idéologie aime ses idées, mais son amour est une passion au sens où nous l'avons défini : un attachement passif et servile à des idées qu'il imagine être vraies et bonnes et qu'il veut voir triompher. Il veut « changer le monde » selon un ensemble d'idées arrêtées, considérées comme des vérités absolues. Une idéologie sert donc à quelque chose : à faire admettre une croyance aux autres et à réaliser un programme d'action. Elle est au service d'une cause tout autre que la vérité. Elle n'a pas pour but la sagesse immanente de son adepte. Elle vise toujours un effet social, par une propagande. La plupart défendent des idées religieuses ou politiques. Les doctrines nazies, fascistes, marxistes, maoïstes, catholiques, protestantes, islamiques, hindouistes en sont de célèbres et tristes illustrations. Mais la pensée idéologique peut être plus discrète. Il existe des centaines de courants idéologiques, dont les idées fausses, mais persuasives, se transmettent de façon

1 Nancy, *L'Oubli de la philosophie*, p. 26.

diffuse dans un groupe social et tendent à prendre le pouvoir sur les esprits. Certaines sont facilement reconnaissables. Les idéologies naturalistes sont aujourd'hui très répandues. Reprenant un vieux fond de superstition religieuse, elles sont attachées à une idée simpliste de la nature pensée sur le modèle anthropomorphique de Dieu. Souvent liées à des idées vaguement écologistes, elles tendent à faire admettre le mythe d'une nature « bonne », voire « juste », « propre » ou « gentille ». Leurs adeptes admettent par exemple comme une évidence la valeur toujours supérieure des « produits naturels » sur les produits artificiels, ils condamnent aveuglément les « produits chimiques », s'insurgent contre l'idée de « modifications génétiques », sans connaître ni la nature, ni la chimie, ni la génétique. La raison indique pourtant que la nature toute entière est chimique, que tout artifice est naturel, que tout être vivant est issu de modifications génétiques. Mais un idéologue ne réfléchit pas. Il adhère à ses idées et milite pour sa cause, convaincu de défendre « le Bien ». Le vrai problème écologique est de savoir si un produit est sain ou nocif, adapté ou inadapté, sûr ou dangereux pour l'homme et son environnement. Et il est probablement plus sain quand il est synthétisé ou modifié par l'homme dirigé par la raison et éclairé par la science de la nature, par la véritable écologie. Le naturalisme est une adhésion aveugle dans une idée simpliste de nature, sans savoir ce qu'elle est et sans jamais poser la question de ce qu'elle est. Tout aussi absurde est le *technicisme*, la croyance dans l'idée que la nature est toujours mauvaise et la technique toujours bonne. Cette idéologie fait croire qu'une innovation technique engendre nécessairement un progrès social parce qu'elle éloigne l'homme de la nature considérée comme un cadre hostile. Mais, là encore, ce mythe fait oublier qu'un progrès n'est bon que s'il est conforme à la sagesse et s'il augmente réellement le bonheur humain. Il suffit au contraire d'ouvrir les yeux pour observer que la plupart des évolutions techniques sont plus ou moins directement des obstacles au bonheur des hommes. Faute de se poser les bonnes questions, aucun dialogue n'est possible entre les adeptes du « respect de la nature » et les « défenseurs de la technique ». Comme dans tout combat idéologique, leur lutte ne sert qu'à renforcer leurs croyances, au détriment des hommes. Souvent associé au technicisme ou au naturalisme, le scientisme forme une idéologie très puissante parce qu'il se fonde sur le prestige des sciences. Il consiste à faire passer pour scientifique des théories pseudo-philosophiques fondées sur l'utilisation abusive des sciences. Les scientistes accordent une valeur excessive à la science parce qu'ils oublient qu'un discours scientifique n'est qu'une connaissance limitée, relative et provisoire de certains phénomènes. En confondant connaissance et vérité, les scientistes manquent d'esprit scientifique. Ils rejettent généralement la philosophie et la métaphysique, mais en font implicitement sans s'en donner les moyens conceptuels. Les modèles scientifiques deviennent idéologiques dès qu'ils deviennent l'objet d'une croyance non critique. Une idéologie est donc une pseudo-philosophie inconsciente d'elle-même, une non-philosophie, une anti-philosophie. Elle semble rationnelle parce qu'elle admet des principes apparemment logiques. Mais ces principes ne respectent pas la vérité, la réalité : ils expriment une rationalité déraisonnable. Ils introduisent un ordre intellectuel dans le réel alors que l'intelligence doit comprendre l'ordre du réel en critiquant toutes ses représentations.

Les idéologies sont d'autant plus difficiles à démystifier qu'elles sont largement partagées. C'est le cas aujourd'hui de l'idéologie égalitaire. L'égalitarisme repose sur le mythe d'une égalité naturelle des hommes et entend égaliser la société selon une norme alors que les hommes ne peuvent être égaux par nature. La raison exige au contraire de constater que tous les hommes sont inégaux, qu'ils sont ontologiquement, socialement, biologiquement et psychologiquement uniques et différents. Comprendre cette inégalité réelle permet d'apprécier la richesse de l'humanité dans sa multiplicité et sa différence et de penser une égalité artificielle et conventionnelle en ayant recours au concept juridique de droits. On peut décréter l'égalité des droits d'individus inégaux, mais cette égalité n'est pas naturelle. L'idée de droit naturel est absurde, à moins d'entendre par là la puissance inégale que la Nature donne à chacun. On peut également penser une égalité des hommes en utilisant le concept éthique de « dignité » ou le concept politique de « citoyen ». La dignité est la valeur absolue que nous pouvons reconnaître à tous les hommes, indépendamment de leurs particularités, au-delà des inégalités réelles, parce qu'ils sont tous doués de conscience. On peut alors leur reconnaître un droit égal au respect de leur personne, à la liberté et au bonheur. Les hommes inégaux peuvent ainsi être considérés comme « égaux en dignité et en droits » sans invoquer une idéologie, mais le fait de la loi décrétée par les hommes. L'État a pour fonction de garantir l'égalité des droits du citoyen, pour qu'il puisse être libre de vivre selon sa raison et son désir, dans la liberté civile. Mais ses lois ne sont justes que si elles respectent aussi son droit à la différence, à la singularité. C'est la reconnaissance de l'inégalité naturelle entre les hommes qui rend possible la création d'une égalité politique dans le cadre d'une pensée prudente. Un philosophe digne de ce nom ne peut donc adhérer à aucune idéologie : il ne peut être marxiste ou chrétien, naturaliste ou techniciste, scientiste ou égalitariste, ni même platonicien, cartésien ou spinoziste même s'il accepte certaines idées de ces doctrines : il reste d'abord et avant tout philosophe.

L'idéologie ressemble à la philosophie parce qu'elle se présente généralement à travers un système de principes proposés pour vrais et justes. Mais son but et ses moyens sont différents. La philosophie s'adresse principalement à la raison aux moyens de concepts, elle cherche à convaincre l'esprit en mobilisant exclusivement son intelligence. L'idéologie s'adresse principalement à l'affectivité au moyen d'images. Elle cherche à persuader de la validité de croyances en paralysant l'intelligence. La publicité fonctionne généralement selon le principe de la suggestion idéologique. Son but est de faire accepter une idée en court-circuitant notre raison, notre esprit critique. La philosophie a pour but la compréhension, la science, la connaissance. L'idéologie a pour but l'adhésion irréfléchie, la croyance, pour faire agir des adeptes selon ses intérêts. La philosophie est un dialogue, l'idéologie est une pure rhétorique, une propagande. Une idéologie est donc très « utile ». Elle se propose de faire triompher une idée plus ou moins délirante, un idéal plus ou moins absurde, généralement défendue par un leader, au sein d'une organisation, une secte, un parti ou une église. Le plus souvent, la principale motivation idéologique est de prendre le pouvoir politique et religieux en manipulant les foules dans un simple but de domination, quand ce n'est pas simplement pour amasser de l'argent. Au contraire, la philosophie est toujours un dialogue avec soi-même ou une rencontre entre deux subjectivités ouvertes à l'exigence de vérité. La différence entre idéologie et philosophie est que la philosophie ne sert et ne peut servir aucune « cause » autre que la sienne : sagesse, c'est-à-dire vérité, liberté, amitié.

Autre caractère crucial, l'idéologie est par nature dogmatique, la philosophie est anti-dogmatique. Un dogme est une affirmation admise sans preuve pour absolument vraie, une croyance non critique. Le philosophe au contraire n'admet rien sans une bonne raison. Au sens strict, il ne croit rien. Croire, c'est tenir pour vrai sans preuve. Le philosophe, lui, veut comprendre, il critique donc la valeur des croyances, de toutes les croyances, à commencer par les siennes. Contre le dogme, le philosophe oppose le doute, c'est-à-dire la volonté de vérité. Il peut admettre des principes et avoir des convictions, mais il reste toujours conscient de leur caractère discutable. L'idéologue est esclave d'un dogme. Il est à son service comme le sectaire est au service de sa secte, le partisan au service de son parti. Il se bat pour faire triompher son idée et refuse la critique. Le philosophe se bat seulement pour connaître et faire reconnaître la vérité, c'est-à-dire la connaissance de la réalité. Il recherche même la critique rationnelle parce qu'elle est la condition du progrès intérieur. Le but de l'idéologue est le succès sur l'autre, le but du philosophe, la réussite de soi, avec l'autre, grâce à l'autre. Si la philosophie a une utilité, c'est surtout celle-là : lutter contre l'embrigadement idéologique, démystifier les mythes, libérer des illusions et nous mettre en relation avec le réel. La philosophie sert à lutter contre la folie. Qu'est-ce que la folie, sinon le déséquilibre psychologique, intellectuel et affectif qui résulte d'un désaccord théorique et pratique avec le réel ? La philosophie sert à s'accorder au réel, à voir les choses telles qu'elles sont, même si on aimerait qu'elles fussent autrement. Elle n'est pas une fuite, une évasion, un art de rêver à un autre monde, mais une percée dans le réel. La protection du réel, la fuite vers le mensonge, l'imaginaire, l'illusion, telle est la fonction de la maladie mentale, dans sa version individuelle, et de l'idéologie, dans sa version collective.

Enfin, l'idéologie est par nature prosélyte. On reconnaît un philosophe à cela : il ne cherche pas à imposer ses principes métaphysiques ou éthiques, mais il propose éventuellement de les faire comprendre et demande surtout qu'on les critique. L'idéologue ne s'intéresse qu'à son idée. Il ne s'intéresse ni au réel ni à l'idée d'autrui. Son but est la conquête des esprits, sa finalité est la domination de la société par tous les moyens, et souvent par la violence. C'est qu'il n'est pas assez fort pour être doux, pas assez confiant en lui-même pour chercher la confiance de l'autre. La violence est d'abord dans son discours, dans la séduction, la flatterie, la rhétorique mensongère. Elle est dans les actes ensuite. L'idéologue n'hésite pas à tromper, voire à tuer les hommes pour faire triompher ses idées. Le philosophe veut faire vivre les idées pour faire triompher la vérité et les hommes. L'idéologie est par essence dictatoriale et intolérante. La philosophie est par nature démocratique et tolérante. L'idéologie est une force de guerre, la philosophie une puissance de paix.

Certains diront que la frontière entre idéologie et philosophie est claire en théorie, mais plus floue dans la pratique. Et ils auront raison. D'abord parce qu'il est difficile – sauf pour le sage – d'être totalement et toujours philosophe. À un certain moment, certains philosophes s'engagent, parce qu'il n'est plus temps de réfléchir. Il faut parfois agir selon l'opinion du moment, celle qu'on estime la plus juste, et la lucidité peut manquer, les passions peuvent l'emporter. Il y a ainsi des philosophes de gauche et des philosophes de droite, des conservateurs et des révolutionnaires, des philosophes de toutes Églises, et même des philosophes violents, sectaires et fascistes ! Mais sont-ils encore vraiment des philosophes ?

La frontière est également floue parce que toutes les philosophies peuvent, comme les sciences, se dégrader en idéologies, en systèmes de dogmes. Ce qui était recherche vivante de la sagesse par un individu, par exemple Aristote ou Marx, devient un ensemble de croyances collectives en des idées qu'on défend en refusant tout esprit critique et satyrique. L'idéologie a peur du rire, de la moquerie. L'idéologie chrétienne a longtemps associé la philosophie, le rire et le diable parce qu'elle avait besoin de la crainte pour préserver ses dogmes de la critique. C'est tout l'enjeu du *Nom de la rose.* Jorge, le bibliothécaire de l'abbaye, est animé par une égale haine de la philosophie et du rire. Il cache le second livre de la *Poétique* d'Aristote, qui fait l'éloge du rire, et empoisonne les moines qui veulent en faire la lecture, persuadé d'aider ainsi Dieu dans son combat contre le diable. Mais « le diable est l'arrogance de l'esprit, la foi sans sourire, la vérité qui n'est jamais effleurée par le doute », comme tente de lui expliquer en vain Guillaume, le moine très philosophe chargé d'enquêter sur les crimes de l'abbaye. D'où la très belle leçon de sagesse qu'il enseigne à Adso, son jeune disciple : « Le devoir de qui aime les hommes est peut-être de faire rire de la vérité, *faire rire la vérité*, car l'unique vérité est d'apprendre à nous libérer de la passion insensée pour la vérité [2]. »

Un philosophe est un esprit rieur. Il rit de tout, de bon cœur, sans méchanceté, et surtout de lui-même, sans peur de la vérité et de la moquerie. Se moquer de la philosophie, disait Pascal, c'est vraiment philosopher... Mais, contrairement à ce que disait Alain, l'esprit ne se moque pas de tout. Il se moque seulement de toute bêtise, de toute idéologie, de toute passion insensée. L'idéologue, lui, ne rit pas de tout et se moque de la vérité. C'est qu'il manque d'esprit, c'est-à-dire d'humour. L'humour est une vertu philosophique majeure, c'est la vertu du rire intelligent et amical. Un idéologue se reconnaît à son manque d'humour, à son incapacité à rire de lui-même et de ses idées. Toute vraie philosophie est réjouissante, même lorsqu'elle inflige la tristesse d'une désillusion. Toute idéologie est affligeante, même lorsqu'elle suscite la joie illusoire d'un combat contre le mal.

Parmi les plus tristement célèbres parce que les plus meurtrières, on peut citer une idéologie politique, le marxisme, qui résulte de la philosophie de Marx, et une idéologie religieuse, le christianisme, qu'il faut distinguer de la philosophie, ou plutôt de la parole de Jésus. Qu'est-ce que le marxisme ? C'est « l'ensemble des contresens qu'on a fait sur la philosophie de Marx », comme dit Michel Henry. Marx n'était pas marxiste, mais philosophe. Son but n'était pas la dictature du prolétariat, mais la libération de l'aliénation humaine. Jésus n'était pas chrétien, mais un homme conscient de la valeur de l'amour intelligent et de la nécessité du pardon : son but n'était pas d'imposer des lois et des interdits par le pouvoir d'une Église, mais de remplacer l'amour de la loi par la loi de l'amour, un amour évolué, universel et non violent. Marx et Jésus ont proposé une philosophie de l'amour entre les hommes, une philosophie de la vie et de la liberté. Mais parce que leurs disciples ont fait de leurs principes d'éveil des dogmes, les idéologues marxistes et chrétiens ont pris le pouvoir et aliéné, violenté, massacré des millions d'hommes au nom de la liberté et de la vérité. Le philosophe

2 Eco, *Le Nom de la rose*, p. 596 et 613.

peut défendre ses idées devant les autres, mais uniquement par générosité. « Le philosophe n'obéit ni ne commande, dit Bergson, il cherche à sympathiser[3]. » Enfin, sans être des fanatiques d'une idéologie, beaucoup de philosophes sincères abandonnent trop souvent le questionnement et se réfugient dans un système d'idées confortables, au lieu de continuer à chercher authentiquement la sagesse par le questionnement. Le philosophe ne peut par essence rien imposer, parce que la philosophie est un art que l'on pratique seulement par soi-même sur soi-même, dans une totale liberté de pensée, mû par le seul amour de la vérité. « La philosophie est impuissante, remarque Marcel Conche. Mais cette impuissance est un bienfait. Parce que la philosophie est impuissante, elle est hors du jeu des puissances, elle est libre – libre pour une vérité sans "utilité pratique", sauf de faire vivre en elle et pour elle. » La philosophie est un art de penser, un art du concept, une fête de l'esprit, un progrès vers la sagesse. C'est pourquoi on peut lui reprocher de n'être qu'un discours stérile, un simple luxe de l'esprit, encore plus stérile que l'art.

### La philosophie ne sert à rien parce qu'elle semble stérile

La philosophie n'est pas à proprement parler un art. Lorsque le philosophe parle, il devient orateur, enseignant ou dirigeant. Il peut être bon ou mauvais en fonction de sa maîtrise de la rhétorique, de la pédagogie ou de la politique. Lorsqu'il écrit, il devient écrivain. Le philosophe peut ne pas écrire. C'est le cas de Bouddha, Socrate, Pyrrhon, Diogène, Jésus. Il peut même, en un sens, ne pas parler aux autres et se contenter de penser pour lui-même, dans le silence intérieur de son logos, en se contentant de suivre les sages, d'étudier les sciences et de comprendre que ce qu'il pense est vrai. La philosophie n'est ni une technique ni un art au sens strict. Contrairement aux techniques, elle ne permet pas une maîtrise concrète des choses. Contrairement aux arts, elle ne produit pas d'œuvres extérieures. La philosophie est indispensable, mais elle est limitée ! Le philosophe doit aussi apprendre la pratique des techniques

3 BERGSON, *La Pensée et le Mouvant*, « L'intuition philosophique », p. 139.

et des arts. Pourtant, la philosophie est un art si on la définit comme l'art de penser en vue de l'art de vivre. La seule œuvre du philosophe, c'est sa vie. C'est son être. Son perfectionnement intérieur, corps, cœur et âme. On croit que la philosophie ne sert à rien parce qu'on n'en voit pas directement les bénéfices. La philosophie ne donne directement ni richesse, ni honneurs, ni puissance sociale, mais sérénité, vertu, bonheur intérieur. Elle rend simplement meilleur. Meilleur artiste, meilleur technicien, non en tant qu'artiste ou technicien, mais en tant qu'humain. Faire de sa vie une œuvre d'art – un chef-d'œuvre – tel est le but. Le philosophe ne tend vers rien d'autre qu'à nous faire « devenir ce que l'on est », comme dit Nietzsche après Pindare, devenir plus humain. Ce qui, en un sens, est « surhumain ».

On peut donc dire de la philosophie qu'elle est inutile, et en faire une de ses forces : c'est son absence d'utilité extérieure qui la rend infiniment précieuse, au même titre que l'art, la création de la beauté, le jeu, l'amour, le plaisir sensible, la vie. À quoi servent l'art, l'amour, le plaisir, le jeu, la vie ? À rien. Cela n'empêche pas de les désirer, parce qu'ils possèdent leur valeur en eux-mêmes. C'est en ce sens que Jankélévitch disait que la philosophie ne servait à rien. Mais il ajoutait aussitôt qu'elle est « comme l'oxygène de l'atmosphère : on ne peut s'en passer. Si elle était détruite, il faudrait la réinventer ».

Il faut donc de nouveau insister sur la fertilité réelle de la philosophie, que je définirais volontiers comme la lutte contre la stérilité : rien n'est plus utile que la philosophie, parce qu'elle est par essence une lutte contre tout ce qui avilit l'homme et s'oppose à son épanouissement : lutte contre l'ignorance, l'idéologie, la barbarie, les préjugés, les dogmes, les illusions, la superstition, en un mot : la bêtise, dans la pensée, et la violence, dans l'action.

On peut encore reprocher à la philosophie son caractère abstrait et théorique, sans rapport direct avec l'action.

### La philosophie ne sert à rien parce qu'elle est un discours purement théorique

Toute la philosophie ne consiste que dans une recherche de la vérité par le dialogue. Le philosophe n'est-il pas aussi un homme d'action ? En tant que philosophe, non. La philosophie peut se traduire par un mode de vie, des actions, par un engagement politique ou religieux, par l'écriture de livres ou l'enseignement de principes, mais il ne s'agit plus alors de philosophie : il s'agit de la vie, de politique, de religion, de littérature, de pédagogie... La philosophie n'est pas la sagesse, mais un exercice théorique préparatoire à la sagesse. Le philosophe pense, l'homme vit, de manière plus ou moins sage. Si tous les sages sont philosophes, tous les philosophes ne sont pas des sages. On ne doit pas opposer radicalement la philosophie comme discours théorique et la sagesse comme mode de vie silencieux ; mais l'activité philosophique ne consiste que dans un effort de pensée, c'est une activité purement intellectuelle. Lorsque le philosophe agit, il agit en tant qu'humain, citoyen, acteur social, pas en tant que philosophe. Il n'existe pas d'action philosophique, si ce n'est la pensée en quête du vrai et son expression dans le dialogue. Une action est plus ou moins sage, pas plus ou moins philosophique. Mais une action sera d'autant plus sage qu'on aura mieux philosophé.

La philosophie peut en un sens être réduite à un moyen. Elle peut être détournée de son but immanent et être employée à des fins étrangères à la quête de sagesse. La philosophie est parfois prise pour une technique visant une efficacité extérieure, une rentabilité. C'est le cas aujourd'hui dans les entreprises, les écoles de commerce, les lycées et les universités, où elle n'est trop souvent qu'un moyen d'obtenir une efficacité rhétorique, un peu de culture générale ou un diplôme en vue d'une intégration sociale, sans aucun souci de sagesse.

Or la philosophie ne sert que si elle permet de résoudre un problème philosophique. Qu'est-ce qu'un problème ? C'est une question dont nous ignorons la réponse et qui constitue un obstacle existentiel, personnel et historique à l'obtention du bonheur. Le propre d'un problème philosophique est d'être en outre essentiel, universel et éternel. Il est essentiel parce qu'il tient à l'essence même de la condition humaine, et pourtant existentiel parce qu'il concerne notre existence concrète de sujet vivant, souffrant et agissant. Il est personnel parce qu'il s'impose à moi comme individu singulier, et universel parce qu'il concerne en même temps tous les hommes. Il est éternel parce qu'il s'est toujours posé et ne cessera jamais de se poser à toutes les époques, et historique parce que chacun doit le résoudre ici et maintenant, dans son époque, dans sa société, avec sa culture.

Léon Brunschvicg disait de la philosophie qu'elle était « la science des problèmes irrésolus ». Irrésolus, certes, mais non insolubles. La philosophie ne donne pas de réponses directes et de solutions toutes faites. Mais elle n'est pas un pur questionnement. Elle apporte des réponses, multiples, ouvertes, en évolution et plus ou moins sages. Et chacun doit trouver sa réponse par lui-même. Comment dois-je vivre, selon quelle science, quelle métaphysique, quelle éthique, quelle politique, quel art ? Voilà ce que chacun doit comprendre, par lui-même, et grâce aux autres.

Les philosophes sont tous à des degrés de sagesse différents. Rares sont les philosophes accomplis, réellement avancés sur le chemin de la vertu et de la sagesse. Beaucoup, qui sont authentiquement philosophes, sont de petits, de faibles, voire parfois de mauvais philosophes, comme il y a de mauvais techniciens, de mauvais scientifiques, de mauvais artistes. Malgré tous leurs efforts, ils développent peu leur raison et leur science. Ils désirent la sagesse, mais ne savent pas penser selon la bonne méthode, parce qu'ils n'ont pas eu de bons maîtres, ont été piégés par une idéologie, séduits par une dogmatique, bloqués par une névrose... Les philosophes sont des hommes et des femmes ordinaires. D'une certaine façon, tous les hommes sont un peu philosophes, car tous cherchent un peu la vérité, la sagesse, la raison. Tous ont une certaine conception du monde, mais elle est souvent peu consciente, peu critique.

« Que nous en soyons conscients ou non, dit Popper, nous avons tous notre philosophie, et nos philosophies ne valent pas grand-chose. Mais l'influence de nos philosophies sur nos actions et nos vies est souvent dévastatrice. Ce qui rend indispensables nos efforts pour améliorer nos philosophies par la critique. » Pour être authentiquement philosophe, cette recherche critique ne doit pas être superficielle mais totale. La philosophie sert surtout à cela : améliorer notre philosophie spontanée, c'est-à-dire notre conception idéologique du monde, par une autocritique incessante. Mais pour cela, il faut être conscient de ses idées, de son idéologie, de ses croyances.

Il est donc clair que la philosophie est d'une grande utilité, à condition du moins qu'on la pratique authentiquement et avec succès. Même si elle ne donne pas l'accès à la sagesse, qui reste un horizon et un idéal, surtout pour le débutant, elle sert à s'éveiller, à élargir sa conscience, à se détacher de certaines opinions et de l'emprise des idéologies. Elle fait de nous des hommes plus libres.

Dernier niveau d'analyse, on peut encore entendre notre thèse en un autre sens, un sens historique, social ou politique en critiquant le peu d'impact historique de la philosophie.

### La philosophie ne sert à rien parce qu'elle ne semble pas produire de progrès historique

On peut dire que la philosophie ne sert à rien pour la société, parce que le monde semble aller toujours aussi mal, peut-être même plus mal... Qu'il y ait des philosophes plus ou moins sages paraît inutile, sans effet sur le progrès humain. Présentée comme quête individuelle de la sagesse, la philosophie semble être une activité égoïste et n'avoir aucune incidence sociale et collective. Elle sert peut-être à celui qui la pratique, mais elle ne sert à rien pour les hommes en général.

Mais cette critique ne vaut que si le philosophe vit en ermite absolu. Certes, il peut être tenté de fonder une communauté indépendante, comme le fit Épicure avec ses amis, dans son jardin. Mais le cas est exceptionnel et n'a pas empêché Épicure d'avoir, comme Bouddha, Socrate ou Jésus, une influence considérable sur l'histoire de l'humanité.

Le philosophe ne se retire de la société que s'il est contraint de se préserver de la foule et de l'intolérance. Descartes a dû se réfugier en Hollande pour penser en sécurité, mais il a été l'initiateur d'une révolution intellectuelle et culturelle dont nous sommes les héritiers directs. Chacun sait qu'on ne peut vraiment aider les autres à résoudre leurs problèmes que lorsqu'on a résolu les siens propres. Si le philosophe est utile, ce ne peut-être qu'en tant qu'éducateur de l'humanité et en tant que médecin de la civilisation. Mais cela suppose qu'il se soit lui-même éduqué. Qu'il ait pris soin de son âme. La philosophie est d'abord une culture de soi, une amélioration de ce que l'on est et de que l'on fait. Le philosophe ne veut pas changer le monde, car cela n'est pas en son pouvoir. Cependant, le soin de soi-même n'est pas séparé et séparable du soin de la cité. Un philosophe accompli est généralement engagé dans son temps : il ne se contente pas de méditer seul dans sa chambre et de pratiquer ses exercices spirituels [4]. En général, il enseigne et écrit, participe à la vie sociale et politique, intervient dans les débats publics, dans les médias, auprès de ses amis et des associations, dans les manifestations publiques, dans les écoles, il conseille les politiques, dialogue avec les scientifiques et les religieux... Bref, il agit partout où il peut intervenir pour faire entendre la voix de la raison par sa parole et, surtout, par son exemple. « Ne te dis jamais philosophe, conseille Épictète, ne parle pas abondamment, devant les profanes, des principes de la philosophie ; mais agis selon ces principes. Par exemple, dans un banquet, ne dis pas comment il faut manger, mais mange comme il faut [5]. »

On n'est donc pas philosophe par titre, par diplôme universitaire ou par profession. N'importe qui, quelle que soit sa profession, peut être authentiquement philosophe. Et même un très grand philosophe, actif dans la cité. Socrate était sculpteur. Épictète, esclave. Marc Aurèle, empereur. Montaigne, magistrat. Descartes, soldat. Spinoza, polisseur de verres de lunettes. Et tous ont eu une influence décisive sur l'histoire intellectuelle, spirituelle et politique de l'humanité. La philosophie a donc une utilité sociale certaine, même si celle-ci n'est pas directe et visible. Le simple fait de s'améliorer soi-même contribue spontanément à l'amélioration des autres. Le modèle même du philosophe à la fois autonome dans sa pensée et engagé dans la cité est Socrate. Alors qu'il est accusé de corrompre la jeunesse et de ne pas respecter les dieux par son enseignement à la libre pensée, il affirme au contraire qu'il est un bienfaiteur de la cité, et qu'elle a tout intérêt à le garder en vie, et même à lui payer une pension ! Jusqu'à son dernier acte, boire la ciguë, Socrate a illustré toute sa vie que l'éveil personnel ne prend tout son sens que dans la recherche de la justice et du bonheur pour toute la cité. « Rien n'est plus utile à l'État que de vrais philosophes », disait Voltaire, lui aussi emprisonné pour ses idées. En un sens, on peut affirmer que tout ce que la civilisation a de bon a été engendré par l'esprit philosophique. Tout ce qu'elle a de mauvais témoigne d'une absence de sagesse, d'une faiblesse philosophique. Si la société va si mal, si le monde va si mal, ce n'est pas parce que la philosophie est impuissante, c'est parce qu'elle est trop peu présente ou trop mal pratiquée. Mais cela, la

4 Voir HADOT, *Exercices spirituels et Philosophie antique.*
5 ÉPITECTE, *Le Manuel*, 46.

philosophie permet aussi de le comprendre. Nous sommes en effet au début de l'histoire humaine, l'éducation à la sagesse n'a fait que commencer. L'humanité est encore jeune, adolescente, infantile. Lorsque chaque être humain sera philosophe, maître de soi et citoyen du monde, alors la démocratie véritable apparaîtra, par-delà les idéologies, les partis et les églises. Alors chacun recherchera pour lui et pour les autres le bien véritable, une vie heureuse et raisonnable, dans la lutte contre toutes les formes de misère et la jouissance des biens de l'existence, dans le partage de ce que Giono appelle *Les Vraies Richesses*, toutes les joies humaines et d'abord les joies de l'amitié.

Vivre heureux, tous ensemble, par une sagesse individuelle, voilà à quoi peut servir la philosophie. Le jour où cela arrivera, la philosophie aura donné sa pleine mesure. Cela demandera sans doute du temps, beaucoup de temps... si cela arrive. Car la folie triomphera peut-être. Rien ne dit que la sagesse adviendra sur le plan collectif. Il est plus facile de se laisser aller à ses passions et d'attendre un miracle extérieur que de développer sa vertu. Mais chacun peut déjà être philosophe, ici et maintenant, et cela ne dépend que de soi.

Certains sont peut-être encore sceptiques. La philosophie a un beau programme, elle a réussi à certains êtres d'exception. Mais peut-elle vraiment résoudre les problèmes humains ? Peut-elle donner la sagesse, le bonheur, le sens de la vie, la joie et la sérénité pour chacun et pour tous ? J'affirme que oui. Un oui relatif et modéré, mais pleinement affirmatif, parce que lucide : conscient de sa puissance et de ses limites. Nous pouvons encore aujourd'hui affirmer avec Descartes que « c'est proprement avoir les yeux fermés sans jamais tâcher de les ouvrir que de vivre sans philosopher ; et le plaisir de voir toutes les choses que notre vue découvre n'est point comparable à la satisfaction que donne la connaissance de celles qu'on trouve par la philosophie ; et enfin, cette étude est plus nécessaire pour régler nos mœurs et nous conduire en cette vie que n'est l'usage de nos yeux pour guider nos pas [6]. »

Reste à savoir comment, avec quels moyens, par quelles voies, selon quelles règles. Cela ne concerne plus la définition de la philosophie ni son utilité, mais sa méthode.

---

6 DESCARTES, *Principes de la philosophie*, préface.

*Troisième partie*

# La méthode philosophique

Il ne suffit pas de chercher quelque chose pour le trouver. Il faut aussi savoir quel chemin emprunter. En grec, *méthodos* – de *méta* (vers) et *odos* (chemin) – signifie recherche, poursuite, accompagnement. La méthode est la recherche du meilleur chemin possible pour atteindre le but poursuivi. Quelle est la meilleure voie pour atteindre notre but, la vérité et la sagesse ? En quel sens peut-on parler d'une méthode en philosophie ? Avons-nous même besoin d'une méthode ?

# I

## Le besoin d'une méthode

La méthode est nécessaire en philosophie parce qu'elle est d'abord nécessaire dans l'existence en général. Quelle que soit l'activité pratiquée, il est impossible d'atteindre le succès sans connaître les moyens de la réussite. En art, en science, en sport, impossible d'approcher de la perfection sans avoir acquis un savoir-faire. Ce n'est qu'après des centaines d'heures de travail méthodique, lorsqu'on maîtrise parfaitement la méthode de son activité qu'on peut laisser s'exprimer la spontanéité, le talent, la grâce, bref, le caractère unique de sa personnalité. Mozart, Vinci, Michel-Ange, Le Corbusier, Nijinsky, Picasso, Coltrane, Carl Lewis maîtrisaient parfaitement leur méthode à force de travail acharné, mais passionné et passionnant. C'est la même chose pour Aristote ou Spinoza, Épicure ou Bergson. Et pour tout homme : la connaissance de la juste stratégie, de l'ordre des étapes à franchir, du bon « chemin vers » est nécessaire dans toute l'organisation de l'existence. L'accomplissement d'une carrière, la réalisation d'une cathédrale, le succès d'une entreprise, d'un projet politique ou économique, la réussite d'un couple, d'une famille ou d'une éducation, et même la maîtrise des actions élémentaires de la vie quotidienne nécessitent une certaine méthode. Le négliger, c'est se condamner à l'impuissance, à l'échec, à la médiocrité. Pourquoi ? Parce que toute réalisation exige de choisir à chaque instant entre plusieurs possibilités d'action, et que la maîtrise de ces choix nécessite l'intervention d'un savoir intelligent. Ce savoir est immanent à la personne. Mais il peut être exprimé par le discours. Une méthode est généralement matérialisée dans une série de règles et de procédés éprouvés par l'expérience des meilleurs spécialistes d'une discipline.

Son acquisition correspond en fait à l'application d'une des premières vertus philosophiques, la prudence, qui commande de chercher d'abord les moyens adéquats pour atteindre un but donné. L'homme méthodique est un homme prudent, et la première prudence de l'homme sans méthode est de chercher à l'acquérir auprès d'un maître. Combien d'élèves découragés par la musique, les mathématiques, la peinture ou la philosophie parce qu'on n'a pas su leur enseigner une bonne méthode ?

Une méthode ne consiste pas à appliquer mécaniquement une série de recettes, mais à intérioriser les moyens de la réussite. L'objectif de l'éducation est de faire accéder l'éduqué à l'autonomie. Seule la maîtrise de soi permise par l'intériorisation des règles de son art permet de se passer d'un maître et de tous les utiliser sans être soumis à aucun. L'éducation est réussie lorsque nous savons trouver par nous-même ce qui nous manque, lorsque nous savons apprendre et utiliser les connaissances disponibles d'une manière originale. Une nouvelle éducation commence alors, l'éducation libre, l'auto-éducation. C'est pourquoi l'acquisition de la méthode est infiniment plus importante que l'accumulation des connaissances.

Si la méthode est indispensable à quiconque pour des raisons existentielles, elle l'est encore davantage pour le philosophe, pour des raisons qui tiennent à la nature même de son activité intellectuelle. Un exercice peut être dit philosophique s'il permet de progresser en sagesse. On peut donc faire entrer dans cette catégorie toutes les activités qui permettent un progrès de l'esprit, y compris les exercices sur le corps, les techniques de contrôle de soi et les exercices spirituels (ascèses, méditation, contemplation, concentration, retraites, etc.), comme c'était le cas dans les écoles philosophiques de l'Antiquité. Mais l'activité philosophique proprement dite est une réflexion intellectuelle qui procède par un retour de la conscience sur elle-même au moyen du langage. La philosophie est toujours un dialogue avec autrui et avec soi-même, oralement, dans un débat ou par écrit, dans une correspondance, un essai, une méditation, une dissertation. L'exercice de la dissertation philosophique déconcerte souvent les débutants par sa difficulté parce qu'il demande de penser librement, de développer une pensée personnelle sur des sujets universels. Elle exige donc de donner des réponses et de tenir des raisonnements qui n'ont pas été appris sur des problèmes d'une extraodinaire difficulté. La solution doit être conçue par son auteur, sans le secours d'un autre jugement que le sien. La pensée libre n'est pas plus inaccessible que la maîtrise de l'harmonie musicale ou de la géométrie : ce n'est qu'une question de méthode. « Quel est l'homme, aussi médiocre qu'on le juge, écrit Alain, qui ne se rendra maître de la géométrie, s'il va par ordre et s'il ne se rebute point [1] ? »

La spécificité de l'exercice philosophique est d'être conforme à l'exigence socratique. Il exige de penser par soi-même, de chercher une réponse vraie à une question universelle, par une démarche critique et autonome. C'est essentiellement cette capacité de pensée autonome que le philosophe débutant doit acquérir. Or la pensée philosophique est essentiellement production et organisation de concepts en vue de comprendre la réalité. Conceptualiser, c'est raisonner seul à l'aide d'idées que l'on élabore par la seule puissance de son esprit, en utilisant toutes les ressources du langage et de la culture. Cela n'est pas inné : cela s'apprend, se développe, se perfectionne. Impossible de manier et d'organiser les concepts centraux de la philosophie – l'être, la nature, l'âme, Dieu, la sagesse, la vérité, la liberté, le bien et le mal, etc. – dans un discours personnel, sans méthode. La maîtrise de la pensée conceptuelle est extrêmement difficile, mais accessible à tous. La philosophie n'est pas réservée à une élite de gens « doués » pour l'analyse abstraite. On peut être optimiste en restant lucide : avec un apprentissage méthodique, n'importe qui peut philosopher, devenir plus raisonnable, plus sage et plus heureux. La réussite nécessite un travail progressif adapté à chaque individu. Le débutant doit résoudre les problèmes rencontrés du plus simple au plus complexe, vaincre toutes les difficultés une à une, maîtriser les unes après les autres les étapes fondamentales qui permettent de clarifier et de développer sa pensée. La dissertation est l'exercice philosophique par excellence parce qu'elle condense toutes les difficultés de la philosophie. Elle consiste à donner en quelques pages une réponse personnelle ordonnée, précise et clairement argumentée à une question qui pose un problème philosophique. Une dissertation est réussie lorsqu'elle

1 ALAIN, *Propos sur l'éducation*, p. 52.

permet de bien comprendre la nature du problème en jeu par l'analyse de ses concepts clés. Le philosophe examine les solutions possibles à ce problème, il critique les opinions et les préjugés courants, et élimine les thèses manifestement contraires à la vérité pour dégager avec précision et clarté la réponse finale qui apparaît la plus satisfaisante à l'issue de son raisonnement. L'écriture constitue le meilleur moyen de se mettre d'accord avec soi-même. Cependant, il ne faut pas oublier que le but du philosophe n'est pas d'écrire un texte ; il est de vivre le mieux possible, de se transformer soi-même. C'est un énorme travail, jamais achevé, la quête de toute une vie.

Quel chemin prendre pour progresser en philosophie ? Quelles sont les règles de la méthode philosophique ? Comment réussir non seulement une bonne dissertation, mais aussi et surtout progresser vers la sagesse et la vie heureuse ? Bien sûr, il n'existe pas une méthode unique, pas de recette absolue qu'il suffirait de connaître et d'appliquer. La méthode n'est pas un chemin tracé d'avance, c'est le « savoir marcher sur le chemin ». Il ne suffit pas de connaître les bons moyens, il faut savoir les utiliser. La méthode est à la fois la science du chemin et l'art de cheminer. Chaque philosophe doit en un sens trouver ou retrouver par lui-même le chemin qui pourra le mener à l'augmentation de sa sagesse. Comme en science, en art ou dans la vie, l'expérience prime. On peut cependant dégager quelques règles indicatives en utilisant la tradition.

# II

## Les règles de la méthode

La sagesse ne peut être atteinte que par l'exercice de la pensée. Progresser en philosophie, c'est développer son intelligence de la vie et du monde, aller vers plus de compréhension et de clarté. La bonne méthode – et « le vrai principe de toute la morale », dit ironiquement Pascal – consiste à bien penser.

Par quoi commencer ? Là est tout le problème. C'est d'ailleurs la question éthique par excellence, celle que nous nous posons chaque matin, jusqu'à notre mort. Philosopher, dit Husserl, c'est être un « éternel recommençant ». Nous devons recommencer, à chaque instant, en faisant le bon choix. Quel est le premier pas du philosophe ? Ce que nous savons, c'est que nous devons savoir faire ce pas par nous-même, et le recommencer, à chaque fois, par nous-même. La recherche d'une méthode doit également se faire par nous-même, sans d'autre secours que notre intelligence. La philosophie commence par le choix de la bonne méthode. Tous les authentiques philosophes ont nécessairement fait de même. Socrate, Aristote, Épicure, les stoïciens, Descartes, Spinoza, Husserl ont commencé par chercher une méthode. Même si les livres, les pensées et les méthodes des autres philosophes peuvent être utiles, la philosophie doit ou devrait se pratiquer sans livres, sans personne, sans autre guide que notre raison, à partir de notre compréhension directe de la réalité.

Cette remarque nous amène directement au premier principe de la méthode philosophique : la règle de l'idée vraie, qu'on peut nommer aussi le principe de la certitude ou encore le principe du doute.

## La règle de l'idée vraie

La règle de l'idée vraie découle directement de la maïeutique socratique. Elle demande de penser par soi-même et de rester dans le doute, c'est-à-dire l'incroyance, l'examen, le scepticisme, tant qu'on n'est pas certain d'être dans le vrai. Penser par soi-même ne signifie pas penser seul, mais penser de manière autonome. Cela n'implique pas d'affirmer ses opinions ou même de justifier ses opinions, mais d'abandonner toute opinion et de chercher directement la vérité à l'aide de son propre esprit. Quelle que soit la question envisagée, et le nombre peut en être infini, dans tous les secteurs de la philosophie – la métaphysique, la physique, l'éthique, la politique, l'esthétique – le premier principe philosophique peut se formuler ainsi : n'accepter pour vrai que ce que je comprends par moi-même comme étant nécessairement vrai. Voilà, depuis Socrate, le principe fondamental du philosophe : le discernement entre vrai et faux. « Par méthode, écrit Descartes, j'entends des règles certaines et faciles, grâce auxquelles tous ceux qui les observent exactement ne supposeront jamais vrai ce qui est faux et parviendront, sans se fatiguer à des efforts inutiles, à la connaissance vraie de ce qu'ils peuvent atteindre [1]. » Qu'est-ce qu'une idée ? C'est une pensée déterminée. Une idée est à l'esprit ce qu'une chose est à la matière. L'idée est la pensée d'une chose quelconque par un sujet. La notion de pensée désigne tout ce qui existe dans l'esprit d'une manière plus ou moins consciente, plus ou moins réfléchie : une sensation, un sentiment, une perception (sensorialité, imagination, mémoire), un concept... Toute la philosophie repose sur le principe suivant : l'action d'un homme est d'autant plus sage que sa pensée est plus vraie. Tout le problème revient donc à distinguer entre les idées vraies et les idées fausses.

Le philosophe n'a d'autre méthode que le bon usage de sa raison, que Descartes assimile au simple bon sens : la raison est la faculté de bien juger, c'est-à-dire de discerner le vrai du faux, et cette faculté est innée en chacun. Tous les autres sens du mot raison en découlent : la faculté de juger, de comprendre, d'expliquer, de calculer, d'énoncer des lois ou de mettre en ordre ses pensées. Nous devons commencer par discerner l'idée nécessai-

1 DESCARTES, *Discours de la méthode*, préface.

rement vraie des idées incertaines, parce que la philosophie commence d'abord par la reconnaissance de notre ignorance. Nous avons tous de nombreuses connaissances. Mais ces connaissances sont-elle assurément vraies ? Ne sont-elles pas plutôt, surtout pour les idées philosophiques, de simples opinions ? Lorsqu'on aborde la philosophie, quel que soit notre âge, « l'esprit n'est jamais jeune, car il a l'âge de ses préjugés », dit Bachelard [2]. La première règle consiste à mettre en question toute croyance sur un objet donné pour pouvoir chercher authentiquement la vérité. Descartes formule ainsi ce premier précepte : « Le premier était de ne recevoir jamais aucune chose pour vraie que je ne la connusse évidemment être telle, c'est-à-dire d'éviter soigneusement la précipitation et la prévention et de ne comprendre rien de plus en mes jugements que ce qui se présenterait si clairement et si distinctement à mon esprit que je n'eusse aucune occasion de le mettre en doute [3]. »

Philosopher, c'est se méfier. C'est prendre de la distance par rapport à soi. C'est tout simplement réfléchir, faire son examen de conscience, par la partie active de la conscience, qui est la raison. On pourrait choisir comme emblème de cette première règle la maxime de Spinoza, *Caute* : Méfie-toi ! Prudence ! Méfie-toi des opinions des autres, et surtout de tes propres opinions, car elles te trompent peut-être, te détournent de la recherche authentique du vrai. La définition du vrai est très simple : est vraie la pensée qui est conforme au réel. Est fausse la pensée qui n'est pas conforme au réel, et d'autant plus fausse qu'elle s'en éloigne. La vérité n'est autre que l'accord entre la pensée et le réel, entre une idée et son objet. Comment reconnaître le vrai du faux, l'idée vraie de l'idée fausse ? Comment distinguer l'objet pensé de la chose réelle ? Là est le principal problème du philosophe. Or, il suffit de nous interroger sur les différentes idées que nous avons pour percevoir immédiatement qu'il existe une catégorie d'idées dont nous sommes certains à chaque fois que nous les pensons. Ce sont les intuitions. Ce terme désigne la connaissance immédiate, directe et absolue d'une réalité, sans passer par le raisonnement et les concepts. Une intuition saisit directement l'essence d'une chose, d'une manière évidente et

2 BACHELARD, *La Formation de l'esprit scientifique.*
3 DESCARTES, *op. cit.*, p. 18.

incontestable. Par la pensée intuitive, le réel nous est donné immédiatement, sans intermédiaire, dans une totale certitude. Les intuitions les plus simples sont les idées logiques et mathématiques. Ce n'est pas un hasard si la philosophie est née en même temps que les mathématiques, avec Thalès et Pythagore. La méthode la plus sûre pour atteindre le but de la philosophie, le contentement suprême, prend modèle sur la pensée logique et mathématique qui nous fait connaître parfaitement des idées vraies comme vraies [4]. Contrairement aux autres idées, l'idée mathématique nous fait en effet connaître une chose telle qu'elle est, par la seule saisie de son essence. Penser l'essence d'une chose, c'est penser ce qui fait qu'elle est ce qu'elle est. Chaque chose singulière possède une essence qui définit son identité. Une notion mathématique quelconque, par exemple celle du cercle, fournit un modèle de certitude, une évidence intellectuelle qui ne nous laisse pas la liberté de douter. Car celui qui a une idée adéquate du cercle (distincte de celle du carré et connue dans son essence formelle comme l'ensemble des points équidistants d'un même point ou, par sa définition génétique, comme le résultat de la rotation complète d'un segment de droite sur lui-même) sait en même temps que cette idée est vraie [5]. De même déduisons-nous l'idée de la sphère de celle d'un demi-cercle en rotation autour du diamètre. Nous pouvons de la sorte déduire, à partir de toutes les idées vraies que nous connaissons intuitivement, des chaînes de vérité de plus en plus étendues.

La méthode nécessite de comprendre l'idée vraie en la distinguant des autres modes de perception : l'idée nécessairement vraie est toujours accompagnée de la connaissance de la vérité de cette idée. La bonne méthode est la connaissance réflexive ou, comme dit Spinoza, de l'idée de l'idée. Penser une idée vraie, c'est penser cette idée comme nécessairement vraie. Le philosophe doit d'abord être logicien. Le premier principe est le principe d'identité : A est A et il est différent de tout ce qui n'est pas A. Platon avait écrit sur le fronton de son école : « Que nul n'entre ici s'il n'est géomètre ». Avant de philosopher vraiment et

4 Voir ARISTOTE, *Logique*. DESCARTES, *Discours de la méthode*. SPINOZA, *Traité de la réforme de l'entendement*. HUSSERL, *Méditations cartésiennes*.

5 SPINOZA, *Traité de la réforme de l'entendement*, II, 43. Et *Éthique*, II.

d'exercer pleinement sa raison sur les questions métaphysiques, morales ou politiques, il faut d'abord apprendre à raisonner sur les objets les plus simples, les règles logiques et les objets mathématiques, pour prendre possession de sa raison. Car ce critère de l'idée adéquate n'est pas seulement valable pour les idées mathématiques ou les règles logiques. Il l'est pour toutes les idées, tous les modes de pensée. L'intuition peut être également ontologique. Nous pouvons connaître par intuition non seulement des objets abstraits, mais aussi l'être. Le fameux *Cogito ergo sum* de Descartes exprime l'intuition que possède l'esprit de sa propre réalité : je peux douter de tout sauf que je doute, donc que je pense, donc que je suis. La conscience découvre dans l'expérience du *cogito* qu'elle est capable de vérité absolue sur son être. Cela est également vrai de toute intuition sensible : lorsque je sens une douleur ou une joie, je ne peux douter que la douleur ou la joie existent telles que je les sens. De même lorsque je perçois un objet, je peux douter de la vérité du jugement lié à la perception, mais pas de l'existence de cette perception. La source de toute certitude rationnelle est donc la subjectivité qui pense par des idées claires et distinctes. Les vérités objectives n'ont de valeur que par rapport à la subjectivité qui les pense.

Prenons un objet du monde : la planète Vénus, qui brille intensément dans le ciel à la tombée de la nuit. Vénus est une chose, un objet matériel. L'idée de Vénus est une pensée, un concept de l'esprit. Je n'ai une idée vraie de Vénus que si je peux comprendre avec certitude que mon idée de Vénus est en accord avec ce qu'est Vénus, par une idée adéquate. Si je pense Vénus avec l'idée qu'elle est une étoile parce qu'elle brille comme une étoile, j'en ai une idée fausse. Vénus n'est pas une étoile comme le soleil, c'est une planète qui réfléchit la lumière du soleil comme la Terre. Je ne peux donc avoir d'idée adéquate de Vénus que si j'ai l'idée que mon idée de Vénus est vraie. Cette idée adéquate n'est pas intuitive, elle est certaine. Elle se déduit des concepts de planète et d'étoile et se fonde sur les observations astronomiques. Seule l'idée de l'idée est compréhensive. Prenons à présent un objet imaginaire : l'idée d'un objet qui n'existe pas matériellement. Si par exemple un architecte conçoit une maison selon la bonne méthode, il a une idée vraie de cette maison quand il la pense adéquatement. Même si la maison n'existe pas et n'existera jamais, sa pensée est quand même vraie : que l'ouvrage existe ou non, l'idée est en accord avec son objet. On peut dire que son idée est vraie si son idée est bien conçue. Et l'architecte sait que son idée est vraie parce qu'il sait que la maison construite serait telle qu'il l'a conçue. Le raisonnement est valable pour toute idée. L'idée d'un événement futur est adéquate s'il y a certitude que l'événement sera nécessairement tel qu'il est pensé. L'idée du bonheur est adéquate si elle exprime l'essence du bonheur réel. La forme de la pensée vraie ne réside sur rien d'autre que sur cette pensée, elle ne dépend que de la puissance de l'entendement, attentive à la nécessité du réel.

L'esprit dispose donc d'une méthode sûre pour chercher la vérité sur la nature : elle ne consiste pas à connaître des choses extérieures à l'esprit, mais à comprendre et utiliser sa puissance naturelle de connaître, la raison, pour penser autant que possible la réalité par intuition. Comment pouvons-nous être sûrs de ne pas nous tromper ? Avec quel critère distinguer le vrai du faux ? Cette question est inutile, car, comme le dit Spinoza, « il n'y a pas de norme de la vérité autre que l'idée vraie elle-même. De même, en effet, que la lumière manifeste et la lumière même et les ténèbres, la vérité est norme et de la vérité même et du faux [6]. » Celui qui comprend une vérité sait donc immédiatement qu'il s'agit d'une vérité, et il peut l'accepter comme telle tant qu'il n'a aucune raison, malgré tous ses efforts critiques, de la mettre en doute.

Le raisonnement que j'ai suivi dans la première partie pour analyser la philosophie possède ce caractère de vérité manifeste et indubitable : parce que la sagesse seule peut satisfaire notre plus grand désir, le désir d'être heureux, alors elle est le plus grand bien, et il est évident qu'il n'y a pas d'autre priorité raisonnable dans la vie que de la chercher. Cette intuition est de l'ordre de la foi, elle s'accompagne de confiance, d'amour, de sérénité. Tout être raisonnable peut comprendre que cela est nécessairement vrai. Celui qui comprend la différence entre une idée *nécessairement* vraie et une idée *éventuellement* vraie possède le critère décisif de la méthode philosophique : il comprend en effet la distinction socratique capitale, la distinction entre l'opinion et la science. Nous l'avons déjà évoquée, mais il faut y revenir ici plus en détail.

6 SPINOZA, *Éthique*, II, prop. 43 et sc.

Opinion est synonyme de croyance : c'est une idée à laquelle une personne adhère sans avoir la connaissance assurée de sa vérité. C'est donc une idée incertaine, une idée admise sans preuve. Généralement, c'est aussi une idée confuse, qu'on n'est pas capable d'expliciter. On l'admet pour vraie mais on ne sait pas expliquer pourquoi elle est vraie. On la formule par des concepts qu'on est incapable de définir avec précision et clarté. Il y a des milliers d'opinions possibles sur une chose donnée. Au contraire, l'idée vraie est unique, même quand elle est complexe, parce qu'elle correspond exactement à ce qu'est la chose. Plusieurs personnes peuvent avoir des idées vraies différentes d'une même chose, mais c'est alors que leurs idées sont partiellement vraies. Prenons un exemple simple : un cylindre. Un observateur qui le perçoit de face dira qu'il s'agit d'un cercle. Un autre qui le voit de profil dira qu'il s'agit d'un rectangle. Seul celui qui en a une vision totale aura une idée complètement vraie du cylindre et comprendra pourquoi les deux premiers observateurs n'en ont eu qu'une idée vraie partielle.

Pour une chose matérielle, une idée est vraie si elle correspond dans la pensée à ce qu'est la chose tout entière dans l'espace-temps, indépendamment des hommes qui la pensent. Pour un être immatériel, c'est une idée qui correspond à son essence. L'idée vraie du cercle correspond à ce qu'est réellement un cercle, au cercle réel, que celui-ci existe comme forme d'un corps donné, comme le disque du soleil, ou qu'il n'existe que comme idée abstraite, dans la pensée. Quand je pense le cercle à partir de sa définition vraie, c'est-à-dire l'ensemble de tous les points équidistants d'un même point, je sais que j'ai une idée vraie du cercle.

L'application de la règle de l'idée vraie est à la base de toutes les sciences. Dans l'idéal, la notion de science désigne un savoir total, unifié et certain sur un objet donné. N'importe qui peut vérifier qu'il est constitué d'idées vraies sur cet objet. Dans la réalité historique, on appelle science le savoir provisoirement vérifié et vérifiable [7]. C'est un savoir relatif. Il tend vers la vérité totale sur un objet, parce que les objets que nous avons à connaître ne sont pas aussi simples que des cercles. Ainsi la géologie est-elle fondée sur des idées reconnues aujourd'hui comme

7 Voir GRANGER, *La Vérification*

nécessairement vraies, démontrées comme vraies, par exemple la forme, le mouvement, la dimension, la structure, les propriétés de cet ensemble complexe qu'est notre planète Terre. Mais nous ne savons pas encore tout d'elle, en particulier ce qui se passe en son centre, son origine ou son évolution. Le philosophe doit donc par méthode se méfier de toutes les opinions, et d'abord des siennes, pour approcher le plus possible de la science, la connaissance assurée des objets qui l'intéressent.

Comment faire concrètement ? Nous disposons d'un moyen, dont Descartes a fait l'outil par excellence de la méthode philosophique : le doute. Le doute n'est pas le sentiment d'incertitude face aux idées confuses, c'est au contraire l'exercice volontaire et méthodique de l'intelligence attentive aux idées vraies. Nous devons douter de toute affirmation non comprise comme certainement vraie, quelle que soit cette affirmation. Douter, cela veut dire simplement suspendre notre jugement, et ne rien affirmer sur cette idée, ni qu'elle est vraie ni qu'elle est fausse, tant que nous n'avons pas la compréhension certaine de sa valeur. Inversement, nous devons n'admettre pour vrai que ce qui est évident, ce qu'il est impossible de nier rationnellement.

Se libérer de l'attachement à toute opinion, douter de tout ce qui est peut-être faux, voilà le moyen de réaliser le programme de la philosophie. Ce principe n'est pas simplement intellectuel. Il est existentiel, c'est un principe éthique. La philosophie commence par une sorte de révolution intérieure, une métanoïa comme disent les Grecs, une conversion spirituelle qui consiste à diriger sa pensée vers le vrai et constitue le but de l'éducation. « L'éducation est l'art qui se propose ce but, la conversion de l'âme, et qui recherche les moyens les plus efficaces de l'opérer. Elle ne consiste pas à donner la vue à l'organe de l'âme, puisqu'il l'a déjà ; mais comme il est mal tourné et ne regarde pas où il faudrait, elle s'efforce de l'amener dans la bonne direction [8] », écrit Platon. La conversion philosophique à la recherche du vrai est une véritable renaissance parce qu'elle est un acte libre. Elle peut être suscitée par un autre mais n'appartient qu'à soi. Elle est le premier geste philosophique vers l'autonomie intellectuelle. Un beau jour, je décide de ne plus croire, et de chercher la vérité de toute mon âme. Ce jour-là, je deviens phi-

8 PLATON, *La République*, VII, 518d.

losophe. Je commence à marcher sereinement, avec courage et prudence, sur le chemin de la sagesse. Ce chemin est moins un chemin d'apprentissage que de désapprentissage, surtout au début. « Si l'attitude principale de la philosophie consiste plutôt à dénoncer des erreurs qu'à énoncer des vérités, remarque Rosset, il s'ensuit ce fait, d'allure paradoxale mais pourtant vrai, que la fonction majeure de la philosophie est moins d'apprendre que de désapprendre à penser [9]. »

La recherche de l'idée vraie consiste en fait en un déconditionnement face aux idées reçues, une déconstruction des illusions, des mécanismes idéologiques et des habitudes mentales liées au langage courant et aux opinions communes. C'est un détachement de l'incertain et du confus pour mieux s'attacher à la clarté du vrai.

La première règle ne doit jamais cesser d'être appliquée, à toutes les étapes de la réflexion philosophique. Elle permet la purification des opinions irréfléchies admises à notre insu par notre esprit depuis l'enfance. De nombreuses impuretés intellectuelles infestent notre pensée et nous empêchent de raisonner correctement. Pour bien comprendre cette règle, il faut commencer par des idées simples de la physique. La proposition : « la Terre tourne autour du soleil », est vraie parce que la Terre tourne bien autour du soleil dans la réalité de l'espace-temps du monde. Tant que je crois que la Terre est immobile, impossible pour moi de chercher puis d'accueillir la vérité sur son mouvement réel et, au-delà, de méditer sur la distinction entre apparence et réalité ou sur la notion de mouvement. Tant que je n'ai pas compris qu'une couleur est une sensation qui n'existe que dans la conscience de celui qui perçoit une onde électromagnétique en elle-même dénuée de couleur, je resterai dans l'illusion perceptive initiale, persuadé que les objets que je perçois colorés possèdent en eux-mêmes de la couleur. Ces illusions sont bégnines. Mais leur principe est capital : le témoignage des sens n'est pas un critère fiable pour comprendre la réalité des phénomènes perçus. Au contraire, celui qui connaît la vérité et sait pourquoi il la sait atteint une certitude rationnelle.

9 Rosset, *Le principe de Cruauté*, p. 41.

La certitude est à l'intelligence ce que la sérénité est à l'affectivité. C'est l'état d'esprit de celui qui ne doute pas. Non parce qu'il est dans l'illusion, mais parce qu'il comprend que ce qu'il sait est nécessairement vrai, dans les limites de son savoir. Cette certitude scientifique doit être distinguée de la pseudo-certitude liée à l'opinion. Ce sentiment de certitude qu'on peut appeler la persuasion est une croyance intense dans une idée qui n'est pas comprise comme nécessairement vraie, mais qui est tenue pour vraie parce qu'aucune autre idée connue ne vient la contredire. La certitude que la Terre est immobile par rapport au soleil est l'objet d'une persuasion fondée sur l'expérience du sujet qui observe son immobilité relative face au mouvement des astres, non sur sa raison qui comprend l'ensemble des mouvements célestes par l'astronomie. L'immobilité de la Terre est une croyance absolue tant que je n'ai pas l'idée de son mouvement réel par la science. Au contraire, l'homme qui comprend son idée comme nécessairement vraie sait qu'il a une idée vraie et n'est plus en proie à la confusion. Il vit dans la certitude objective parce qu'il vit dans la connaissance vraie du vrai, même s'il ne sait rien ou presque rien par ailleurs. Il éprouve alors de la confiance, confiance en la raison et en lui-même, parce qu'il sait discerner l'action adéquate sur cet objet.

Le premier principe correspond donc autant à une recherche de la vérité qu'à une recherche de la certitude. Il faut bien comprendre la valeur critique de ce principe. Il implique d'abord une attitude radicalement critique envers toutes les formes de pseudo-certitudes, en particulier toutes les certitudes engendrées par la persuasion, les certitudes empiriques ou idéologiques. Une pseudo-certitude est une simple impression de connaître le vrai. Cette impression peut être très intense, elle n'en est pas moins fragile. Elle ne repose pas sur la puissance de l'esprit (la raison) qui comprend la vérité de ce qu'elle pense, mais sur la faiblesse de l'esprit, qui adhère à la première idée venue, par crédulité. Le critère pratique est simple : une pseudo-certitude est une idée à laquelle on adhère mais qu'on est incapable de comprendre et d'expliquer aux autres par un raisonnement clair. La plupart du temps, nous sommes entre la croyance et la science. Nous avons des raisons de penser qu'une idée est vraie, mais, ne pouvant la démontrer, nous n'en sommes pas totalement certains. Nous sommes alors dans la certitude relative. Une certitude qu'on peut argumenter sans démonstration totale n'est plus une simple opinion, mais n'est pas encore une science. C'est une conviction. La philosophie consiste pour l'essentiel à mettre à l'épreuve nos certitudes relatives, à développer et critiquer nos convictions, pour libérer notre esprit de la croyance et de la persuasion. Si elles se révèlent fausses, en désaccord avec le réel, nous les abandonnons dans la joie : en comprenant notre ancienne erreur, nous nous sommes libérés d'une servitude, nous avons éliminé une source de *pathos*, nous avons progressé vers la vérité, la lucidité, la sagesse. Si elles se révèlent vraies, nous avons pu transformer nos convictions en connaissance universelle de la Nature. Nous avons fait un pas vers la science et augmenté notre puissance de penser et d'agir dans la sérénité. C'est là que le dialogue avec autrui est nécessaire, surtout s'il s'agit d'autres philosophes. Le meilleur moyen de progresser est de soumettre son argumentation à un jugement extérieur. Les autres philosophes sont précieux parce qu'ils ont assez d'amitié et de générosité pour nous critiquer radicalement, pour notre bien. La fonction des exercices philosophiques tels que la dissertation est de nous exercer à l'usage de la méthode. Elle développe notre capacité d'expliciter à autrui nos convictions en critiquant les opinions mal fondées.

Le philosophe atteint rarement, voire jamais, le stade de la certitude scientifique. Sur la nature, la mort, l'amour, le bonheur, le sens de la vie, il se contente souvent de convictions, d'ailleurs généralement limitées, relatives et peu nombreuses. Mais tout au long de son éducation philosophique ces convictions se purifient, s'éclairent, se multiplient et forment progressivement un noyau de sagesse assez solide pour fonder son bonheur de penser et de vivre selon la vérité de la nature.

La première règle de la méthode consiste donc à être raisonnablement critique. Elle conseille au philosophe de se méfier de toutes les connaissances qui peuvent être fausses tant qu'il n'a aucun moyen d'en vérifier absolument la valeur.

Les connaissances incertaines peuvent être ramenées à deux grands types, comme l'explique Spinoza dans son *Traité sur la réforme de l'entendement* (§10-16), puis dans l'*Éthique* (II, 40, sc. 2). Il s'agit d'abord des perceptions. Les connaissances qui viennent des sens restent confuses parce qu'elles entraînent des images simplistes des choses, du moins tant qu'elles ne sont pas critiquées par la raison. En effet, la perception ne nous fait pas connaître les choses telles qu'elles sont, mais leurs effets sur notre corps. La mémoire et l'imagination sont également incertaines parce qu'elles dépendent de la perception. La deuxième source d'opinion est liée aux préjugés du langage. Toutes les connaissances acquises à partir des signes sont douteuses. C'est d'abord le cas de la connaissance par ouï-dire, toutes les idées qu'on accepte pour vraies pour la seule raison qu'on nous les a enseignées dans notre enfance ou qu'elles sont acceptées par les autres. Mais c'est plus généralement toute connaissance qui passe par les images implicitement véhiculées par le langage. Les mots ne sont pas fidèles à la nature des choses. Ils ont été créés dans un but utilitaire, non par des sages, mais par l'usage commun de la foule ignorante, en fonction de la vie pratique. Les mots sont bien sûrs indispensables pour penser et communiquer, mais ils sont généralement trompeurs. Ils ne nous renvoient pas à l'essence des choses mais à des significations conventionnelles dont l'origine est la perception et les préjugés communs, non la science et la raison. C'est pourquoi toute science commence par créer son langage et produire entièrement ses concepts : « Une science est une langue bien faite » (Lavoisier). Le philosophe doit donc se méfier des images simplistes des choses dont l'origine n'est pas la connaissance vraie élaborée par le raisonnement critique mais l'expérience vague recueillie empiriquement dans le langage par la foule des ignorants et notées dans les dictionnaires. Un philosophe consulte souvent les dictionnaires pour connaître le sens usuel des mots, mais c'est pour en critiquer les définitions, par référence à ce qu'il comprend de la réalité par sa pensée autonome, avec ses concepts.

On peut inclure dans cette catégorie du premier genre toute opinion que nous ne pouvons vérifier par nous-même. Tout ce que je dis dans cet ouvrage doit d'ailleurs être critiqué, car il comporte sans doute de nombreuses erreurs. D'autre part, tout ce que mes raisonnements proposent comme vrai ne vaut réellement que pour celui qui les comprend comme vrai.

Ce premier principe fournit une clé pour la recherche de tous les autres principes : chaque principe de sagesse ne doit être accepté que si sa valeur nous est parfaitement évidente. Sa vérité doit être visible immédiatement, sans qu'aucun doute ne vienne troubler la sérénité de notre esprit, éclairé par la seule lumière de sa compréhension.

Reste à préciser la manière de pratiquer concrètement cette méthode. Pour aller de l'erreur à la vérité, de l'opinion à la science, de l'incertitude à la certitude, nous n'avons qu'un moyen sûr : le dialogue, l'usage raisonnable et partagé du langage. Il n'y a de philosophie qu'en dialogue. Ce dialogue peut être provoqué par un professeur au moyen d'exercices : répondre à un sujet de dissertation, lire et critiquer un texte quelconque, analyser une notion. Mais le mieux est de pratiquer sans cesse cette méthode sur nous-même. Pour cela, il suffit de nous interroger sur la valeur de ce que nous pensons dans le cours même de notre vie et dans le dialogue avec autrui. C'est ainsi que Socrate pratiquait la philosophie. Pour appliquer la première règle, Socrate obligeait son interlocuteur à expliciter sa pensée, à définir le sens des mots employés, à bien comprendre de quoi il parlait. La méthode nécessite de comprendre ce que nous disons, de connaître le vrai sens des mots, leur vraie puissance et leur limite. C'est pourquoi la deuxième règle est celle du concept.

### La règle du concept

L'étonnement originel de la philosophie est généralement suscité par la découverte d'un conflit d'opinions. Le doute intellectuel en résulte, il fait surgir la surprise devant le monde et engendre le désir de l'idée vraie. L'un affirme que Dieu et l'âme existent de manière éternelle et séparée, l'autre que tout n'est que corps et matière. L'un préfère la démocratie, l'autre la dictature. Un parti défend la guerre, l'autre prône la paix. Que penser ? Pour surmonter le conflit d'opinion et chercher l'idée vraie, le philosophe doit commencer par essayer de comprendre le problème en jeu. Pour cela, il réfléchit sur le langage, avec le langage, en s'interrogeant d'abord sur le sens des concepts utilisés. Que signifient ces idées : Dieu et âme, corps et matière, démocratie et dictature, guerre et paix ? Le raisonnement philosophique est essentiellement un travail de conceptualisation.

*Qu'est-ce qu'un concept ?*

Un concept n'est ni un mot, ni une chose, ni une image, ni un signe. C'est une idée produite par l'esprit pour penser une partie de la réalité. Concevoir une chose, c'est comprendre ce qu'elle est, c'est construire l'idée de cette chose dans la pensée. À la différence d'une intuition sensible (comme une couleur ou une douleur), un concept est une idée abstraite. Le concept de rouge désigne tous les rouges possibles, en faisant abstraction de leurs différences et de leurs supports matériels. Le concept de douleur inclut toutes les souffrances physiques en faisant abstraction de leurs particularités. À la différence d'une perception (comme une image visuelle ou un souvenir), un concept est une idée générale. Il permet de comprendre ce qu'il y a de commun à un ensemble de réalités particulières. Un concept permet donc d'unir par la pensée, sous une même idée, des réalités singulières différentes appartenant à une même catégorie, correspondant à une même définition et liée à un mot. Dès que nous raisonnons à l'aide d'un langage, nous conceptualisons. La philosophie n'a pas l'apanage du concept. Toute personne qui prononce un discours sensé opère une conceptualisation. Elle construit, élabore, produit des concepts pour comprendre ce qu'elle perçoit et ce qu'elle pense de la réalité. Une réalité quelconque – par exemple un cercle, une étoile ou une société juste – peut être représentée par une image, un symbole ou un mot, mais pour penser ce qui fait de cet objet un cercle, une étoile ou une société juste, pour en avoir une idée vraie, il est nécessaire de penser le concept de cercle, d'étoile ou de justice, de distinguer par la pensée ce qui différencie le cercle, l'étoile ou la justice de toutes les autres réalités. Cette opération de compréhension peut être appliquée sur toutes les choses du monde. Il existe des milliers de concepts, autant que de réalités distinctement pensables par une définition particulière. La plupart du temps, nous parlons sans vraiment connaître le sens des concepts que nous utilisons. Nous nous contentons d'images approximatives, d'un langage vaguement maîtrisé, et cela suffit à peu près pour assurer la communication habituelle et régler les problèmes superficiels de la vie courante. Mais la plupart des conflits humains viennent d'une mauvaise communication liée au fait que nous ne donnons par le même sens aux mots du langage courant. Le premier travail philosophique consiste à comprendre le sens exact de ce qu'on pense, à maîtriser le mécanisme de sa pensée et de celle d'autrui, pour déjouer les pièges du langage et progresser, par delà les mots, dans la connaissance de soi, des autres et du réel.

Comment s'effectue une conceptualisation ? Par une opération intellectuelle d'abstraction. Conceptualiser, c'est percevoir l'unité au sein de la multiplicité, l'identité au sein de la différence. « Tout concept naît de l'identification du non identique », écrit Nietzsche [10]. Pour penser par exemple le concept d'arbre, l'esprit isole parmi les différents arbres qu'il perçoit (des chênes, des peupliers, des sapins...) un ensemble dominant et stable de caractères communs. Il les généralise sous la forme d'une idée générale et abstraite, formulée dans une définition. Le concept d'arbre correspond ainsi à « tout végétal ligneux possédant des racines, un tronc, des branches et des feuilles ». Une définition consiste à identifier la catégorie du réel à laquelle la chose pensée appartient en distinguant sa spécificité. Le concept de baobab permet de penser tous les baobabs à partir de l'idée vraie de son essence, comme une certaine catégorie du genre « arbre », distincte des autres espèces. Mais aucun « baobab » ni aucun « arbre » ainsi défini n'existe *en soi* : il s'agit de pures abstractions. Des idées qui n'existent que dans l'esprit. Des outils utiles pour appréhender le monde. Seuls existent dans le monde physique des arbres tous différents, tous singuliers, absolument uniques : ce chêne, ce sapin, ce séquoia, ce baobab. Chacun absolument singulier. Le concept d'arbre s'applique aux milliers d'espèces d'arbres et aux centaines de milliards d'arbres réels, et il permet de tous les comprendre comme arbres. Nous pouvons donc dire avec Aristote que « le concept est l'essence d'une chose dans la pensée ». Car un concept n'existe que dans la pensée. Comme son nom l'indique, un concept est conçu, élaboré, créé par l'esprit (du latin *conceptus*, concevoir, action de contenir dans la pensée).

Quelle méthode pour appréhender et utiliser correctement un concept ? Il n'y en a qu'une seule : le définir. Définir, c'est délimiter le champ d'application du concept, c'est dire à quelle partie de la réalité il s'applique et quelle partie de la réalité il exclut. Un concept possède ainsi une définition en compréhension et une définition en extension. La définition (de *definire* : borner, fixer les limites) en compréhension a pour fonction de dégager l'essence de la chose pensée, en déterminant le signifié du mot employé. Le concept n'exprime l'idée vraie d'une chose que lorsqu'il correspond à ce qu'est la chose pensée.

10 NIETZSCHE, *Le Livre du philosophe*, p. 122.

Il y a donc de bons et de mauvais concepts. Le bon concept est celui qui parvient à saisir l'essence d'une chose ou d'une catégorie de choses semblables, telles qu'elles sont dans la réalité, par une définition claire et complète. On peut définir chaque concept de multiple façon, mais une seule définition est bonne : celle qui permet à l'esprit d'en connaître l'idée vraie, avec la certitude de l'intuition. Le concept est l'outil de base de la pensée, parce que nous avons très peu de pensées intuitives. Dès que nous parlons sous l'exigence de la vérité, nous devons construire et organiser l'ensemble de nos idées en définissant le sens des concepts employés, et c'est pourquoi le philosophe et le scientifique accordent au langage une importance capitale. Le langage est en effet ce par quoi l'homme peut comprendre ce qu'il pense, critiquer sa perception naïve des choses et élaborer progressivement des idées vraies des choses, jusqu'à penser leur essence. La philosophie est une recherche conceptuelle des essences. Philosopher, c'est chercher à propos d'une chose donnée la bonne définition de son concept. Le bon concept est celui qui permet de produire dans son esprit l'essence de la chose pensée par son idée vraie, c'est-à-dire l'idée qui montre la chose comme elle est. Elle ne donne pas tout ce que la chose est, mais ce qu'elle est nécessairement, ce qu'elle ne peut pas ne pas être. Elle décrit son identité spécifique. Si je pense un arbre, disons un chêne, avec le concept d'animal, il est clair que je ne penserai pas mon chêne avec le bon concept, mon idée d'arbre sera fausse. Car j'attribuerai à l'arbre une essence d'animal : un corps vivant hétérotrophe capable de se déplacer par lui-même (motricité) et de s'éprouver lui-même (sensibilité). Idée pas totalement fausse cependant, car un arbre est bien un vivant, et qui se déplace relativement avec une certaine perception. Il est donc bien animé et sensible, un peu comme l'est un animal. Mais il est dans l'essence de l'arbre d'être autotrophe et d'être animé d'un mouvement et d'une perception qui diffèrent du mouvement et de la perception des animaux. Il manque à l'arbre ce qui fait l'essence de l'animal, quel qu'il soit, notamment un mouvement autonome et adapté dans l'espace, une capacité à changer de lieu à volonté à l'aide d'un système musculaire commandé par un système nerveux.

Ce travail de conceptualisation est d'autant plus nécessaire que la chose en question a une valeur pour l'homme. Nous avons déjà analysé de nombreux concepts usuels essentiels, dont toute notre vie dépend, tels ceux d'amour, de nature, de désir, de science ou de sagesse. Impossible de pratiquer une science, de vivre en accord avec la nature ou de réussir un amour si on n'a pas compris ce que sont, dans leur essence, la science, la nature et l'amour, si on n'a pas saisi intuitivement, ou par leur concept, leur réalité dans sa complexité. L'entreprise est extrêmement difficile, parce que tout concept contient d'autres concepts et que chacun d'eux peut être défini de multiples façons. Les philosophes et les scientifiques créent des concepts, ils les modifient, les redéfinissent, les travaillent jusqu'à ce qu'ils permettent une meilleure compréhension de la réalité étudiée. Dans le langage scientifique, un concept a un sens totalement clair, parce que l'ensemble de sa définition est opératoire, entièrement créé dans le cadre d'une théorie. Dans le langage courant, on utilise les mots d'après leur valeur d'usage, sans beaucoup prêter attention au sens de leurs concepts. Pour illustrer cela, on peut prendre un exemple très simple de la physique. Le langage courant confond le concept de masse et celui de poids alors qu'ils sont totalement distincts dans la réalité. Quelqu'un annonce tranquillement son poids en affirmant par exemple : « Je pèse soixante-dix kilos ». Mais le concept de masse désigne en réalité la quantité de matière, mesurée en kilogrammes, alors que celui de poids désigne la force d'attraction terrestre, mesurée en newtons. La physique permet de comprendre avec une totale clarté que ces deux grandeurs sont liées mais différentes en les pensant avec deux concepts totalement distincts. La matière n'a pas pour essence de peser. Elle a pour essence d'avoir une masse qui dépend du nombre d'atomes qui la composent et de créer un champ gravitationnel. Il est donc faux ou plutôt absurde de dire « Je pèse soixante-dix kilos ». La formulation adéquate est : « Je pèse à la surface terrestre sept cents newtons et j'en déduis que ma masse est à peu près $x = 700 : 10 = 70$ kg ». Le poids mesuré par une balance est en effet proportionnel à la masse pour celui qui reste à la surface de la Terre où la gravitation est de l'ordre de 10 newtons/kg. Mais sur la Lune, la masse d'un individu ne varie pas, alors que son poids est divisé par six. Et dans l'espace interplanétaire, en état d'apesanteur, aucune masse ne pèse plus rien ! Son poids est nul, car aucun champ gravitationnel, et donc aucune force, ne s'exerce alors sur la masse : son accélération est nulle. Le concept de force a également un sens précis en physique. Une force permet de conceptualiser toute énergie qui engendre un changement, par exemple un mouvement. Une force d'un newton correspond à l'énergie nécessaire pour accélérer d'un mètre par seconde une masse d'un kilogramme. Tout cela est d'une grande simplicité une fois qu'on a compris le sens des concepts physiques d'une manière claire et intuitive : la masse, le poids, la force, la vitesse, l'accélération, le champ de gravitation... N'importe qui peut vérifier que la théorie de Newton est juste (du moins quand on ne s'approche pas trop de la vitesse de la lumière).

En philosophie, on utilise non seulement le langage scientifique mais aussi le langage courant et toute sa richesse sémantique, parce qu'on désire penser le monde dans sa totalité, audelà des objets matériels connus par des procédés scientifiques. Le philosophe s'intéresse surtout aux phénomènes subjectifs, psychologiques, éthiques, politiques et métaphysiques, à tout ce qui a un sens pour lui. La science est nécessaire, mais très insuffisante. Or on peut définir les concepts philosophiques majeurs de différentes façons, car chacun met en jeu toute une conception du monde. De là résulte la multiplicité des systèmes philosophiques possibles. Le concept de liberté n'a pas du tout le même sens pour Descartes, Spinoza, Kant, Heidegger et Sartre. Chaque philosophe doit élaborer sa conception du monde en définissant pour lui-même son langage de base. Chacun doit conceptualiser le monde et l'homme, en s'efforçant d'appliquer la règle de l'idée vraie sur chaque idée pensée, pour essayer de n'admettre dans sa conception aucune opinion non critiquée. Tous les mots, toutes les idées, toutes les choses pensées doivent être passées au crible de cette règle, y compris les concepts les plus élémentaires. La notion de chose, par exemple, ne signifie pas « n'importe quoi ». Son concept est précis. Une chose est une réalité singulière, à la fois déterminée et quelconque. Chose ne signifie donc pas seulement un objet matériel, comme un chat ou un livre, mais toute réalité déterminée, par exemple un symbole comme la patrie, un sentiment comme la joie, une idée comme la liberté ou un être imaginaire comme Peter Pan. Ce concept de chose est précieux parce qu'il permet de penser le concept de personne. L'homme peut être pensé comme une chose, une réalité déterminée et quelconque, si on le réduit à un corps matériel. Mais dans la mesure où il possède la conscience, le corps humain peut être pensé comme sujet de sa vie, capable de se déterminer par lui-même, un être doué de pensée et de liberté, distinct d'une simple chose : une personne. Toute la philosophie cherche une conception adéquate de la réalité, non seulement physique mais métaphysique et éthique. Rien n'est séparé dans la réalité, et la conception adéquate d'une simple chose nécessite la compréhension adéquate du tout. Pour comprendre la moindre chose matérielle, la moindre réalité spirituelle, le moindre sentiment ou la moindre valeur, il faut comprendre adéquatement les concepts de matière, d'esprit, de sentiment ou de valeur. Pour résoudre la première question philosophique – « Que suis-je ? » –, il faut comprendre les concepts d'être, d'identité subjective, d'humanité, d'animal, de nature et de culture, et tous les concepts qui servent à leur définition. Le plus souvent on se contente de définitions approximatives. Le concept d'homme est sommairement défini comme l'animal doué de conscience réfléchie et d'un langage articulé, rangé parmi les mammifères de l'ordre des primates. La définition en extension désigne l'ensemble des réalités auxquelles le concept s'applique. Homme désigne alors la classe de tous les individus possibles correspondant à la définition du concept. Mais qu'est-ce qu'un homme dans son essence ? Quelle est sa spécificité véritable ? Qu'est-ce qui fait de l'animal humain une personne humaine ? Y a-t-il même une essence de l'homme ? C'est là que doit jouer la première règle de la méthode, le problème de la vérité, dès qu'on se met à parler : peut-on inclure dans le concept d'homme les embryons, les fous, les morts, les comateux... ? Qu'est-ce qui fait qu'un homme est un homme ? Est-ce génétique ou culturel ? Physique ou spirituel ? L'homme appartient-il à la nature ou la dépasse-t-il ? Chacun doit chercher la vérité sur le sens de son être, avec sa raison. Impossible de répondre tant que le concept n'est pas clairement pensé ; et cette définition de l'homme implique toute une philosophie, une conception du monde dans son ensemble, une métaphysique. Je laisse donc ici cette question de fond pour revenir à la méthode.

Une fois qu'on a défini le concept en compréhension et en extension, l'étape suivante est de le distinguer de tous les autres concepts voisins, de ses opposés, de le comparer aux concepts correspondants dans les autres langues, à leur étymologie, en essayant toujours de retrouver le lien avec le réel donné dans l'expérience, ce réel qui est bien sûr par-delà les mots, les images et les abstractions.

Le travail philosophique est surtout nécessaire pour les « métaconcepts », ceux dont dépendent toute notre conception du monde, nos actions, nos valeurs, notre pensée et notre vie en général. Ces concepts philosophiques ne sont pas fondamentalement différents des concepts scientifiques ou des concepts du langage courant. Ils s'en distinguent surtout par deux caractères : au contraire des concepts scientifiques, et à l'instar du langage courant, ils n'excluent pas le sens et la valeur des choses pour la subjectivité humaine. Au contraire du langage courant, et comme dans la science, ils obéissent à la même exigence de vérité. Les philosophes tentent de concilier dans leur langage la rigueur de la science et la richesse du langage commun. À titre d'exemple, nous pouvons analyser deux concepts usuels du langage courant, scientifique et philosophique : celui de matière et celui de nature.

*Le concept de matière*

Le mot « matière » signifie à l'origine le bois, et plus généralement « ce qu'on peut toucher », ce qui est palpable, concret. C'est ce sens que le langage courant a gardé. La matière est ce qui se touche et se voit, le matériau qu'un artisan travaille, la réalité manipulable. Les concepts du langage courant sont essentiellement utilitaires. Ils ne visent pas le progrès de la connaissance, mais l'efficacité de l'action. Chez le philosophe, un concept prend un sens beaucoup plus large, plus abstrait, un sens universel, parce qu'il vise la compréhension du monde. Aristote définit le premier sens philosophique du concept de matière en l'opposant au concept de forme. Son but est de comprendre les transformations naturelles. Comment un œuf devient-il un animal ? La physique aristotélicienne pose en principe métaphysique que tout corps est composé d'une matière (le substrat informe) et d'une forme (l'ensemble de ses propriétés physiques, chimiques, biologiques, psychiques). La matière est ce en quoi une chose est nécessairement faite, la forme, ce qui définit son essence. La matière est ici une pure abstraction, une pure idée... On peut toucher des corps, c'est-à-dire des composés de matière et de forme, mais on ne peut toucher la matière ainsi définie, on ne peut que la penser, comme la forme. Aristote peut alors définir l'âme comme le principe naturel qui met en forme ou *informe* la matière pour en faire un certain corps. Toute la physique d'Aristote est donc une psychologie, une théorie rationnelle de l'âme.

Au contraire, un philosophe comme Descartes ne pense pas la matière par rapport au concept de forme, mais par rapport à celui d'esprit. La matière est définie par Descartes comme la réalité spatio-temporelle extérieure à l'esprit. La matière est donc le corps avec ses formes, avec toutes ses propriétés physiques et biologiques. La conviction métaphysique de Descartes est que la matière n'est pas sensible, vivante, pensante, comme le pensait Aristote. Elle est sans vie, sans conscience, sans liberté. La nature n'est plus pensée comme un monde animé par le souffle de la vie, mais comme une machine obéissant à des lois mécaniques. Avec ce principe, Descartes a fondé la première méthode de la science moderne. Toute la biologie moderne est cartésienne parce qu'elle a rejeté le modèle aristotélicien du vivant et exclu l'âme du champ de sa recherche en définissant le vivant comme corps matériel soumis à un mécanisme physico-chimique. Le concept scientifique de matière est aujourd'hui défini par des concepts quantitatifs : la masse, l'énergie, la charge électrique, la composition atomique, la structure moléculaire, les propriétés magnétiques, etc. Mais qu'est-ce en vérité que la matière ? Quel est son rapport avec la vie et l'esprit ? Voilà des questions qui nécessitent encore aujourd'hui une réflexion philosophique, parce que, malgré toute notre science, nous ne savons toujours pas ce que ces concepts désignent. Au-delà de l'ancienne conception aristotélicienne et de la conception moderne post-cartésienne, le scientifique et le philosophe doivent aujourd'hui encore penser la nature par des concepts toujours plus adéquats, capables de comprendre l'ensemble des propriétés de la matière, de la vie et de l'esprit [11]. Nous voyons ici apparaître la diversité des théories philosophiques et leur richesse, mais il est plus essentiel encore de percevoir leur unité : Aristote comme Descartes proposent des théories fermées, mais leurs concepts sont ouverts, ils suscitent la contradiction et permettent de faire progresser la science et l'humanité vers la vérité.

11 Voir PICHOT, *Histoire de la notion de vie.*

*Le concept de nature*

La notion de nature est une des idées les plus complexes de la philosophie. Je l'ai déjà évoquée, mais il est intéressant d'analyser à nouveau sa richesse conceptuelle. Le terme de nature possède en effet plusieurs sens liés à son étymologie (*nasci*, naître, prendre son origine). L'idée primitive de la nature – la notion grecque de *phusis* – désigne le principe de développement immanent à un être. Aujourd'hui, le sens courant du concept de Nature désigne ce qui n'a pas été modifié par l'homme. Il est synonyme d'inné et s'oppose aux notions d'acquis, d'artifice et de culture, d'art et de technique. Mais on parle aussi de la nature en général, l'ensemble du règne minéral, végétal, animal. Dans ce cas, nature est synonyme de monde. La nature est alors définie comme tout ce qui existe selon une nécessité et un ordre soumis à des lois. Elle s'oppose ici à chaos, autant qu'à hasard. Enfin, la nature peut servir à désigner un concept philosophique spécifique. Chaque grand philosophe propose une conception générale de l'être, une physique et une métaphysique. Il existe ainsi plusieurs « philosophies de la Nature », plusieurs métaphysiques, plusieurs concepts de Nature.

Aristote par exemple définit la nature comme le principe qui met en mouvement, qui organise, qui donne naissance et forme à un être, tel un animal. La nature est alors synonyme de vie dans le sens de principe d'animation, qu'Aristote nomme l'âme. La nature diffère donc de la matière, mais elle agit au sein des corps matériels d'une manière finalisée. De ce fait, l'idée de nature prend un tout nouveau sens, purement philosophique, celui d'essence. L'essence, ou la nature d'un être, est ce qui caractérise cet être en propre. C'est la force immanente qui fait être une chose et la fait devenir ce qu'elle est en puissance. Il est dans la nature d'une graine de pommier de devenir un pommier. Le pommier est un être naturel. Au contraire, il n'est pas dans la nature du marbre de devenir une statue : la statue est un être artificiel. Un philosophe cherche à comprendre l'ordre du monde et forge uniquement ses concepts dans ce but. La conception d'Aristote a prévalu dans notre culture jusqu'à la naissance de la science moderne.

Avec Descartes, un nouveau concept de Nature apparaît : c'est l'ensemble des choses matérielles, inertes, sans vie et sans pensée, régies par un mécanisme créé par un Dieu transcendant. La nature est donc pensée comme une machine inerte, un univers matériel régi par des forces aveugles, au contraire de l'esprit capable d'intelligence et de volonté. La Nature au sens d'Aristote (la vie) est considérée comme inexistante par Descartes. Ces deux conceptions totalement opposées permettent une interprétation théorique rationnelle de l'ordre constaté dans le monde. Elles diffèrent par leurs principes mais sont toutes deux en accord sur un point : elles sont dualistes. Aristote et Descartes distinguent deux substances, qu'ils conçoivent différemment : la matière et l'âme.

Mais il existe d'autres conceptions radicalement différentes du monde, tout aussi rationnelles. C'est le cas des conceptions non dualistes. À la suite de Démocrite et d'Épicure, un penseur comme Lucrèce présente la nature toute entière comme une somme d'éléments sans principe interne, sans ordre déterminé et sans finalité. Le monde est une somme d'atomes en nombre infini qui tombent dans le vide infini. Il est donc le fruit du hasard. En un sens, la nature n'existe pas. Seules existent, au gré des circonstances, des organisations temporaires de corps qu'aucune « nature » n'organise. La nature des choses est donc de n'avoir pas de nature. Dans la métaphysique des atomistes, aucun principe logique, ni Dieu, ni vie, ni âme ne détermine les choses à exister. Il n'y a pas d'essence stable et éternelle des choses. La nature n'est que la somme des corps matériels, qui existent sans raison, sans cause, par le seul fait des rencontres au hasard des atomes en mouvement dans le vide infini. Ainsi, pour Lucrèce, tout est naturel, dans le sens où tout est le produit du hasard. Il n'y a qu'une substance : la matière.

Au contraire de Lucrèce, Spinoza affirme que rien ne se produit au hasard, parce que tout ce qui existe dans le monde (la nature naturée) est déterminé par une unique cause : la Nature naturante, qu'il identifie à Dieu. On doit comprendre les choses qui apparaissent physiquement dans le monde à partir de l'idée métaphysique de la substance. Pour Spinoza comme pour Lucrèce, la substance est unique et non double comme le pensent Aristote et Descartes. Tout est un, car la substance, c'est-à-dire l'être, est nécessairement cause de soi, donc infinie, donc unique. S'il n'y a qu'une substance, alors tout ce qui existe en fait partie. La substance peut se modifier en une infinité de modes, de manières d'être, et tout ce qui existe est régi selon les mêmes lois.

Un être est donc à la fois corps et idée. L'âme est l'idée du corps. Le corps est l'objet de l'âme. Tout ce qui existe, corps matériel, sentiment, idée, est donc naturel, produit par la substance dans chaque être, non selon le hasard mais selon la nécessité de son essence et l'ordre de la Nature entière. La Nature telle que la conçoit Spinoza est donc la vie immanente à la matière et à la pensée, c'est l'énergie cosmique, infinie et éternelle.

Qu'est-ce donc, en vérité, que la Nature ? Qui a raison ? Aristote, Lucrèce, Descartes, Spinoza ? Un autre métaphysicien ? Pour répondre à ce problème, chaque philosophe actuel doit conceptualiser l'ensemble des phénomènes naturels dans une théorie unitaire, en remettant en question les anciennes métaphysiques et en intégrant les acquis de la science. Il lui faut choisir une théorie unifiée de la nature, c'est-à-dire une physique et une métaphysique, un certain concept du réel dans sa totalité, en intégrant les métaphysiques anciennes et la physique, la biologie, la psychologie modernes. À ma connaissance, l'ontologie de Spinoza est la plus conforme à la réalité, et sa philosophie est la meilleure voie vers la sagesse et le bonheur éthique et politique. Mais chaque philosophe doit penser la vérité par lui-même et développer sa pensée sans s'enfermer dans aucun système. « Tout vrai philosophe a deux philosophies, disait Bergson : la sienne et celle de Spinoza. » Le philosophe ne se contente pas de connaître et d'adhérer à un système. Comme le scientifique, il continue de chercher, d'approfondir, de préciser, d'affiner sa pensée en s'intéressant d'abord à la réalité. Comme l'homme ordinaire, scientifiques et philosophes ont en commun de cerner le réel en travaillant le logos. Scientifiques et philosophes sont seulement plus rigoureux, plus précis, plus exigeants, parce qu'ils respectent la première règle de la méthode. Les philosophes se distinguent des scientifiques en ce qu'ils ne sont pas tenus par des principes réducteurs et des contraintes d'efficacité technique. Et, surtout, ils n'ont ni le même but, ni le même objet. Le but, c'est la sagesse ; voilà pourquoi la motivation du philosophe n'est pas de créer des concepts et d'augmenter la connaissance du monde, mais de mieux comprendre les concepts du langage pour mieux se connaître lui-même, pour mieux penser sa vie et améliorer sa destinée.

La philosophie est d'ailleurs surtout une critique des concepts, un travail sur les concepts disponibles par une critique des signifiés du langage courant. Car il existe de mauvais concepts ou plutôt de mauvaises façons de comprendre les concepts. Le concept de race, par exemple, est censé désigner un concept de classification biologique des différents groupes d'humains. Comme l'ont montré les biologistes [12], la race n'est pas un concept pertinent d'un point de vue scientifique. On a classé les hommes en fonction de critères grossiers, comme la couleur de la peau ou la forme du visage, mais la biologie montre que tous sont fondamentalement semblables sur le plan physiologique, et en même temps uniques et tous différents sur le plan génétique. L'humanité forme un continuum et les différences de classement selon quelques grandes races sont non biologiques, mais culturelles ou idéologiques. Elles sont donc arbitraires. Les idéologies racistes qui entendent distinguer la supériorité biologique de certaines races sur d'autres n'a aucun sens. Le racisme est une doctrine fondée sur un mauvais concept. En revanche, les concepts de cellules, d'individus, de populations ou d'espèces sont d'excellents concepts en biologie ; ils permettent de comprendre les caractères à la fois unique et autonome d'un être vivant donné, sur la base de critères comme l'autonomie, l'interfécondité ou l'appartenance à une communauté. De même, le concept d'animal est un excellent concept, car il permet de comprendre ce qu'il y a de commun à tous les animaux, par exemple une bactérie, une éponge, un homme et un éléphant : ils sont composés de cellules hétérotrophes, qui ont besoin de puiser leur énergie de substances organiques, à la différence des végétaux, qui n'ont besoin que de substances minérales et d'une source d'énergie. Il en va de même de tous les concepts anthropologiques : sujet, conscience, raison, liberté, personne... Que ce soit pour comprendre le monde vivant ou le monde humain, le perceptible ou l'imperceptible, le concept est l'outil fondamental du philosophe, parce qu'il est ce par quoi nous pouvons toujours mieux comprendre les choses, non telles qu'elles nous apparaissent, mais telles qu'elles sont. « La philosophie consiste toujours à inventer des concepts, écrit Gilles Deleuze. Elle a une fonction qui reste parfaitement actuelle créer des concepts. Le concept, c'est ce qui empêche la pensée d'être une simple opinion, un avis, une discussion, un bavardage [13]. »

12 Voir les livres de vulgarisation de Jacquard : *Au péril de la science* et *L'Héritage de la liberté*.
13 Deleuze, Parnet, *Pourparlers*, p. 186 et Deleuze, *Qu'est-ce que la philosophie ?*

Attention, donc, à tout ce que nous disons, car tout mot recouvre un ou plusieurs concepts et le philosophe doit essayer de comprendre, c'est-à-dire de conceptualiser d'une façon adéquate tout ce qu'il dit, à propos de n'importe quelle chose. Cela exige un certain temps si nous le faisons avec tout ce que nous disons, tout ce que nous pensons ! La moindre affirmation demande des heures de réflexions, de recherche... mais là réside la bonne attitude d'esprit. Le philosophe doit être attentif à la moindre chose qu'il pense, attentif à ce qu'il dit, à ce qui existe, du plus singulier (une chose) au plus universel (la substance).

L'application de cette deuxième règle exige un travail difficile et assez énorme, surtout pour le débutant, mais cela devient vite un art plus qu'un travail. C'est l'art de la pensée, de la dialectique, du logos. Chaque philosophe le développe selon son style, à son rythme, selon son intérêt. L'art du concept est très complexe, toujours subtil, souvent ardu, parfois paradoxal, mais jouissif à l'extrême. Car il nous permet de découvrir la richesse et la profondeur insoupçonnée du monde. « Grâce à la grandeur du monde que contemple la philosophie, dit Russell, notre esprit est lui aussi revêtu de grandeur et devient capable de réaliser cette union avec l'univers qui constitue le bien suprême [14]. » Plus mon langage s'enrichit et se précise, plus ma conscience se déploie aux dimensions de l'univers, en jouissant non seulement, comme un poète, de la saveur des mots, mais aussi comme un scientifique de l'infinie complexité des choses. En un sens, on ne sort jamais du langage en philosophie. C'est dans le champ de la linguistique et de la sémantique que le philosophe doit apprendre à se déplacer avec le plus de clarté, de précision et de souplesse possible. Sans cela, aucune philosophie n'est possible. Ni aucune science, aucune politique, aucune technique, aucune éthique, aucune pensée rigoureuse, et donc aucune culture ni aucun bonheur stable... Car seul celui qui comprend intellectuellement la complexité du monde et la profondeur du concept de bonheur peut savourer son bonheur dans ce monde avec toute la profondeur possible. Pour savourer la vie, il faut comprendre la richesse de la vie. Pour goûter la joie d'être au monde, il faut concevoir adéquatement la richesse de l'être au monde. La pensée conceptuelle est bien sûr insuffisante

14 RUSSELL, *Problèmes de philosophie*, p. 186.

sans l'intuition directe de la vie et de l'existence par le corps, l'affect, l'expérience vécue. Mais elle est indispensable pour que la conscience puisse se penser elle-même comme sujet lucide de son corps, de sa vie, de son expérience.

Ce travail conceptuel sur le langage est le propre de l'humanité. L'homme est un *zoon logikon*, un animal qui parle et qui raisonne. Ce n'est pas le langage qui est intérieur à l'humanité, mais l'humanité qui est intérieure au langage. L'homme vit plus dans le monde qu'il conçoit que dans l'univers qu'il perçoit.

Le sage peut sans doute se passer du travail du concept, mais c'est parce qu'il est déjà sage, qu'il a déjà compris et intériorisé dans son être, par son intuition, ce que sont la nature, le bonheur, la sagesse. Nous autres philosophes qui manquons de sagesse, nous devons dialoguer, utiliser, critiquer et créer nos concepts, dans le dialogue amical avec d'autres philosophes, pour susciter la contradiction et avancer vers l'intuition des principes de la sagesse, dans l'humour et le rire, pour que philosopher sur les concepts soit aussi une joie, aussi riche et féconde que peut l'être la vie même. Car penser, c'est aussi vivre. Et bien penser, c'est non seulement se préparer à bien vivre et bien agir, mais déjà bien vivre et bien agir.

Nous avons déjà vu deux règles : la règle de l'idée nécessairement vraie et celle de la production, de la définition et de la délimitation des concepts. Pour fondamentales et indispensables qu'elles soient, ces deux règles ne suffisent pas. Car j'aurai beau m'appliquer à n'accepter pour vraies que des évidences rationnelles à l'aide de bons concepts, je n'irai pas bien loin si je ne sais pas développer ma pensée, la faire avancer vers la compréhension de la réalité.

Les Grecs appelaient *dia-logos* ce mouvement de l'esprit vers la vérité. Dialogue ne signifie pas parler à plusieurs, mais passer à travers le langage pour aller vers la connaissance de la réalité, utiliser les mots pour connaître les choses. On peut donc parler à plusieurs sans dialoguer, et on peut parler seul en dialoguant. Le dialogue obéit aussi à des règles. La science du dialogue, c'est la dialectique. La méthode dialectique a d'abord été pratiquée par Socrate. C'est la raison pour laquelle, même s'il n'a pas laissé de doctrine, de physique, de métaphysique, de politique ou d'esthétique, Socrate reste le maître de tous les philosophes, y compris de ses opposants directs, tel Nietzsche. La dialectique se différencie de la rhétorique, qui est l'art de parler non pour trouver et expliquer la vérité, mais pour persuader un auditoire d'une idée quelconque, vraie ou fausse. La rhétorique n'est pas mauvaise en soi. Comme toute technique, elle peut être utilisée à de bonnes ou de mauvaises fins. Elle peut servir à la propagande idéologique, au mépris de la raison et de la vérité, par la flatterie, la séduction, la tromperie, le mensonge... Elle peut également servir à rendre efficace et agréable un discours politique, scientifique ou philosophique, par sa poésie, son style, sa pertinence, sa clarté. La rhétorique mériterait un examen particulier, car elle ne concerne pas seulement la communication de la pensée, mais la pensée elle-même. Nous allons à présent étudier l'art de la dialectique afin de préciser la méthode pratique qu'il faut employer dans une discussion, ou face à une question donnée.

Comment Socrate procédait-il ? Nous pouvons nous faire une idée de la dialectique socratique à partir des dialogues de Platon. Il est hors de question ici de présenter toutes les règles de la dialectique et de la logique, encore moins de procéder à son autocritique. Les philosophes se sont beaucoup interrogés au XXe siècle sur les limites de la méthode philosophique rationnelle, sur de nouveaux moyens de penser le monde, la vie, l'homme, en particulier les phénoménologues et les philosophes analytiques. Mais c'est encore avec la raison qu'ils l'ont fait, avec leur langage et leur conscience réfléchie, et toutes les ressources de leur intuition, leur imagination, leur sensibilité, leur culture ! Je vais me contenter de présenter les règles de base, et les illustrer brièvement à partir d'exemples tirés de dialogues de Platon.

Devant une réalité problématique vécue dans sa globalité – par exemple un conflit, une histoire d'amour, une difficulté professionnelle – ou face à un objet énigmatique – par exemple un texte, un discours, une attitude, une question –, que faire ? D'abord, une analyse.

### La règle de l'analyse

On ne peut exercer la règle de l'idée vraie et celle du concept sur des objets complexes : il convient d'abord de décomposer la totalité de la chose pensée dans ses éléments constitutifs. On doit donc séparer les parties. Si c'est un texte, séparer les idées ;

si c'est un énoncé, séparer les groupes de mots ; si c'est un concept, séparer les différents sens ; si c'est un objet, séparer ses constituants jusqu'à arriver à ses atomes, ses éléments les plus simples, qui forment une unité, possèdent une identité stable, une essence. Face à un conflit ou une histoire d'amour, impossible de comprendre le sens de ce qui se passe si on ne traite pas séparément toutes les composantes en jeu : chaque personne, leur relation, leur environnement, leurs histoires, sans oublier que chaque élément est aussi un composé. L'identité d'une personne est l'actualisation de son essence en une totalité dont l'unité est le résultat d'une multiplicité de caractères. Chaque composante de la réalité « couple » est un monde qui obéit à des lois différentes, reliées entre elles en un tout, et que la raison doit discerner. Traiter un couple comme une unité, alors qu'il est un composé de composés, c'est se condamner à faire des confusions, des simplifications, des erreurs. Cette séparation est également l'œuvre de la raison. On appelle cette opération analytique la critique – du grec *krinein* : juger, discerner, séparer par l'esprit. La méthode consiste à s'assurer qu'on est bien tombé sur des éléments simples et non sur des objets complexes. Le critère ici est de voir si on a bien défini chaque élément dans sa singularité. J'ai utilisé cette méthode tout au long de la première partie. Pour définir cette activité humaine qu'est la philosophie, j'ai analysé ses principaux caractères : nature, condition, origine, finalité, but, moyen, objet...

Socrate n'a cessé d'utiliser cette méthode tout au long de sa vie de dialogue. Prenons par exemple le *Philèbe*, dialogue sur le plaisir. Socrate n'est pas d'accord avec Philèbe, qui soutient que le bien véritable, celui qu'il faut chercher avant tout, est le plaisir. Socrate soutient au contraire que c'est la sagesse. Il propose d'emblée à son interlocuteur d'analyser la nature du plaisir, de distinguer les différentes espèces qui sont réunies sous le genre général de plaisir. Et que constate-t-il au terme de son enquête, d'ailleurs fort longue et fort complexe dans ce dialogue ? Que sous l'unité conceptuelle du plaisir existent deux types de plaisirs. Si on simplifie l'argumentation, voici le résultat de l'analyse : le plaisir peut être défini comme une sensation qu'un corps ressent comme agréable et qu'il recherche donc spontanément. Or le plaisir est lié à une opinion qui peut être soit vraie soit fausse. Mais qu'est-ce que le souverain bien ? Dire que le plaisir est le souverain bien, c'est dire qu'il correspond à la « disposition de l'âme qui est capable de procurer à tous les hommes une vie heureuse » (11c). Or le plaisir peut être lié à l'erreur. Bien qu'agréable, il est alors mauvais – ou « faux », comme dit Platon – pour celui qui l'éprouve. Il est trompeur, car celui qui l'éprouve agira selon l'erreur, d'une façon qui l'entraînera donc vers la douleur, à l'opposé du souverain bien. Ainsi le tyran, le séducteur, l'alcoolique ou le joueur invétéré qui associent au plaisir de tyranniser, de séduire, de boire ou de jouer l'opinion que la tyrannie, la séduction, le vin, le jeu peuvent les rendre heureux sont-ils victimes de leur plaisir, qui leur fait confondre le bien (la valeur réelle) et l'agréable (la valeur apparente). L'expérience montre d'ailleurs qu'il n'y a pas de tyran, de séducteur, de joueur ou d'alcoolique heureux. On peut bien sûr généraliser cette analyse : tout acte visant uniquement un plaisir réel, par exemple gagner beaucoup d'argent, devenir célèbre, travailler efficacement, lié à une opinion fausse sur l'argent, la célébrité, le travail sera trompeur et donc mauvais dans la pratique. La recherche de ce bien apparent entraînera nécessairement la déception de celui qui en espérait plus (car il en espérait le bonheur). Le plaisir apparaît donc, au terme de l'analyse, comme un bien réel, mais ce n'est pas le bien souverain : c'en est une partie. Il est donc nécessaire de savoir analyser parmi les plaisirs ceux qui mènent au bonheur et ceux qui mènent au malheur. L'analyse nous oblige à déclarer que le souverain bien n'est pas seulement le plaisir, parce qu'il nécessite aussi la sagesse, c'est-à-dire la science de ce qui est bon, au delà du plaisir sensible.

Pour conduite sa démarche dialectique, Socrate utilise la raison de son interlocuteur, à qui il demande sans cesse s'il est d'accord ou pas avec ses analyses. La règle d'or de la discussion philosophique est l'accord de l'interlocuteur [15].

Mais quand on est seul ? Socrate parle de son *daimon*, son dieu intérieur, qui symbolise son exigence de vérité. Sa vigilance critique. Socrate appelle *daimon* une sorte de voix intérieure qui l'arrête à chaque fois qu'il sent un désaccord en lui-même, un doute, une incertitude. L'analyse doit d'abord jouer sur soi-même : je dois à tout moment me demander si je suis en accord avec moi-même, si mon idée m'apparaît comme indubitable.

15 PLATON, *Ménon*, 75c et *Gorgias*, 471d.

Sinon, je dois l'analyser, la mettre en question, l'expliciter. C'est là que commence le travail du concept : définir, délimiter, distinguer, opposer. Mais l'analyse n'a d'intérêt que si celui qui l'effectue refait ensuite le chemin inverse. Cette remontée du multiple vers l'unité, des parties vers la totalité, est opérée par la synthèse.

### La règle de la synthèse

Cette opération consiste à reconstituer le tout à partir de ses éléments simples. Après avoir décomposé une chose, il est nécessaire de saisir les rapports qui commandent ses parties, pour retrouver son sens d'ensemble. Il faut réunir les parties sans en oublier et trouver les bonnes relations entre chacune d'elles. Cela nécessite de distinguer les liens possibles, les liens nécessaires et les liens impossibles entre les différentes parties de l'objet analysé.

Notre cerveau est une formidable machine à analyse et synthèse. Et pas seulement dans la conceptualisation. Cette synthèse est d'abord une opération psychologique involontaire et inconsciente qui produit ce qui fait notre humanité : notre conscience. La conscience est la connaissance intuitive, immédiate et spontanée qu'un être possède de lui-même en tant que sujet dans le monde. Cette fonction psychologique est à la fois un vécu et un savoir, une intuition et une conception. « Être conscient, écrit Henri Ey, c'est vivre la particularité de son expérience en la transposant dans l'universalité de son savoir [16]. » La conscience est une extraordinaire activité cognitive de synthèse opérée spontanément par le corps. Elle implique une synthèse perceptive qui rassemble toutes nos sensations en une image stable et intégrée du monde. Une synthèse temporelle, qui unit le souvenir du passé au sentiment du présent et anticipe l'avenir. Une synthèse cognitive qui unit instincts, savoir-faire, connaissances, et les met au service d'une action harmonieuse d'adaptation au réel. Et enfin la synthèse personnelle, qui unifie les différents états de conscience, sentiments, idées, actes en les rapportant à l'unité du moi, le sujet unique de sa vie, de son action, de son monde, malgré son changement incessant, sa

16 Ey, *La Conscience*, p. 27.

transformation continuelle en un autre que moi, celui que je deviens. La méthode dialectique ne fait que prolonger cette fonction vitale de la conscience au niveau du discours réfléchi.

Platon en fait l'analyse dans le *Phèdre*, discours sur la beauté qui suit et prolonge *Le Banquet*. La question traitée est la suivante : il s'agit de savoir s'il vaut mieux accorder ses faveurs à un poursuivant sans amour qu'à un amant. L'orateur Lysias vient de montrer qu'il vaut mieux éviter les amants selon l'argument suivant : l'amour est une maladie de l'âme. Il donne une série de raisons : les amoureux sont rares, jaloux, flatteurs, versatiles, violents... Mieux vaut donc s'unir à ceux qui ne nous aiment pas... Après avoir entendu le récit des arguments de Lysias par le jeune Phèdre, d'ailleurs enthousiasmé par l'orateur, Socrate entame le dialogue. Il reconnaît d'abord l'élégance de l'expression, mais critique immédiatement sa méthode, qu'il juge arbitraire et décousue. Il commence alors à s'entretenir avec le jeune Phèdre, et propose de chercher une définition de l'amour. C'est « le désir instinctif du plaisir », qu'il oppose au « goût réfléchi du bien ». Socrate commence par lui faire admettre qu'un amant est bien nuisible, car il ne s'intéresse qu'au plaisir et risque de nous détourner de la philosophie, de la santé du corps et du perfectionnement de l'âme. Mais, retenu par son *daimon*, son signal divin intérieur, Socrate déclare qu'ils ont offensé Éros et qu'il faut à présent examiner la deuxième partie de l'amour. Lysias avait négligé d'opérer la synthèse entre les deux parties de l'amour et n'avait retenu que sa part mauvaise. Or, comme la poésie, l'amour est un délire envoyé par les dieux. Et, étant le plus divin des délires, il est aussi le plus grand des biens. Socrate décrit alors un mythe révélant la nature immortelle de l'âme humaine comparée à un assemblage que formerait un cocher (la raison) tiré par deux chevaux, l'un généreux et docile, l'amour-vertu, l'autre brutal et insoumis, l'amour-passion. Puis il définit l'amour en faisant une synthèse : ce n'est pas seulement une maladie de l'âme qui nous enchaîne au plaisir, mais aussi l'élan par lequel l'âme ressent le désir de s'élever vers la beauté et la sagesse des dieux. Ainsi les amants peuvent-ils être heureux par l'amour s'ils utilisent leur excitation enthousiaste pour se perfectionner ensemble en cherchant la vertu, qui est non seulement l'amour du beau, mais aussi l'amour du vrai et du bien. Le problème est résolu grâce à la synthèse : il vaut mieux chercher à s'unir à un amant s'il s'agit d'un amour vertueux réciproque. Là est d'ailleurs la véritable signification de l'expression « amour platonique ». Elle ne signifie pas *ne rien faire*, comme me le disait un jeune élève, mais au contraire *tout faire*, aimer l'autre d'une façon pleinement active, créatrice, féconde, corps et âme. Ce passage est suivi d'un bilan méthodologique. Après avoir achevé son discours, Socrate explique sa méthode à son interlocuteur.

« Il y a deux procédés, déclare Socrate, dont il serait intéressant d'étudier méthodiquement la vertu :

– Lesquels ?

– C'est d'abord d'embrasser d'une seule vue et de ramener à une seule idée les notions éparses afin d'éclaircir par la définition le sujet qu'on veut traiter. C'est ainsi que tout à l'heure nous avons défini l'amour ; notre définition a pu être bonne ou mauvaise. En tout cas elle nous a permis de rendre notre discours clair et cohérent.

– Mais le second procédé, Socrate, quel est-il ?

– Diviser l'idée en ses éléments suivant ses articulations naturelles, sans mutiler aucun morceau, comme le ferait un boucher maladroit. [...]

– Voilà de quoi je suis amoureux, moi : des divisions et des synthèses. J'y vois le moyen d'apprendre à parler et à penser. Et si je trouve quelqu'un capable de voir les choses dans leur unité et leur multiplicité, voilà l'homme que je suis à la trace comme un dieu. [Citation de l'*Odyssée*]

[...] Ces gens, je les appelle dialecticiens [17]. »

La méthode philosophique est donc claire. Elle consiste toujours à dégager une organisation cohérente des concepts de façon à résoudre un problème, à comprendre mieux la réalité à laquelle ils renvoient, pour retrouver l'unité du réel lui-même, malgré sa multiplicité infinie. Le propre du philosophe est de viser la compréhension du tout, en respectant la singularité et la multiplicité de ses éléments, comme l'enseignait déjà Héraclite : « Joignez ce qui est complet et ce qui ne l'est pas, ce qui concorde et ce qui discorde, ce qui est en harmonie et ce qui est en désaccord. De toutes choses, une, et d'une, toutes choses. »

17 PLATON, *Phèdre*, 265d à 266c.

Nous avons donc dégagé quatre règles :

1. La règle de l'idée vraie : n'accepter pour vrai que ce que je comprends par moi-même être nécessairement vrai.
2. La règle du concept : définir tous les concepts utilisés pour comprendre l'essence de la réalité étudiée.
3. La règle de l'analyse : décomposer la réalité étudiée en ses éléments constitutifs.
4. La règle de la synthèse : trouver le sens de la réalité étudiée dans sa totalité à partir de l'organisation de ses éléments.

Il ne reste plus qu'à appliquer cette méthode sur un problème philosophique. Lequel choisir ? Il y a tant de problèmes à résoudre dans notre existence ! L'actualité ne cesse de nous apporter de nouveaux motifs de perplexité, la vie quotidienne elle-même nous conduit à nous interroger sur tant de choses que nous ne comprenons pas, que nous ne maîtrisons pas, dans tous les domaines, et qui nous procurent de l'insatisfaction. Nous pourrions choisir de traiter un problème politique ou sociologique, sur l'éducation, la guerre ou la démocratie. Un problème scientifique : sur les nouvelles découvertes de la génétique, la place de l'homme dans l'univers ou les limites de la connaissance humaine. Nous pourrions nous intéresser à une question métaphysique comme le rapport entre le corps et l'âme, ou l'énigme de la création. Ou choisir un problème juridique et moral contemporain, réfléchir sur les règles devant contrôler le clonage, l'euthanasie ou la procréation médicalement assistée. À moins que nous ne préférions réfléchir sur l'esthétique, essayer de percer le mystère des chefs-d'œuvre de l'art classique ou la signification de l'art contemporain... Il semble donc que nous ayons l'embarras du choix. Aujourd'hui, en général, les philosophes choisissent l'un de ces domaines par goût, ils s'y spécialisent et s'y enferment, en devenant très savant dans leur spécialité. Ce sera la métaphysique, la politique, la morale, la logique, une science ou un art. Ils deviennent alors professeur ou chercheur, spécialiste d'un philosophe ou d'une époque, d'un courant de pensée ou d'une notion.

Que faire ? Il ne s'agit pas de se spécialiser dans une branche de la philosophie, mais de s'initier à la méthode philosophique, de devenir meilleurs philosophes. Par quoi devons-nous commencer ? C'est le moment d'appliquer la méthode. Celle-ci nous conseille d'utiliser d'abord la règle du bon sens, qui consiste à n'accepter pour vraie que l'idée que nous savons avec certitude être vraie. Or l'idée que nous cherchons, c'est l'idée du premier problème à résoudre. C'est de formuler une question qui doit venir avant les autres. Comme être sûr de ne pas nous tromper dans le choix de ce premier problème ? C'est simple, il faut que je sois certain de son caractère premier ; je dois commencer par le problème primordial. Quel est le premier problème philosophique ? Certains diront : le problème métaphysique. Le philosophe doit d'abord résoudre les problèmes fondamentaux : savoir comment est le monde dans son ensemble, si Dieu existe et ce qu'il est, savoir enfin si je vais réellement disparaître à ma mort ou si j'ai une chance de survivre à la destruction de mon corps. D'autres mettront en premier l'urgence du problème socio-politique : il faut avant tout parer au plus pressé et trouver le moyen de vivre tous ensemble dans la paix, la prospérité, la justice. Pour d'autres, le salut ne pourra venir que de la science ou encore de la réflexion sur l'art.

Mais n'existe-t-il pas un problème plus fondamental, plus urgent, qui prime sur tous ceux que nous venons d'évoquer ? Qu'est-ce qui est le plus important pour nous, dans notre existence ? Qu'est-ce qui a le plus de valeur ? Qu'est-ce qui mérite vraiment que j'y consacre d'abord ma réflexion ? Voilà le premier problème à analyser, la première idée vraie à chercher. Or chacun peut comprendre qu'il existe dans la vie un problème qui surpasse les autres en priorité, en profondeur, en radicalité, qu'une seule chose intéresse vraiment les hommes et tout ce qui vit, et que par conséquent la philosophie doit d'abord s'y intéresser : c'est de trouver le bonheur. Le premier problème philosophique n'est donc pas l'épistémologie, l'esthétique, la métaphysique ou la politique, c'est l'éthique.

*Quatrième partie*

# L'éthique

# I

# Qu'est-ce que l'éthique ?

## La science du bonheur

La question éthique peut se formuler ainsi : que puis-je faire pour être sûr d'être heureux, ou du moins le plus heureux possible ? L'éthique est la recherche raisonnable du bonheur. Son but est de définir l'ensemble des principes dont l'application rend la vie heureuse. C'est donc la science de l'art de vivre, la réflexion sur les moyens du bien-vivre. Avant d'être une « science », un ensemble de principes ou une doctrine, l'éthique est une recherche dynamique animée par l'amour philosophique de la vérité. Elle n'est rien d'autre que la philosophie pratique. Sa réflexion est totalement théorique, mais elle s'applique directement aux problèmes concrets de l'existence : les relations humaines, l'éducation, le travail, la mort, l'amour, la guerre, l'organisation sociale, l'action politique, la pratique religieuse, etc. L'éthique est pour cette raison une recherche absolument personnelle. Elle est l'expression de la raison en quête de la vérité universelle, mais elle est relative à un individu donné, dans une situation particulière. Le grec *éthos* signifie d'ailleurs à la fois la manière d'agir et le caractère d'une personne. L'éthique n'est donc pas seulement la science universelle des manières d'agir, elle est aussi l'art de vivre selon son caractère, avec son style propre. La racine d'*éthos*, *swethos*, signifie soi. L'éthique est la réalisation de soi par la philosophie. Elle a pour but de définir et d'appliquer les principes de la sagesse universelle dans la conduite individuelle de sa vie. La principale difficulté du débutant est de bien distinguer l'éthique de la morale. Ces deux notions sont généralement associées dans le langage courant dans une relative confusion. Étymologiquement, il est vrai, les deux mots ont le même sens : le grec *éthos* signifie, comme *mores* en latin, les mœurs, c'est-à-dire la façon habituelle d'agir, les comportements. L'éthique et la morale recouvrent donc à première vue un champ conceptuel identique : la réflexion sur les actions et les valeurs. Pour de nombreux intellectuels, morale et éthique sont totalement synonymes. Le terme d'éthique serait seulement moins populaire, plus savant. Certains philosophes, comme Hegel, admettent des différences plus importantes : l'éthique serait davantage du côté de la théorie et des principes généraux, alors que la morale serait plutôt liée à la pratique, à l'application des principes aux cas particuliers. Pour d'autres, la morale serait purement individuelle, propre à chaque conscience, et l'éthique serait collective, propre à un groupe ou une culture. Mais ces distinctions masquent la différence essentielle. Pouvons-nous assimiler les règles de vie imposées par une autorité morale et celles que suit librement un philosophe ? Devons-nous mettre sur le même plan la morale observée par l'adepte d'une religion ou d'un parti et le choix de vie opéré par un esprit libre sous la conduite de la raison ? La règle de l'analyse nous conduit à distinguer plus radicalement ces deux concepts pour désigner deux attitudes bien différentes : l'éthique est philosophique, la morale est idéologique. Bien que l'usage commun autorise l'interchangeabilité des termes – on parle indifféremment de morale ou d'éthique pour qualifier les principes d'un philosophe comme Épicure ou les dogmes d'un chef religieux comme le pape –, je propose d'appeler éthique la réflexion purement philosophique d'un individu qui vise son bonheur par un accord actif et raisonnable avec le réel, et d'appeler morale l'attitude qui consiste à se conformer à des commandements dogmatiques hors de la philosophie. L'éthique est la recherche philosophique du bonheur. La morale est l'application d'un code de conduite. La définition de ce code peut découler d'une démarche philosophique, mais tout respect dogmatique d'une morale est par définition antiphilosophique. La morale ainsi définie est encore aujourd'hui le principal obstacle au bonheur, et c'est pourquoi il est nécessaire de bien comprendre d'abord sa différence avec l'éthique.

## La différence entre l'éthique et la morale

Le propre de la morale est d'obliger un individu à respecter des règles qui définissent un « devoir être » distinct du réel. « La morale est la codification de règles de conduite qui aboutit à l'opposer à une réalité considérée comme amorale, ou parfois immorale », écrit par exemple André Jacob [1]. Toute morale commande en effet le respect d'un devoir. La notion de devoir est très riche. Elle peut signifier une nécessité, une dette, une convenance, une probabilité, une possibilité, une obligation relative ou un futur. Mais le « devoir » au sens moral désigne une obligation absolue. Le devoir est un « impératif catégorique » imposé à tous sans condition. Toute loi morale prend la forme d'un « Tu dois ! » qui ne tient aucun compte du désir du sujet et des circonstances de l'action. Elle se fonde sur des valeurs tenues pour absolues, sans rapport avec l'expérience et les sentiments humains. La morale s'autodéfinit : Qu'est-ce qu'un devoir ? C'est le respect absolu du Bien défini par la loi morale. Qu'est-ce que le Bien ? C'est de faire son devoir conformément à la loi morale, quelles qu'en soient les conséquences, bonnes ou mauvaises. Loi, devoir et bien moraux sont des dogmes, des objets de croyance. Toute morale est idéaliste et idéologique : elle exige de respecter un idéal supérieur au bonheur individuel et affirme une totale indifférence au réel.

Le philosophe refuse toute morale ainsi définie parce qu'il est uniquement déterminé par le désir philosophique du bonheur, sans autre moyen que la raison et sans autre référent que l'attention au réel. Les principes de son éthique ignorent tout devoir-être, toute valeur absolue, tout impératif catégorique et toute loi morale, parce qu'il recherche seulement la compréhension des moyens nécessaires à la réalisation de son désir de bonheur, pour soi et pour tous.

Le philosophe et le moraliste visent tous deux le « bien ». Mais c'est au nom d'un Bien idéal que le moraliste interdit et ordonne certaines actions. L'éthique est entièrement indépendante de toute morale, parce qu'elle ne vise aucune autre valeur que le bien réel des individus. Elle ne vise que le bonheur, le plus de bonheur possible, c'est-à-dire le bien souverain, à la fois

1 Jacob, *Cheminements. De la dialectique à l'éthique*, « Pourquoi l'éthique ? », p. 160.

sensible et compréhensible par chacun, par la philosophie. L'éthique est en fait la « vraie morale », la morale « sans règles » qui « se moque de la morale », comme dit Pascal, de la même façon que la vraie éloquence se moque de l'éloquence. La morale est la fidélité aveugle à une idée, un dogme et une loi, même lorsqu'elle cherche à se justifier par des arguments. L'éthique est la fidélité lucide à la raison, à la vérité et à l'amour. Le moraliste vit dans la haine et la crainte du mal qu'il ne comprend pas. Le philosophe s'efforce d'agir dans le désir et l'amour du bien qu'il comprend.

Le plus vigoureux critique de la morale est sans doute Nietzsche. Toute morale est pour ce philosophe un symptôme de décadence physique et spirituelle. Il la qualifie de mensonge, de maladie psychique : la morale nie la vie, elle est empoisonneuse et calomniatrice de la vie, elle va contre la sagesse du corps, elle est antinaturelle, commandée par la tristesse, la haine, le ressentiment, la culpabilisation, la faiblesse, le renoncement au désir ; elle est le pur produit des passions. « Définition de la morale : la morale, c'est l'idiosyncrasie des décadents avec l'intention cachée de tirer vengeance de la vie – et cette intention a d'ailleurs été couronnée de succès [2]. »

Expression de la vie saine, de la raison et de l'amour, la philosophie ne se mêle pas de morale, elle est toujours une critique de la morale, de toute idéologie du bien et du mal. Le philosophe doit, selon la célèbre formule nietzschéenne, « se placer par-delà bien et mal – placer au-dessous de lui l'illusion du jugement moral [3] ». En quoi consiste l'illusion morale ? À distinguer l'être et le devoir-être, le réel et l'idéal, et à juger ce qui existe à partir de ce qui n'existe pas.

L'éthique est un « autodépassement de la morale [4] ». Elle ne juge pas ce qui existe en fonction de normes extérieures à la réalité immanente. Elle détermine au contraire l'homme à chercher à s'accorder de façon pratique à ce qui existe sans autre critère que l'évaluation relative à ce qui est « bon » et ce qui est « mauvais » pour les individus vivants, parce qu'ils sont nécessairement les seuls juges de leurs valeurs, et parce que toute valeur est rela-

2 NIETZSCHE, *Ecce Homo*, « Pourquoi je suis un destin », § 7, in *Œuvres*, II, p. 1197.
3 NIETZSCHE, *Le Crépuscule des idoles* in *Œuvres*, II, p. 981.
4 NIETZSCHE, *Aurore* in *Œuvres*, II, p. 971.

tive. « Par-delà le bien et le mal, précise encore Nietzsche, cela du moins ne veut pas dire par-delà le bon et le mauvais [5] . » Qu'est-ce qui est bon, universellement bon ? Nous le savons par intuition, par vitalité, sans avoir besoin d'une loi morale, ni même d'ailleurs d'une philosophie. C'est la joie, le bien sensible, et tout ce qui y contribue. Qu'est-ce qui est mauvais, universellement mauvais ? C'est la souffrance, et tout ce qui y contribue. La philosophie est nécessaire pour connaître les moyens de lutter contre la souffrance, pour identifier surtout les fausses joies et les souffrances nécessaires. Mais l'éthique n'a d'autre fondement que la loi de la vie, pas d'autre choix que de respecter le « sens » de la vie. Tout philosophe recherche l'épanouissement naturel de la vie par la réflexion, sans ressentiment, sans haine, dans et pour la joie, autant que possible. Comment augmenter notre satisfaction et diminuer notre frustration ? Comment être heureux dans le monde tel qu'il est ? Voilà l'unique problème éthique. Le critère décisif est donc la compréhension des valeurs, d'après la connaissance de l'homme et du monde. J'ai déjà analysé ce concept : il désigne simplement la désirabilité d'une chose, la saisie par un sujet de la qualité d'un objet. Toute valeur est donc relative à un sujet plus ou moins libre. Le moraliste n'admet pas la relativité des valeurs et de la liberté. La morale repose toujours sur deux dogmes : qu'il existe des valeurs objectives et absolues, du bien et du mal en soi, et que l'homme possède un libre-arbitre qui lui permette de choisir d'une manière absolument libre entre le bien et le mal. Un philosophe comme Kant admet ces dogmes comme des croyances raisonnables au terme de sa réflexion. Malgré son génie philosophique, Kant est resté attaché aux dogmes de la religion chrétienne, auxquels il a cherché à donner une justification rationnelle. C'est pourquoi il est aujourd'hui la référence principale de ceux qui défendent le maintien de la morale. Mais Épicure, Montaigne, Spinoza et Nietzsche ont montré que ces dogmes étaient des croyances sans fondement, de pures illusions totalement déraisonnables. Ce sont des philosophes éthiques mais amoraux, parce qu'ils ont compris, comme Jésus, Socrate et Bouddha, que toute valeur est relative et que l'homme ne possède pas une volonté libre mais un esprit plus ou moins sage. La philosophie exige donc de se libérer de l'emprise

5 NIETZSCHE, *Généalogie de la morale*, § 17, in *Œuvres*, II. p. 800.

des morales, et notamment des deux grandes idéologies qui dominent aujourd'hui l'Occident : la morale judéo-chrétienne des « dix commandements », qui place l'origine du Bien dans la volonté d'un Dieu transcendant, et la morale laïque humaniste qui commande d'agir par pur respect du devoir moral défini par les « droits de l'homme », selon un modèle idéal de « ce que doit être un homme ». Mais il existe des dizaines de morales. Toutes se veulent universelles et absolues. Et toutes s'opposent entre elles, parce qu'elles sont idéologiques et dogmatiques. En réalité, leur principe est le même. Elles interdisent catégoriquement certaines actions et diffèrent seulement par la nature et l'origine d'un Bien qui peut être situé dans la volonté d'un Dieu ou d'un homme divinisé, le respect d'un certain ordre naturel ou social, la tradition ou des ancêtres, un texte considéré comme sacré, des lois tirées d'une idée de nature, un idéal utopique, une idée sacralisée de la vie ou de l'homme, un modèle d'homme parfait, etc. Le philosophe n'interdit rien dans son éthique, il ne reconnaît aucune valeur absolue et n'impose aucun devoir ; il conseille d'étudier la réalité sans préjugé et de chercher la meilleure solution pour les personnes concernées, relativement aux circonstances, par des impératifs hypothétiques. L'éthique n'est pas nécessairement en désaccord avec les règles d'une morale particulière, mais elle n'admet que la nécessité de l'être, jamais l'obligation de se conformer à un devoir-être. « Je ne suis pas venu abolir la loi, dit Jésus, mais l'accomplir. » Toute la philosophie éthique est fidèle à l'enseignement libératoire de Socrate, Lao Tseu, Bouddha ou Jésus : le bonheur n'est possible que si on remplace l'amour de la loi par la loi de l'amour. Le penseur éthique raisonne ainsi : « Si tu désires le bonheur, alors il est nécessaire de faire cela, parce tu peux comprendre comme moi que c'est la meilleure chose à faire pour vivre dans l'amour de toi-même et des autres. Et le vrai bien, tu peux comprendre que c'est l'action conforme à la vertu, le courage, la justice, la prudence, la tempérance, la générosité. » Le penseur moral raisonne ainsi : « Que tu le désires ou pas, tu dois faire cela sans chercher à comprendre, parce que la loi l'ordonne, le devoir l'impose ». Pour prendre un exemple extrême, la plupart des morales dominantes acceptent comme un dogme le « Tu ne tueras point. » Elles interdisent donc par principe tout meurtre d'un être humain, condamnant ainsi catégoriquement la peine de mort, l'avortement, l'euthanasie, le suicide, la guerre. Mais n'est-il pas parfois préférable de tuer ? Donner la mort ne peut-il dans certains cas être un acte prudent, juste, voire généreux ? Toutes ces morales interdisent le questionnement éthique et empêchent toute compréhension du bien. Il ne s'agit pas, bien sûr, d'admettre ces actes selon d'autres valeurs tenues pour absolues. Certaines morales admettent par exemple le bien-fondé du suicide ou de l'avortement par respect absolu du libre-arbitre des personnes, ou admettent la légitimité de la peine de mort ou de la guerre par respect absolu de l'ordre politique et de la souveraineté de l'État. Et ce faisant elle néglige le vrai problème : Qu'est-ce qu'il est réellement bon de faire ? La « morale » nazie admet pour sa part le devoir de tuer des hommes non conformes à son idéologie de « l'homme supérieur » qu'elle tient pour la valeur absolue. Ces morales sont dangereuses parce qu'elles sont fondées sur l'illusion que le respect de ces normes est légitime sous prétexte qu'elles respectent une valeur suprême. Mais elles négligent alors la singularité de toute situation et la relativité de toute valeur au désir humain libéré du *pathos* et connu par la raison. Et, surtout, elles restent des expressions de la colère et de l'indignation. « Vous avez entendu qu'il a été dit aux anciens : Tu ne tueras point, explique Jésus. Mais moi je vous dis que quiconque se met en colère contre son frère mérite d'être puni par les juges. »

Ne peut-on se mettre d'accord sur des principes communs à tous, partagés par tous les hommes, et définir des règles universelles ? Parce qu'elle est le fruit de la philosophie, par-delà tout préjugé et tout dogme, l'éthique peut bien prendre la forme de règles de vie générale et de principes universels, reconnus comme tels par un individu ou démocratiquement choisis par les hommes raisonnables, dans une communauté donnée. Mais ces règles découlent uniquement de la compréhension du réel, non d'un devoir-être et d'un Bien transcendant. La plus parfaite description des règles d'une éthique universelle partageable par tous les hommes raisonnables de n'importe quelle culture se trouve dans les deux dernières parties de l'*Éthique* de Spinoza. Elle se résume à une maxime : « Bien agir et être dans la joie. » Bien agir, c'est faire tout ce que je comprends être le meilleur à faire pour mon bonheur et celui des hommes, par la simple compréhension de la nature, en me libérant de l'emprise des passions. « Celui qui est conduit par la raison désire que le bien qu'il poursuit pour lui-même appartienne également aux autres. Il s'efforce autant qu'il le peut de bien agir et d'être dans la joie [6]. » Spinoza est le plus parfait philosophe de l'éthique parce qu'il ramène tous les choix pratiques à une pure compréhension des hommes, des choses et des valeurs par la raison. « Par Moralité, écrit Spinoza, j'entends le désir de bien agir qui naît du fait que nous vivons sous la conduite de la raison [7]. » L'éthique est par-delà Bien et Mal parce qu'elle n'a d'autre source que l'amour raisonnable de ce qui est bon, la recherche de l'épanouissement de la vie, de ce qui donne le maximum de joie et le minimum de tristesse, dans une attention à la singularité de chaque situation, une attention au réel. La réflexion éthique peut donc éventuellement admettre la légitimité d'un acte immoral comme le « meurtre » lorsqu'il permet plus de bonheur ou moins de malheur, par amour et selon la sagesse (par exemple dans la peine de mort, l'avortement, l'euthanasie, le suicide...). Mais aucun jugement éthique n'est général et absolu : il demande l'examen des cas particuliers et la recherche de l'action la meilleure, avec le plus grand courage mais aussi la plus grande prudence. Le meurtre n'est pas en soi bien ou mal, mais il peut être considéré comme une mauvaise ou une bonne action, selon que la mort est préférable ou non à la vie. Parce qu'elle interdit catégoriquement l'idée de meurtre à cause d'une valeur absolue accordée à la poursuite de la vie, la morale dominante interdit la possibilité d'une mort libre et volontaire, une mort sereine. Au contraire, par amour de la vie selon la sagesse, l'éthique cherche la vie digne, libre et joyeuse, la vie vécue en conscience, autant que possible, jusque dans le mourir. Et surtout, elle cherche à comprendre les causes de la souffrance et de promouvoir la vie, la joie et la raison chez tous, et surtout chez ceux qui en manquent ou sont en difficulté : névrosés, exclus, violents, méchants.

Ne doit-on pas s'indigner et condamner absolument des crimes horribles, tels que ceux perpétrés par les nazis ? Le penseur éthique ne condamne moralement les actes – ni la morale – de personne, pas plus qu'il n'interdit ou n'accepte l'euthanasie

6 Spinoza, *Éthique*, IV, 73, sc.
7 *Ibid.*, IV, 37, sc. 1.

ou l'avortement au nom d'un quelconque devoir. Il peut les refuser fermement et totalement, simplement parce qu'il les juge mauvais, fondés sur une idéologie illusoire, parce qu'il ne les désire pas, qu'ils ne lui semblent pas, raisonnablement, une source de bonheur pour les hommes, en éprouvant autant que possible de la compassion pour les auteurs de telles horreurs. Car toute morale, comme tout vice, résulte d'une haine, c'est-à-dire d'une souffrance et d'une impuissance. Or « la haine ne peut jamais être bonne » et elle peut « être au contraire détruite par l'amour », comme le démontre Spinoza ; en effet, « ceux qu'il vainc s'inclinent avec joie car ils ne sont pas vaincus par la défaillance mais par l'accroissement de leur force [8] ». La raison philosophique retrouve ainsi la vérité du message du Christ : « Vous avez appris qu'il a été dit : tu aimeras ton prochain et tu haïras ton ennemi. Mais moi, je vous dis : aimez vos ennemis, bénissez ceux qui vous maudisssent, faites du bien à ceux qui vous haïssent... »

Plusieurs philosophes actuels admettent cette différence entre l'éthique et la morale, et permettent de mieux comprendre sa nature et son importance.

C'est le cas de Paul Ricœur, qui définit l'éthique d'une façon non spinozienne mais aristotélicienne : « L'éthique est la visée d'une vie bonne, avec et pour les autres, dans des institutions justes [9] ». Ricœur admet donc qu'elle est particulière à une subjectivité en mouvement vers son accomplissement, mais il met surtout l'accent sur son caractère téléologique (elle vise un *télos*, un but). Il définit la morale comme « l'articulation de cette visée dans des normes caractérisées à la fois par la prétention à l'universalité et par un effet de contrainte ». La morale est donc bien prescriptive et déontologique. Elle consiste en des ordres figés dans un système de codes objectifs. Ricœur admet bien « la primauté de l'éthique sur la morale, c'est-à-dire de la visée sur la norme », mais il fait de l'éthique une simple visée, un effort vers un but futur. Or l'éthique cherche l'action la meilleure pour donner le plus de satisfaction possible dans le présent. Elle n'est pas seulement la visée d'un bien futur, mais la réalisation, ici et maintenant, de la vie la meilleure possible. L'éthique n'est donc

8 *Ibid.*, IV, 45 et 46.

9 Ricœur, *Soi-même comme un autre*. p. 202.

pas une pure téléologie. Elle n'est pas seulement une visée, mais l'expression raisonnable et plus ou moins réalisée d'un désir.

Seuls les philosophes actuels inspirés par Spinoza admettent la légitimité de l'éthique et la nocivité de la morale.

Robert Misrahi définit la morale comme « la discipline voulant définir le "bien" et le "mal" ; elle est conduite à définir le bien par sa seule forme, le devoir, et à l'identifier à l'obéissance à la loi. Dans une autre tradition philosophique, la réflexion sur l'action se fait en termes d'éthique (c'est-à-dire de recherche des principes qui permettraient que, dans l'action, on parvienne au bonheur personnel et à l'harmonie sociale) [10] ».

Pour Gilles Deleuze, l'éthique se caractérise surtout par son refus de toute transcendance. « L'éthique est une typologie des modes d'existence immanents, elle remplace la morale qui rapporte toujours l'existence à des valeurs transcendantes. » Il admet que toutes les valeurs sont immanentes, parce que tout ce qui existe est immanent. L'éthique est « la science pratique des manières d'être [11] ». Sa seule référence est le possible, jamais l'idéal. L'être, non le devoir être. La nécessité, non l'obligation. Le seul critère est la joie, jamais la norme. Enfin, l'éthique pense par différence alors que la morale pense par opposition. « Il n'y a pas de Bien et de Mal dans la Nature, il n'y a pas d'opposition morale, mais il y a une différence éthique [12]. »

L'éthique se distingue également de la morale par son refus du dualisme. « La morale et l'éthique correspondent à deux manières d'aborder le monde, écrit André Jacob. L'une liée à une série de redoublements qui font juger le réel, l'autre attachée à "faire rendre" la réalité sans s'en séparer [13]. » Ce monisme est fondamental. Car si la réalité est une, s'il n'y a qu'une substance – comme dit Spinoza – et non deux (Dieu et le monde, l'esprit et la matière, l'être et le devoir-être), alors l'homme est une partie de la nature, il agit selon la nécessité de la nature, en lui et hors de lui. Pour le penseur éthique, chacun ne fait que ce qu'il peut, avec son degré de puissance et de sagesse : « Nul n'est méchant volontairement ».

10 MISRAHI, *Qu'est-ce que l'éthique ?*, p. 254.
11 DELEUZE, *Spinoza, Philosophie pratique*, p. 33-37.
12 DELEUZE, *Spinoza et le problème de l'expression*, p. 249.
13 JACOB, *op. cit.*, p. 160.

La morale est pour cette raison essentiellement intolérante et culpabilisatrice. Elle accuse les hommes d'être coupables d'un mal dont ils ne sont pas responsables. Et c'est pourquoi l'éthique exige de se libérer de toute soumission à une quelconque morale. L'éthique déculpabilise pour responsabiliser. Car le sentiment de culpabilité est toujours mauvais. Il conduit à la haine de soi et des autres, à la haine du réel. Et c'est sans doute là qu'il faut chercher l'origine même de la morale. Le désir du moraliste est de changer le monde parce qu'il ne l'aime pas tel qu'il est. Sa condamnation du mal est une dépréciation générale de la réalité dont il ne supporte pas le caractère tragique. Toute la morale découle du ressentiment contre le caractère intolérable de l'existence de la souffrance, comme l'a montré Nietzsche. Le moraliste s'indigne de voir le monde tel qu'il est et n'a pas la force de l'aimer ainsi. Clément Rosset va jusqu'à définir la morale entière par son caractère anti-tragique : « La morale consiste dans une "vertu" exactement contraire à la joie, c'est-à-dire une simple incapacité à affronter le tragique et à admettre la réalité [14] ». Le moraliste manque de tolérance et de courage, il rêve d'un autre monde, idéal et non tragique, parce qu'il ne parvient pas à trouver sa joie dans ce monde. « La morale commence avec le non au tragique. [...] Moraliste, celui qui déplore le tragique : voilà le signe qui ne trompe pas. » Si bien que la morale peut être comprise comme le symptôme d'un refoulement illusoire du réel. « Ce à quoi en a la morale n'est pas du tout l'immoral, l'injuste, le scandaleux, mais bien le réel – unique et vraie source de tout le scandale [15]. »

Le philosophe ne « condamne » rien. Il admet que la vie est tragique, que l'homme n'a pas de libre-arbitre, qu'il a une liberté réelle mais limitée, relative à sa puissance, son degré d'autonomie et de vertu. « La pensée tragique se caractérise par une éthique d'accueil [16] », selon le mot de Rosset. Mais le philosophe ne se contente pas d'être tolérant et réfractaire à l'indignation. Il cherche à comprendre comment améliorer l'être, comment promouvoir le sens de la vie et ses joies, comment diminuer la souffrance, la violence, la tristesse, en assumant le

14 Rosset, *La Philosophie tragique.*
15 *Ibid.*, pp. 148, 153. *Le Principe de cruauté*, p. 28.
16 Rosset, *La Logique du pire*, p. 154. Voir aussi *Le Démon de la tautologie.*

monde tel qu'il est. « L'éthique n'exprime rien d'autre que la mise en œuvre de l'homme par lui-même – et la mise au monde du sens de la vie », écrit André Jacob. C'est une « logique pratique du sens [17] ».

L'éthique et la morale apparaisent donc bien différentes l'une de l'autre. Mais leur distinction n'est pas évidente. D'abord à cause de l'emprise quasi inguérissable des idéologies morales et du sentiment de culpabilité dans les esprits. Ensuite parce que certains philosophes continuent d'admettre la nécessité de la morale au-dessus de l'éthique. C'est bien sûr le cas de tous les kantiens et post-kantiens, ainsi que des penseurs attachés à des dogmes religieux ou des idéologies politiques. Mais c'est aussi le cas de philosophes pourtant attachés à la lutte contre les illusions idéalistes, comme Marcel Conche ou André Comte-Sponville. Interrogé à ce sujet, Marcel Conche me répondit dans une lettre que « la négation de la morale à la manière de Deleuze est, à l'heure actuelle, une position absolument ringarde » ; il résumait ainsi sa position : « 1. D'un côté, la morale universelle, celles des droits de l'homme. 2. Ensuite, le choix personnel d'une éthique : pour moi, la "sagesse tragique" (la morale universelle ne fait que fixer les barrières à l'intérieur desquelles chacun est libre). 3. Les préjugés moraux tenant aux particularités d'une collectivité [18]. » Conche admet donc encore la primauté du devoir sur le désir, de la morale sur l'éthique, qu'il définit simplement comme un « art du bonheur » particulier à chacun, variable selon son goût. C'est un philosophe de la morale universelle, qui admet la valeur absolue des impératifs catégoriques, et sans doute l'un des plus sages. Il propose cependant de fonder la morale universelle « non sur telle croyance, religion ou système, mais sur cet absolu qu'est le rapport de l'homme avec l'homme dans le dialogue [19] ». Et fonder la morale sur le dialogue humain, c'est-à-dire sur la perception intuitive et raisonnable du bien par tous, n'est-ce pas justement la philosophie, n'est-ce pas l'éthique ?

Proche de Marcel Conche, et bien que s'inspirant fortement de Spinoza, André Comte-Sponville reste également attaché à la

17 Jacob, *op. cit.*, p. 165.
18 Correspondance du 4 juin 1994.
19 Conche, *Le Fondement de la Morale.*

défense de la morale, qu'il juge illusoire mais indispensable. Il la définit comme « le discours normatif et impératif qui résulte de l'opposition entre Bien et Mal, considérés comme valeurs absolues ou transcendantes : c'est l'ensemble de nos devoirs. La morale répond à la question "Que dois-je faire ?" Elle se veut une et universelle. Elle tend vers la vertu et culmine dans la sainteté. » Par différence, il définit l'éthique comme le « discours normatif (mais non impératif, ou sans autres impératifs qu'hypothétiques) qui résulte de l'opposition du bon et du mauvais, considérés comme valeurs relatives : c'est l'ensemble réfléchi de nos désirs. Une éthique répond à la question "Comment vivre ?" Elle est toujours particulière à un individu ou à un groupe. C'est un art de vivre : elle tend le plus souvent vers le bonheur et elle culmine dans la sagesse [20] ». Ces définitions sont claires, mais sont-elles vraies ? Car l'éthique n'est pas seulement particulière, elle est aussi et d'abord une et universelle, parce qu'elle est l'expression de la raison en chacun et en tous. D'autre part, elle ne tend pas « le plus souvent », mais « toujours », vers le bonheur. Enfin, la « vertu » vers laquelle tendrait la morale n'a de vertu que le nom, parce qu'elle est un respect obligatoire et non une puissance. L'éthique seule développe la véritable vertu, la puissance de bien agir, parce qu'elle nécessite la compréhension des valeurs par la raison individuelle dirigée par l'amour. Et la sainteté est-elle autre chose qu'une variété de sagesse ? L'éthique suppose donc l'abandon de toute morale et on ne peut être d'accord avec Comte-Sponville lorsqu'il écrit qu'« il n'y a pas à choisir entre la morale et l'éthique, entre Kant et Spinoza ». Entre la philosophie et l'idéologie, l'idéal et le réel, le dualisme et le monisme, la croyance dans une transcendance ou la compréhension de l'immanence, l'amour et le devoir, un philosophe ne peut pas ne pas choisir. Il peut certes hésiter et continuer à s'interroger, mais on ne peut à la fois vouloir respecter une morale illusoire et désirer développer lucidement une éthique rationnelle. Comte-Sponville justifie sa position intermédiaire par sa « philosophie cynique », qui admet une dissociation entre la valeur et la vérité. Mais la philosophie ne recherche par essence qu'à promouvoir des valeurs selon la vérité. Comte-Sponville semble plutôt sceptique, hésitant entre la philosophie trop réaliste

20 COMTE-SPONVILLE, *Valeur et Vérité, Études cyniques*, « Morale ou Éthique ? », p. 191.

de Spinoza et celle trop idéaliste de Kant. Plus proche de la philosophie de Montaigne que de la sagesse de Spinoza, comme il me l'écrivait lui-même.

Pourquoi avoir cité ces auteurs contemporains ? Pour donner une illustration de la méthode dialectique. En cherchant à comprendre et à critiquer la pensée d'autres philosophes, je peux dialoguer avec moi-même, développer ma pensée et me soumettre moi-même à leur critique. Contre les kantiens, Conche et Comte-Sponville, je peux préciser les raisons de mon rejet de la morale ; contre Ricœur, mon désaccord avec une éthique purement téléologique. J'aurais pu également préciser contre Misrahi la nécessité de reconnaître le tragique ; contre Jacob, mon désaccord avec l'idée qu'il existe un mal absolu ; contre Rosset, mon affirmation que le bonheur est possible, etc. Mais je ne suis philosophe que si je reste en dialogue avec tous et que je peux remettre en question, chaque fois, la valeur de mes jugements, pour affirmer prudemment mais sereinement ma conviction présente, que je soumets par là même à la critique : la philosophie éthique nécessite une complète *dé-moralisation*.

Doit-on refuser tout impératif, toute loi, tout interdit, toute obligation ? Non, bien sûr. Tant que les hommes ne sont pas tous des sages, l'organisation de la vie en société nécessite des lois justes pour harmoniser au mieux les comportements individuels et une force capable de contraindre les ignorants à les respecter. Mais ce n'est pas là l'objet d'une morale, c'est la fonction du droit et de l'autorité politique. Tant que l'éducation philosophique des hommes restera insuffisante, il faudra imposer à tous le respect d'un ordre social pour limiter l'injustice et la violence. Et pour favoriser l'éducation !... L'éthique peut donc conduire à formuler des interdits, des condamnations et des sanctions, mais toujours par nécessité pratique, comme un mal nécessaire, jamais par devoir moral. Quand l'éthique interdit, condamne et sanctionne, c'est par générosité et prudence, comme un père ou une mère raisonnables envers ses enfants : pour les conduire à la puissance, à la joie et à la vertu.

Nous pouvons maintenant étudier l'objet de l'éthique, le bonheur, par-delà toute morale. Parce que chacun doit développer son éthique par lui-même, je me contenterai ici de proposer une réflexion générale sur le bonheur et ses conditions dans une optique pédagogique. Cette dernière partie n'a d'autre ambition que d'illustrer un usage possible de la méthode. Son but est de stimuler la pensée et de donner au lecteur l'occasion d'exercer son sens critique. En quel sens la philosophie permet-elle de promouvoir la jouissance innocente et responsable de la vie ? Comment peut-elle nous donner le bonheur ? C'est ce que je vais essayer de dire avec les deux grands philosophes d'une éthique dénuée de tout moralisme, Épicure et Spinoza.

# II

## Qu'est-ce que le bonheur ?

La méthode philosophique conseille d'analyser le concept de bonheur pour en saisir l'essence par la pensée. L'idée de bonheur est-elle simple ou composée ? Renvoie-t-elle à une catégorie unique ? Le bonheur semble facile à définir : il exprime l'idée d'une satisfaction intégrale. Mais de multiples définitions en sont possibles. Que désigne de façon certaine le concept de bonheur ? Quels en sont les éléments essentiels ? Une chose est certaine, c'est qu'il est nécessairement pensé comme une finalité.

### Le bonheur pensé : la finalité de l'existence

Le bonheur est le but de la vie parce qu'il est nécessairement l'objet d'un désir. Il est même notre suprême et constant objet de désir parce que son idée désigne l'état le meilleur qui puisse exister. Aristote le définit dans son *Éthique* comme « ce qui, pris dans son indépendance, suffit pour rendre la vie désirable, et fait qu'elle n'a plus besoin de quoi que ce soit ». Le bonheur est donc « la fin parfaite », explique Aristote : « il est toujours désirable en soi-même et ne l'est jamais en vue d'autre chose [1]. » Il n'est pas un élément du bien mais le bien souverain lui-même. Il est la finalité sans but, si ce n'est elle-même. Le bonheur doit être pensé comme une finalité plutôt qu'un but pour deux raisons. D'abord parce qu'il est au-delà de tous les buts particuliers et contingents de la vie. « Il faut méditer sur ce qui procure le bonheur, écrit Épicure, puisque, lui présent, nous avons tout, et,

1 Aristote, *Éthique à Nicomaque*, I, 7. p. 28.

lui absent, nous faisons tout pour l'avoir [2]. » Ensuite parce qu'il ne peut être obtenu définitivement. Même pour l'homme qui se sent parfaitement heureux dans l'instant, le bonheur reste toujours désiré et désirable, et ce pour toujours. C'est pourquoi il est le bien souverain, qui dépasse et englobe tous les autres. Cette analyse est nécessairement vraie pour tous les hommes, de la naissance à la mort, du fou au sage. Tant qu'un homme vit, il cherche nécessairement à satisfaire des désirs particuliers dans le but de satisfaire son désir final et général de bonheur. Lorsque l'enfant joue, que l'adulte travaille, que l'artiste œuvre, que l'amant aime, que le soldat combat, c'est toujours parce qu'il espère en retirer tôt ou tard un plaisir qui le rapprochera du bonheur désiré. Le philosophe ne fait pas autre chose lorsqu'il étudie une question quelconque en vue de la sagesse. Le bonheur représente donc pour l'homme le bien absolu, ce vers quoi nous tendons en toute circonstance : au contraire des autres biens relatifs – tels la beauté qu'on espère en vue de l'amour, le travail en vue de l'argent, l'argent en vue du confort, la puissance en vue du pouvoir ou le comique en vue du rire –, le bonheur est désiré pour lui-même, sans qu'il soit besoin d'en justifier la valeur ou l'utilité. Mais si nous désirons l'amour, l'argent, le confort, le pouvoir ou le rire, c'est encore en tant qu'ils peuvent contribuer au bonheur. La question : À quoi bon être heureux ? est donc absurde ; le bonheur est précisément le mot qu'on emploie pour désigner l'état de satisfaction totale de l'être. Le bonheur est ce qui a le plus de valeur, ce qui est pensé comme comblant notre désir : c'est, dit encore Aristote, « la chose la plus désirable de toutes ».

La plupart du temps, le bonheur est l'objet d'un désir inconscient, confus, trompeur. Cependant, même confus, même inconscient, ce désir existe nécessairement : si je travaille, si je mange, si je voyage, si j'aime, si j'essaye de tromper ou d'être généreux, c'est toujours en vue d'un certain bonheur escompté. Ainsi, même s'il n'est pas consciemment et lucidement cherché, le bonheur est toujours la fin visée dans toute action, dans tout choix que nous faisons. Pascal le remarquait avec une cruelle ironie : « Tous les hommes recherchent d'être heureux. C'est le motif de toutes les actions des hommes, jusqu'à ceux qui vont se

2 ÉPICURE, *Lettres et Maximes*, « Lettre à Ménécée », p. 217.

pendre [3]. » Même le moraliste qui oppose la loi morale au désir de bonheur le fait parce qu'il imagine que cela le rendra heureux, ou du moins plus satisfait.

Le bonheur est donc non seulement la finalité de l'existence mais aussi l'idée plus ou moins consciente qui accompagne nécessairement toute action. C'est même l'idée qui en donne le véritable sens, parce qu'elle en est la motivation la plus secrète, comme l'ont compris certains psychologues [4]. Le concept de bonheur est maintenant défini formellement. Mais quelle est sa nature exacte ? La compréhension du bonheur exige de ne pas décrire telle ou telle forme particulière du bonheur humain mais ce qui entre nécessairement en jeu dans tout bonheur. Que faut-il pour être heureux ? Pour l'opinion générale, le bonheur est d'abord pensé comme un idéal ou un rêve. « Le bonheur, écrit Maupassant, c'est l'attente, l'attente heureuse, la confiance, c'est un horizon plein d'espérances, c'est le rêve ! Oui, ma chère, il n'y a de bon que le rêve [5]. » Quels sont les présupposés de cette opinion ?

### Le bonheur imaginaire : l'idéal rêvé

Lorsque l'homme ordinaire pense au bonheur, il imagine généralement une vie de rêve, un monde paradisiaque, un destin extraordinaire, « trop beau pour être vrai ». Le bonheur est l'état parfait qu'il espère connaître lorsqu'il aura réalisé tous ses désirs : quand il aura trouvé l'homme ou la femme de sa vie, qu'il aura la maison et la voiture de ses rêves, qu'il aura la santé, les amis, les enfants, le travail ou l'argent espérés, ou quand il n'y aura plus de malheureux sur la Terre... Kant ne va pas au delà de cette idée. Il définit le bonheur comme « la satisfaction de tous nos penchants (aussi bien extensive, quant à leur variété, qu'intensive, quant au degré, que propensive, quant à leur durée) » ou encore comme « l'état dans le monde d'un être raisonnable à qui, dans tout le cours de son existence, tout arrive

3 PASCAL, *Pensées*, 425.

4 Voir par exemple DIEL, *Psychologie de la motivation* ; FROMM, *Avoir ou Être* ; ROGERS, *Le Développement de la personne* ; DELOURME, *Le Bonheur possible - Philosophie du changement personnel.*

5 MAUPASSANT, *Contes et Nouvelles*, p. 1252.

suivant son souhait et sa volonté[6] ». Nul doute que, défini de cette manière, le bonheur ne puisse être qu'un idéal inaccessible. C'est l'objet d'un désir fantasmatique, un but purement imaginaire et donc nécessairement absent. Je ne peux qu'en rêver ou y tendre dans la frustration, parce qu'il est nécessairement l'objet d'un manque.

Mais cette idée n'a rien à voir avec le bonheur réel. Kant définit ici l'idée inadéquate que les hommes se font du bonheur. Il décrit un idéal de l'imagination. Une idée confuse du bonheur, non un concept adéquat. Une opinion séduisante, non une idée vraie. La critique de cette opinion est précieuse parce qu'elle permet de comprendre l'origine du pessimisme. Avant qu'un individu n'ait compris son essence par une idée vraie, son idée du bonheur est nécessairement négative : le bonheur, c'est ce qui me manque nécessairement, parce qu'il est pensé comme un idéal qui résulte de la satisfaction de tous mes désirs, une soumission du destin à ma volonté qui apparaît comme impossible. Le bonheur semble ne pas dépendre de soi mais d'un miracle, d'un événement extérieur, improbable et imprévisible. Cette idée est d'ailleurs contenue dans le langage. « Bonheur veut dire proprement bonne chance, dit le Littré, il exprime l'ensemble des circonstances, des conditions favorables qui font que nous sommes bien. »

« Heur » dérive en effet du latin *augurium* : l'augure, la chance. Pour le sens commun repris par le langage, le bonheur désigne simplement le fait d'être comblé par le sort, par un événement extérieur favorable. Distingué du plaisir, de la satisfaction sensible à la fois incomplète et passagère, le bonheur est bien pensé comme une satisfaction complète et durable. Mais il est compris comme une « grâce » qui résulte d'un hasard, d'une intervention divine ou de la bonne fortune. On dit « heureux » ceux qui ont eu la chance de naître noble et riche, de gagner au jeu, d'être protégé par les dieux ou favorisé par le destin. Le bonheur serait essentiellement irrationnel. Il serait l'affaire des circonstances et échapperait par nature à la philosophie.

De nombreux penseurs souscrivent à ce pessimisme. Schopenhauer en est sans doute le plus puissant représentant.

6 KANT, *Critique de la raison pure*, II, chap. II, 2e section. *Critique de la raison pratique*, II, chap. II, V.

« Tout bonheur est négatif, sans rien de positif, écrit-il ; nulle satisfaction, nul contentement, par suite, ne peut être de durée ; au fond ils ne sont que la cessation d'une douleur ou d'une privation, et, pour remplacer ces dernières, ce qui viendra sera infailliblement ou une peine nouvelle, ou bien quelque langueur, une attente sans objet, l'ennui [7]. »

Ce pessimisme se justifierait par la nature même de l'homme et des choses. « Le bonheur est un état trop constant et l'homme un être trop muable pour que l'un convienne à l'autre », écrit par exemple Rousseau [8]. Pascal invoque sa condition misérable : « Nous cherchons le bonheur, et ne trouvons que misère et mort [9]. » Autre grand pessimiste, Freud affirme que le programme du bonheur est « en désaccord avec le monde entier, avec le macrocosme tout aussi bien que le microcosme. Il n'est pas réalisable, tous les dispositifs du Tout s'opposent à lui. On aimerait dire que le dessein que l'homme soit "heureux" n'est pas contenu dans le plan de la création ». Pour le père de la psychanalyse, le bonheur ne pourrait être qu'épisodique ou bien un « sentiment d'aise assez tiède [10]. » En une formule, Voltaire résume l'essentiel du credo pessimiste : « Le bonheur n'est qu'un rêve et la douleur est réelle ». Que peut-on en déduire, sinon que, malgré leur génie, ces grands penseurs n'ont pas eu l'expérience du bonheur réel, stable et durable ?

Car il suffit d'observer l'humanité pour constater que ce bonheur est possible, même s'il est très rare, difficile à obtenir et encore plus à conserver. Ce qui est certain, c'est qu'il ne consiste pas dans l'idéal d'un destin favorable où le monde s'accorderait par magie à notre désir et où tout arriverait selon notre volonté. Le bonheur ne peut être qu'un accommodement relatif avec le monde tel qu'il est, une attitude sereine face à la réalité, un accord difficile mais possible entre l'homme et sa vie. Et c'est pourquoi il suppose une libération de tout idéalisme. Car ce n'est pas parce qu'il est inaccessible que le bonheur est idéalisé. C'est parce qu'il est idéalisé qu'il devient inaccessible. Tant que le bonheur est pensé comme un idéal imaginaire

7 SCHOPENHAUER, *Le Monde comme volonté et comme représentation*, p. 404.
8 ROUSSEAU, *Œuvres complètes*, vol. 1, p. 497.
9 PASCAL, *op. cit.*, VII, 437.
10 FREUD, *Malaise dans la civilisation*, p. 18.

dépendant des événements extérieurs, il reste l'objet d'une espérance, d'un désir portant sur le futur, d'un rêve impuissant. Et tant qu'il est désiré à travers des idées fausses, le bonheur ne peut être qu'espéré et, par cet espoir même, irréductiblement manqué. Comte-Sponville l'a bien montré dans son *Traité du désespoir et de la béatitude*, à la suite de Montaigne, Pascal et Spinoza : l'espoir d'atteindre un futur idéal inclut la crainte, parce qu'il est un désir dont la réalisation ne dépend pas de nous. Or la crainte est le principal obstacle au bonheur. C'est la règle de l'idée vraie qui joue ici : il est nécessairement vrai que l'espoir du bonheur empêche le bonheur. En effet, tant que le bonheur est pensé comme un idéal qui ne dépend pas de soi, il est désiré et espéré dans la frustration, la crainte, l'incertitude, l'angoisse. Et tant qu'il est désiré et cherché ainsi, il est nécessairement absent. Tant que nous espérons le bonheur sans comprendre sa nature et ses causes, nous le faisons dépendre de circonstances extérieures et sommes à leur merci : nous ne pouvons que subir l'indifférence du monde qui en aucun cas ne peut combler tous nos désirs. C'est parce qu'il est visé à travers des images confuses, et non accompli à travers les idées vraies de ses causes, que la satisfaction intégrale, profonde et durable, n'est pratiquement jamais atteinte. Les hommes vivent, agissent, travaillent, aiment, s'amusent en espérant le bonheur, et qu'obtiennent-ils ? Des plaisirs, oui, des satisfactions, bien sûr, mais pas cette gaieté perpétuelle et cette solide sérénité qui caractérisent l'homme heureux. Une hirondelle ne fait pas le printemps, dit Aristote : une somme de plaisirs, même puissants, même en grande quantité, ne peuvent faire le bonheur.

S'il est manqué, ce n'est pas parce qu'il est inaccessible, mais pour la seule raison qu'il n'est pas compris dans son essence. Les hommes le recherchent d'après son image commune, comme un idéal lointain. Ils agissent maladroitement d'après leurs opinions illusoires en satisfaisant sans ordre des désirs qui toujours finissent par les décevoir. Certains diront peut-être que les hommes semblent assez heureux... Mais s'agit-il du bonheur réel ? N'est-il pas plutôt un plaisir de surface qui masque une profonde insatisfaction ? N'est-ce pas un malheur supporté, un pseudo-bonheur, conséquence de cet évitement du réel que Pascal appelait le divertissement ? Par quoi il entendait non l'amusement mais l'ensemble des activités les plus sérieuses par lesquelles les hommes se détournent de la vérité. L'homme du divertissement agit pour fuir son ennui, pour soulager sa souffrance et combler le sentiment de son néant. Sa motivation est moins de trouver le bonheur que d'oublier son malheur. Il s'affaire pour penser à autre chose qu'à la réalité. Il agit en vue d'obtenir des plaisirs mais sa véritable motivation est d'éviter de se retrouver avec lui-même. « Tout le malheur des hommes vient d'une seule chose, écrit Pascal, qui est de ne savoir pas demeurer en repos dans une chambre [11]. » Quelle est la solution ? Comment sortir du divertissement sans sombrer dans le pessimisme ? Faut-il condamner le plaisir et se consacrer à une vie ascétique ? Évidemment pas. L'homme ascétique reste idéaliste, esclave d'un idéal, prisonnier d'un devoir. Ce n'est pas en mortifiant son corps et en refusant les plaisirs qu'on peut trouver le bonheur. C'est en se réveillant de son rêve et en démystifiant son image idéale. Une seule voie mène au bonheur réel, c'est la philosophie réussie : la voie de la sagesse. Elle enseigne que le bonheur n'est ni un but, ni un objet imaginaire du désir, ni un idéal, qu'il ne résulte ni d'une chance, ni d'un divertissement, ni d'une ascèse mais d'une transformation intérieure.

Pour comprendre cela, il nous faut reprendre l'analyse du concept de bonheur et le définir dans sa vérité nécessaire. Certains penseront peut-être qu'il est dommage de clarifier l'idée de bonheur, que son charme tient à son caractère énigmatique pour la raison humaine, comme l'amour, la vie, l'univers ou Dieu. Mais cette objection est sans valeur. Car plus nous avons une idée claire de ce qu'est une chose, plus se révèle à nous son mystère. La clarté de la raison ne dissipe pas l'énigme de la vie et le paradoxe du bonheur, elle les met en lumière. D'autres rétorqueront que le bonheur n'a de valeur que par sa rareté, son éphémérité, sa fragilité. Mais cette objection est absurde quand on a compris sa véritable nature : la joie d'être.

### Le bonheur réel : la joie d'être

Dans toutes les langues, l'idée de bonheur désigne la même réalité : l'état de satisfaction complète d'un être, sa joie intérieure. Le bonheur est l'état affectif dans lequel un être vivant

11 PASCAL, *op. cit.*, 139.

jouit d'un bien-être total. Tant que je n'éprouve pas le bonheur, je le désire. Dès que je l'éprouve, je ne désire rien d'autre que de le conserver, le diversifier, l'enrichir, l'accroître, par exemple en le partageant avec d'autres. Quelle frustration parfois de ne pas pouvoir partager son bonheur ! « Le plus grand supplice serait d'être seul au paradis », écrit Goethe. Mais tout vrai bonheur est vécu comme total, même s'il est solitaire, même s'il est léger ou ne dure qu'un instant. Tout le problème de l'éthique est de faire durer le bonheur, de le fortifier, de le préserver des afflictions. Mais avant d'étudier sa méthode, il faut bien comprendre sa nature. Comme tout sentiment, le bonheur comporte des gradations d'intensité : il peut être plus ou moins puissant, riche, raffiné, profond, fulgurant. Et surtout plus ou moins stable, équilibré, solide, indépendant. Un bonheur qui dépend d'autrui est souvent plus riche, mais moins solide que celui qui ne dépend que de soi. Le bonheur d'un ignorant est plus facile, mais moins profond que celui d'un érudit. Tout bonheur est relatif, multiforme, changeant, dynamique. Il peut durer une seconde ou des années, mais son affect est par essence vécu comme une satisfaction complète. L'essentiel est de comprendre que le bonheur est par définition un sentiment vécu et donc un présent ! « Le bonheur est un fait », dit simplement Marcel Conche [12], parce qu'il ne peut être qu'en acte. Comment le reconnaître ? Par un seul critère : la plénitude. Le bonheur se distingue par là de tout autre plaisir. Il est l'état affectif dans lequel j'éprouve un sentiment d'accomplissement. Je ne ressens aucun manque, aucune frustration. Il est ce contre quoi je n'échangerais rien d'autre, si ce n'est un bonheur plus grand ou différent, mais qui resterait du bonheur. Il existe de nombreux mots pour désigner cette expérience : le bien-être, la volupté, le contentement, l'allégresse, la gaieté, la félicité, la béatitude, l'enchantement, l'extase, la ferveur, l'euphorie, le délice, le nirvâna, la satisfaction, le ravissement, la contemplation, l'exaltation ou, de façon imagée, le paradis, le septième ciel, le pied... Inutile de les analyser en détail. Il suffit de voir que chacun confirme notre définition : quelle qu'en soit la qualité particulière, le bonheur est un état de réjouissance totale. Pour clarifier le langage, il faudrait abandonner le mot de bonheur pour celui de félicité.

12 CONCHE, *Analyse de l'amour et autres sujets*, « Le bonheur », p. 47.

« Bonheur, dit Littré, a un caractère objectif extérieur, qui en fait la nuance avec félicité. La félicité n'est point liée à ces conditions du dehors ; elle est plus propre à l'âme elle-même. » Mais il est difficile d'aller contre l'usage commun du langage. Il suffit de comprendre que le sens véritable du concept de bonheur désigne la félicité, c'est-à-dire l'état de contentement complet d'une conscience.

Le mot le plus adéquat pour désigner l'expérience ponctuelle du bonheur est le mot joie. La joie est le secret du bonheur, « la seule vraie richesse », comme dit Giono. Est heureux l'homme qui vit avec la joie au cœur, qui éprouve la bonté de la vie, qui en savoure pleinement le goût, seconde après seconde. La joie est l'atome du bonheur. Le triomphe de la vie. La source de l'amour. La joie est donc l'unique critère de l'éthique. Elle n'est mauvaise qu'indirectement, si elle est liée à une illusion ou qu'elle empêche une joie plus grande. Un plaisir n'est mauvais que si sa puissance prédomine en nous de telle manière qu'il nous empêche de penser à notre intérêt global et de faire ce qui est réellement bon pour être heureux. Mais la joie est toujours positive par elle-même, même lorsqu'elle est obtenue par un acte jugé immoral, selon un code dogmatique quelconque.

Le bonheur n'est donc pas une idée abstraite, mais l'expérience concrète, intérieure, présente d'une joie particulière, assez forte pour combler la conscience humaine par sa plénitude et mériter le nom de félicité. Il n'est pas un idéal, un objet extérieur, un horizon lointain plus ou moins inaccessible. Il est cette joie d'être au monde, possible en cette vie pour tout homme, et dont chacun a déjà fait, plus ou moins longtemps, plus ou moins intensément, l'expérience. Aristote associe le bonheur à une « certaine activité immanente [13] », car il n'est pas le résultat de l'action. Il apparaît dans l'acte même, dès que notre actualité et notre activité se suffisent à elles-mêmes et nous procurent une joie assez puissante pour que nous nous sentions pleinement satisfaits. Chacun est heureux lorsqu'il aime pleinement ce qu'il fait et qu'il fait ce qu'il aime, en toute connaissance de cause. Lorsqu'il sent que rien ne peut lui arriver de mieux. Cette sensation peut se produire chez l'homme ordinaire. On peut bien sûr goûter à des instants de bonheur sans être un

13 Aristote, *op. cit.*, I, 3, 1095 b. p. 21.

sage. Les jeunes enfants et les animaux sont sans doute bien plus souvent heureux que la plupart des adultes. Mais, par manque de conscience et d'indépendance, leur bonheur est superficiel et fragile. Le bonheur est d'autant plus solide et plus intense qu'on possède une connaissance approfondie du réel. Le divertissement peut en un sens combler la conscience, mais il s'agit d'un bonheur de surface, d'une joie passive : je me réjouis durant un instant d'un événement, d'un jeu, d'une occupation, d'un travail, d'une relation, mais je ne me sens pas nécessairement satisfait par l'ensemble de ma vie et j'évite d'y penser en occupant mon esprit. « Le bonheur vient d'ailleurs et de dehors, écrit Pascal ; et ainsi il est dépendant et, partant, sujet à être troublé par mille accidents, qui font les afflictions inévitables[14]. » L'ascétisme ne vaut pas mieux : une personne qui se sacrifie pour atteindre un but ou respecter un devoir peut également éprouver des plaisirs très intenses. Mais ils ne peuvent combler l'esprit. Il s'agit d'un bonheur compensatoire. Le vrai bonheur n'est ni dans le divertissement ni dans l'ascèse parce qu'il exige essentiellement un accord profond avec soi-même. Un amour de soi. Seul le philosophe – c'est-à-dire l'homme ordinaire qui parvient à penser sa vie avec lucidité et à vivre selon sa raison – peut éprouver toute son activité immanente comme une source permanente de bonheur. Car le bonheur le plus stable réside dans la joie d'être soi-même, la joie liée à la pensée de toute sa vie. Heureux l'homme qui se réjouit non seulement de son présent, mais aussi de son passé et de son futur. Car seul cet homme jouit d'une satisfaction réellement totale, confiante, fondée et sensée. La meilleure définition du bonheur est selon moi la suivante, formulée à la manière de Spinoza : par bonheur j'entends une joie complète associée à l'idée de la totalité de mon existence.

Il est ainsi facile de savoir si on est réellement heureux. Il suffit de penser lucidement à la totalité de sa vie passée, présente et future et d'observer l'affect qui naît de cette pensée. Si c'est une joie, alors on est heureux, et on l'est d'autant plus que cette joie est complète, intense, pure et profonde. Éprouver ce sentiment ne veut pas dire qu'il n'y ait pas dans son existence des motifs d'insatisfaction, des regrets, des peurs, des désirs frustrés, des tristesses petites et grandes attachées à tel ou tel détail. Mais

14 Pascal, *op. cit.*, II, 171.

lorsque le bonheur est là, ces sentiments négatifs sont assumés et recouverts par la force de la joie générale qui est éprouvée.

Chez le philosophe authentique, ce bonheur est aisément atteint, parce qu'il cherche par sa nature même de philosophe à considérer sa vie entière sous l'optique de la plus grande joie. À chaque instant, il s'efforce de faire ce qu'il comprend avec certitude être source de joie. Toute sa vie est une recherche joyeuse de joies par la pratique et l'augmentation de sa sagesse. Le philosophe se réjouit en particulier de philosopher, et cette réjouissance exclut toute tristesse majeure, parce que l'esprit philosophique tire sa puissance de la connaissance toujours plus grande du monde et de la nature. Il connaît la misère de l'existence humaine, mais il apprécie pleinement sa merveilleuse condition vivante et pensante, capable de bonheur, d'harmonie croissante avec le monde entier. Le bonheur du philosophe accompli réside principalement dans un amour de soi qui naît de ce qu'il considère sa puissance d'agir dans la possession des vertus et qu'il en éprouve constamment une joie. « La satisfaction de soi est en fait le suprême bien que nous puissions espérer [15] », écrit Spinoza. Car ce bonheur de fond nous permet de supporter avec sérénité tous les événements et d'admettre le tragique de toute réalité avec courage, sans tomber dans la naïveté de l'optimiste et l'amertume du pessimiste. Certes la vie est irrémédiablement tragique, mais nous pouvons y trouver le bonheur si nous ne le cherchons pas ailleurs que dans les joies présentes. L'éthique implique de penser le bonheur comme un état réalisable, toujours possible, et ne dépendant pour l'essentiel que de soi. Lorsqu'il advient, le bonheur se présente comme un affect d'amour extrêmement profond. Cet amour naît et se déploie depuis le centre de notre être comme une joyeuse énergie vitale ressentie et reconnue comme une satisfaction totale, solide, stable, attachée à l'ensemble de notre vie, malgré ses aspects douloureux. Ce bonheur peut être plus ou moins intense, car il varie quand même en fonction des événements et de la santé physique et psychique du moment. Mais il est toujours appréhendé comme un puissant amour de soi et de la vie, comme une relation jouissive avec soi-même, avec les autres et avec le monde. Seul donc est véritablement heureux celui qui peut penser son

15 Spinoza, *Éthique*, IV, 52,sc.

bonheur sur fond de lucidité, par et dans la connaissance. C'est pourquoi on est d'autant plus à même de savourer son bonheur qu'on est plus lucide, plus sensible, plus conscient de soi et du monde : plus philosophe. La manière la plus simple de désigner cet affect est de parler de joie sereine. La sérénité est simplement une joie libérée de toute tristesse, frustration, insécurité, crainte, envie, déception, une joie qui n'est accessible qu'au philosophe suffisamment avancé dans la connaissance.

« L'homme ordinaire n'a pas la maîtrise de son bonheur, lequel survient ou échappe à la faveur, ou défaveur, des événements, écrit M. Conche. Ce n'est là qu'un bonheur de surface, bonheur instable, faute d'un bonheur de fond, d'un bonheur stabilisateur. Le philosophe voit la condition de tous les bonheurs de la vie qui ne sont pas simplement de surface dans un bonheur de fond, une sérénité essentielle, laquelle se fonde sur l'intelligence philosophique du monde et de la vie [16]. »

Et le malheur ? On peut le définir, à l'inverse du bonheur, comme une insatisfaction totale, un sentiment de déception, d'échec, de déchéance, une tristesse associée à la totalité de sa vie. Un homme est malheureux quand il ne ressent plus en lui l'espoir ni le désir d'être heureux un jour. Il n'est plus conscient que de son impuissance face au tragique. La plupart du temps, les hommes ne sont ni vraiment heureux ni vraiment malheureux. Ils éprouvent à la fois des joies et des tristesses et se forment d'eux-mêmes et de leur vie une idée à peu près supportable, grâce à l'espoir.

Nous pouvons à présent mieux formuler la question de l'éthique : comment vivre en réalisant, non pas tous mes désirs, mais seulement mon désir de bonheur ? Comment être pleinement satisfait de moi et de mon existence, autant que cela est possible pour l'être humain que je suis, et dans ce monde, avec sa part irrémédiable de souffrances, avec mes défauts, ma malchance ? Comment éprouver cette joie sereine, suprême et incessante ? Est-ce possible ? Parce que le bonheur n'est rien d'autre que la joie du désir se réalisant, nous devons étudier à présent le rapport entre le désir et la joie.

16 CONCHE, *op. cit.*, « Le bonheur », p. 52.

# III

## Le désir et la joie

Pour les pessimistes, le bonheur est impossible par définition pour une raison simple : il serait dans l'essence du désir humain d'être insatiable, jamais rassasié, impossible à combler. Il est vrai qu'ils ont l'étymologie avec eux. Le mot désir a en effet pour racine latine *desiderare*. À l'origine, ce terme appartenait au langage des augures : *sidus* signifie astre ; *considerare*, c'est contempler un astre ; *desiderare*, c'est regretter son absence. Le sens étymologique de désir est le regret d'un astre disparu. La nostalgie d'une étoile. Le désir serait donc toujours la conscience d'un manque, une souffrance liée à la nécessaire absence de son objet. De Platon à Sartre, de nombreux philosophes ont accepté cette idée. « Nécessairement celui qui désire désire une chose qui lui manque et ne désire pas ce qui ne lui manque pas, écrit Platon. Ce qu'on n'a pas, ce qu'on n'est pas, ce dont on manque, voilà les objets du désir et de l'amour [1]. »

« Que la réalité humaine soit manque, l'existence du désir comme fait humain suffirait à le prouver, renchérit Sartre. Le désir est manque d'être, il est hanté en son être le plus intime par l'être dont il est désir [2]. »

Mais réduire le désir au manque, n'est-ce pas rater son essence ? Il est vrai que tout désir est désir de quelque chose. Mais il est faux d'affirmer que la chose désirée est toujours manquante, et qu'un désir est par nature insatiable. La conscience du manque peut accompagner un désir, il n'est pas son essence. Pour mieux comprendre la nature du bonheur, il faut dégager

1 PLATON, *Le Banquet*, 200a, 200e.
2 SARTRE, *L'Être et le Néant*, p. 112.

l'essence positive du désir et évacuer le préjugé selon lequel le désir doit être détruit parce qu'il est par lui-même cause de servitude et de malheur. « Ce n'est pas par la satisfaction des désirs que s'obtient la liberté, dit Épictète, mais par la destruction du désir [3]. » « Plus le désir avance, plus la possession véritable s'éloigne, écrit également Proust. De sorte que si le bonheur, ou du moins l'absence de souffrance, peut être trouvé, ce n'est pas la satisfaction mais la réduction progressive, l'extinction finale du désir qu'il faut chercher [4]. »

Mais ce dont parlent Platon, Sartre, Épictète et Proust n'est pas le désir en général. C'est une forme particulière du désir, qu'on doit appeler l'avidité. Ce n'est pas le désir qu'il faut supprimer en nous, c'est le sentiment de manque. Quelle est l'origine du manque ? Ce n'est pas le désir, mais l'illusion qui l'accompagne. C'est elle qu'il faut détruire, parce qu'elle transforme notre désir en avidité, l'*éros* en *pathos*. L'avidité s'oppose à la réalisation de l'amour, à la liberté et au bonheur, non le désir. Car le désir est la condition de la joie. Aimer, c'est réaliser son désir d'aimer. Être heureux, c'est réaliser son désir de bonheur. Mais ni l'amour ni le bonheur n'abolissent le désir. Au contraire. Le désir est nécessaire à l'amour, nécessaire au bonheur. Il est fondamentalement bon. Il ne doit pas être détruit mais encouragé et fortifié, purifié et développé sous sa forme saine et équilibrée, parce qu'il est en réalité l'essence même de notre être : « Le désir est l'essence même de l'homme, écrit Spinoza, c'est-à-dire l'effort par lequel l'homme s'efforce de persévérer dans son être [5]. » Le désir n'est pas essentiellement la conscience d'un manque mais l'affirmation d'une puissance [6]. Il n'est autre que la conscience de notre énergie vitale. Un désir peut se fixer sur un objet inaccessible et s'accompagner d'un sentiment de frustration, de souffrance, de peur. Dans ce cas seulement il est ressenti comme un manque. Mais le désir est en lui-même la prise de conscience d'une puissance créatrice, d'une faculté d'agir, de penser, d'aimer. C'est une force productrice de réalité. Une puissance. Cette notion de puissance possède un sens très précis. Elle désigne une

3 ÉPICTÈTE, *Entretiens*, IV, chap. I, conclusion.

4 PROUST, *À la recherche du temps perdu : Albertine disparue.*

5 SPINOZA, *Éthique*, IV, prop. 18, dém.

6 Voir l'article de COMTE-SPONVILLE, « Spinoza contre les herméneutes », 1. Une théorie du désir débarrassée du manque, *Une Éducation philosophique.*

énergie disponible pour accomplir un effet, par exemple créer un mouvement du corps (une action) ou un mouvement de l'âme (une idée), mouvements qui peuvent s'accompagner d'une variation affective (un affect). Le concept qui correspond à la mise en mouvement d'une matière est *psuché* ou *anima* : l'âme. Depuis Descartes, nous avons l'habitude d'opposer le corps matériel à l'âme spirituelle, mais la notion d'âme ne doit pas être traduite ici par âme au sens d'une substance immatérielle. Elle doit être pensée au sens d'Aristote : la vie, le principe intérieur par lequel une chose est mise en mouvement par son énergie propre. L'âme est la force de vie qui meut un individu à la fois comme corps et comme esprit, depuis le cœur de son être. Mais mieux vaut sans doute parler de *conatus* plutôt que d'âme, car cette dernière implique un finalisme qui contredit le caractère indéterminé du désir. Le concept de *conatus* désigne la force existentielle qui fait agir un être pour sa conservation et son accroissement de puissance. Rapporté à l'âme seule, dit Spinoza, il prend la forme de la volonté. Rapporté à la fois à l'âme (la conscience) et au corps, il prend la forme de l'appétit. Ainsi le désir n'est-il autre que l'appétit conscient de lui-même. Volonté, appétit et désir ne sont rien d'autre que la manifestation de la vie en nous comme force immanente à notre être. Même sous sa forme impuissante et pathologique, même dans l'avidité, un désir exprime la puissance de la vie en nous.

Quelle est l'origine de cette force ? Aucune origine : le désir est l'expression même de la nature en nous. Il est la présence individuée de la puissance universelle de la nature qui fait naître, croître et agir toutes les choses du monde. La nature est la puissance universelle qui meut le monde, le désir est la puissance singulière qui meut un être. Chaque être est défini par son degré de puissance et donc par l'intensité de son désir. Le sage possède la puissance vitale maximale parce que l'énergie de son désir exprime harmonieusement sa nature dans ses pensées et ses actions. Le fou possède une puissance minimale parce que sa volonté et ses actes n'expriment pas sa nature mais des forces qui lui sont extérieures. À la naissance, cette puissance est surtout un ensemble de potentialités, de virtualités. Avec l'éducation, cette énergie se développe dans un sens plus ou moins actif et génère des passions ou des vertus. Le *conatus* n'est pas un principe abstrait ou une force occulte. Il est la puissance singulière que nous ressentons à l'intérieur de notre être, dans chaque idée, chaque désir, chaque volition. Le *conatus* est cette tendance à sentir, à agir et à penser qui est absolument unique pour chaque être, à chaque instant. Sa force peut se déployer à travers une multitude de formes. Mais tout désir et toute volonté tendent à l'accomplissement de l'être, à le faire aller vers toujours plus de perfection, à lutter toujours contre ce qui le freine et l'entraîne vers la souffrance et la disparition. Chaque être fait effort pour accroître sa puissance d'être et accomplir son essence. Pour l'homme, cet accomplissement n'est pas d'atteindre un but fixé à l'avance, mais de tendre vers une finalité ouverte, génératrice de bonheur. La finalité du *conatus* individuel est de réaliser pleinement son humanité par la pensée, mais aussi par le développement harmonieux de tout son être, son corps, sa sensibilité, à travers le déploiement d'actions créatrices. Lorsque nous actualisons notre puissance vitale, que nous réalisons notre essence, que nous agissons conformément à notre nature, alors surgit la joie active, la joie d'être en accord avec nous-même, en accord avec la vie en nous. Et nous ne sentons alors aucun manque. Parce que nous sentons la puissance de la vie se réaliser en nous. Tout désir qui se réalise s'accompagne de joie, et cette joie n'est autre que la prise de conscience locale de la joie fondamentale de vivre. Tout être vivant possède ce savoir-là, le savoir jouir, comme il possède le savoir souffrir. Je ne souffre que si mon action ne me permet pas d'accomplir mon essence, si je subis une force extérieure qui diminue ma puissance d'agir, qui contrarie mon *conatus* et réduit ma conscience de moi-même et du monde.

Il est dans l'essence même de la vie de s'accroître par un effort incessant d'adaptation, de lutte pour la vie et pour la joie selon un critère immanent à la vie elle-même. La vie est l'unique principe de l'éthique car « elle sait que c'est elle qui confère de la dignité aux choses, écrit Nietzsche, elle est créatrice de valeurs [7] ».

Le bonheur quotidien résulte de la réussite renouvelée de cet effort d'intensification de la vie, de ce combat permanent contre ce qui nous blesse et nous détruit. Comment relier l'idée du bonheur comme joie sereine avec l'idée d'effort, voire de lutte

7 NIETZSCHE, *Par-delà le bien et le mal*, in *Œuvres*, II, p. 183. Cf. les analyses de HENRY dans *Généalogie de la psychanalyse*, chap. VII, « Vie et affectivité d'après Nietzsche ».

et de combat ? C'est que l'effort n'est pas la souffrance. Que se passe-t-il lorsque je fais un effort ? Je mobilise mon énergie et mon savoir pour réaliser un désir par une action. Si cette action correspond à mon désir et qu'elle réussit grâce à mon savoir, je serais alors à la fois dans l'effort, dans la dépense d'une énergie musculaire ou intellectuelle, mais aussi dans la joie, la satisfaction intérieure de sentir ma puissance s'actualiser. Toute joie résulte de la satisfaction d'un désir par une action adaptée. Adaptée au monde, mais surtout adaptée à moi, à ma nature. Nous retrouvons là le mot d'ordre des sages de l'Antiquité grecque : « Vivez en accord avec la Nature. »

La joie n'est autre que le sentiment qui s'épanouit lorsque nous vivons en accord avec notre nature, avec la nature entière en nous et hors de nous. Ainsi, sauf dans des cas pathologiques, le désir ne manque pas d'objet. Il est au contraire puissance objective, puissance de réaliser des objectifs : « Les révolutionnaires, les artistes, les voyants se contentent d'être objectifs, rien qu'objectifs, écrit Deleuze : ils savent que le désir étreint la vie avec une puissance productrice, et la reproduit d'une façon d'autant plus intense qu'il a peu de besoin [8]. » Ainsi le véritable but du désir selon la nature n'est-il pas d'atteindre un objet extérieur à soi, mais de s'éprouver comme joie dans un acte évolutif dont Bergson a bien montré l'essence vitale et créatrice : « Les philosophes qui ont spéculé sur la signification de la vie et sur la destinée de l'homme n'ont pas assez remarqué que la nature a pris la peine de nous renseigner là-dessus elle-même. Elle nous avertit par un signe précis que notre destination est atteinte. Ce signe est la joie. Je dis la joie, je ne dis pas le plaisir. Le plaisir n'est qu'un artifice imaginé par la nature pour obtenir de l'être vivant la conservation de la vie. Il n'indique pas la direction où la vie est lancée. Mais la joie annonce toujours que la vie a réussi, qu'elle a gagné du terrain, qu'elle a remporté une victoire : toute grande joie a un accent triomphal. Or, si nous tenons compte de cette indication et si nous suivons cette nouvelle ligne de faits, nous trouvons que partout où il y a joie, il y a création : plus riche est la création, plus profonde est la joie [9]. »

8 Deleuze, Guattari, *L'Anti-Œdipe*, p. 35.
9 Bergson, *L'Énergie spirituelle*, « La conscience et la vie », p. 24.

Toute joie est le fruit d'une action accordée à la nature, et cette action est nécessairement une création, parce que la nature n'est pas une chose, mais l'énergie créatrice de toute chose, active dans toute vie. Qu'est-ce qu'une joie ? C'est un sentiment de satisfaction qui tend à emplir notre conscience dans sa totalité. La joie est une réjouissance spirituelle. Elle peut être plus ou moins puissante, plus ou moins totale. On peut s'aider ici de Spinoza et distinguer les joies partielles, liées au fait qu'une partie de notre être est plus affectée que les autres, et les joies générales, qui correspondent à un accroissement global de notre puissance, notre énergie intérieure, notre sérénité [10]. Lorsqu'elle se limite à une partie de notre être, à la satisfaction d'un sens, d'un besoin, d'un désir particulier, la joie est partielle, et on peut l'appeler plaisir. Lorsque la joie nous affecte d'une façon générale, lorsqu'elle est totale, nous pouvons l'appeler gaieté ou allégresse. Mais ces distinctions conceptuelles ne sont pas rigides. Plaisir, gaieté et joie désignent divers modes d'une même expérience agréable de l'existence. Cependant, le processus reste identique. La joie est un affect qui correspond à un accroissement relatif de notre puissance d'être. Elle advient lorsque, suite à un événement, une action, une pensée, une rencontre, notre être passe à un degré supérieur de perfection. L'essentiel est de distinguer les joies passives (dont la cause est extérieure) et les joies actives (dont la cause est intérieure). Une joie est active lorsqu'elle a pour cause ma nature, la puissance de mon être, mon essence. Elle apparaît lorsque je réalise un désir qui exprime mon être, lorsque j'atteins un objet que je comprends comme nécessairement bon. C'est la joie d'être vertueux, la joie de penser selon la raison, de vivre selon mon désir, d'aimer selon mon essence. J'éprouve une joie active lorsque je réalise un désir en me sentant en plein accord avec moi-même. C'est le cas de toutes les activités que je connais adéquatement comme cause certaine de joie, dans la philosophie et l'amitié, et tout ce qui contribue à l'art de vivre dans l'amour et la sagesse : sciences, jeux, arts... À la différence des joies passives, toute joie active s'accompagne d'un sentiment de liberté. Un homme est en effet d'autant plus libre et plus heureux qu'il agit par la seule nécessité de sa nature et est déterminé à agir du fait qu'il comprend. Les joies actives peuvent

10 Spinoza, *op. cit.*, III, prop. 11, sc.

être plus ou moins intenses, pures, nobles, profondes, solides, éphémères... Nous pouvons avoir des joies actives de toutes origines : joie de la connaissance, joie de l'action, joie de la relation à l'autre, joie de la création, de la contemplation... Mais toutes s'accompagnent d'un sentiment de liberté. En fait, il y a autant de joies que de causes possibles de joie, et tout peut être cause de joie. Seule la joie qui naît de la raison est absolument bonne, parce qu'elle ne peut avoir d'excès, ne peut être liée à des illusions sur soi et sur l'objet aimé. Mais toute joie est bonne parce qu'elle est une affirmation de notre présence au monde. Une augmentation de perfection. Le signe de la réalisation de notre désir essentiel. Et peut-être la principale source d'étonnement ontologique : « Dans la joie extrême, remarque Bergson, nos perceptions et nos souvenirs acquièrent une indéfinissable qualité, comparable à une chaleur ou à une lumière, et si nouvelle qu'à certains moments, en faisant retour sur nous-mêmes, nous éprouvons comme un étonnement d'être [11]. »

La sagesse n'est autre que le savoir réaliser ses désirs nécessaires au bonheur. Il est le savoir-faire qui nous permet d'être en accord avec la nature et d'éprouver une majorité de joies actives par la pratique des vertus. Savoir manger, savoir travailler, savoir parler, savoir penser, savoir aimer, savoir habiter, savoir être. En une formule : le savoir-vivre. Tous ces savoirs dépendent d'une écoute. La sagesse est un savoir écouter la nature, le logos, le désir, la « grande raison du corps » dont parle Nietzsche. Le corps nous demande à tout moment de faire ce qui peut nous satisfaire pleinement. Que nous demande-t-il ? Rien d'autre que cela : faire tout ce qui peut nous donner de la joie, une joie sereine, une joie d'être en équilibre, en accord avec soi et le monde. Cette joie équilibrée n'est possible que si nous vivons, pensons, et agissons en accord avec les lois de la nature, c'est-à-dire les lois de notre désir. Et c'est pourquoi il nous faut philosopher. Là se trouve toute la sagesse d'Épicure, que nous pouvons choisir ici pour guide [12].

Le premier enseignement de la nature, c'est que le plaisir est naturel, alors que la douleur est antinaturelle. C'est pourquoi le

11 BERGSON, *Essai sur les données immédiates de la conscience*, p. 8.

12 Cf. ÉPICURE, *Lettres et Maximes* ; BRUN, *L'Épicurisme* et *Épicure et les épicuriens* ; SALEM, *Épicure, lettres* ; CONCHE, *Lucrèce*.

plaisir est le fondement du bonheur. « Le plaisir du ventre est le principe et la racine de tout bien, c'est à lui que se ramènent les biens spirituels et les valeurs supérieures [13]. » Par plaisir, il faut entendre le bien sensible, vécu comme tel par le corps : « Pour ma part, je ne sais ce qu'est le bien si l'on écarte les plaisirs de la table, ceux de l'amour et tout ce qui charme les oreilles et les yeux. »

La sagesse commence par la reconnaissance que le bonheur est à chercher dans le plaisir, la jouissance concrète de l'existence, par notre corps. Mais le bonheur ne consiste pas dans n'importe quel plaisir. De quelle jouissance s'agit-il exactement ? Épicure répond avec précision dans sa lettre à Ménécée : par jouissance, il ne faut pas entendre les plaisirs déréglés ni les jouissances luxurieuses des débauchés, mais exclusivement l'état de bien-être qui résulte de la satisfaction des désirs naturels et nécessaires, accomplis selon la raison. Manger, boire, dormir, aimer, agir comme il convient pour ne plus souffrir, voilà qui nous ouvre les portes de la santé du corps et la paix de l'âme. Éprouver la joie de vivre en bonne santé, dans un équilibre total, telle est la condition première du bonheur véritable. Plutôt que d'imaginer un bonheur de rêve, compliqué et lointain, nous devons nous soumettre aux besoins du corps, de notre corps. Car le corps sait spontanément distinguer ce qui est bon et nous donne de la joie de ce qui est mauvais et nous donne de la tristesse. Le corps est la réalité fondamentale. Il possède le critérium de la valeur, qu'Épicure appelle l'évidence sensible. Le critère du bon et du mauvais se trouve dans la sagesse spontanée du corps vivant, la raison immanente à notre vie intérieure, par laquelle l'esprit sent sans réfléchir qu'il préfère immédiatement l'agréable au désagréable, le plaisir à la douleur, la sécurité à la peur, la beauté à la laideur... La sensation révèle déjà dans le *pathos* que la nature cherche le plaisir et fuit la douleur : « Cela se sent, dit Épicure, comme on sent que le feu est chaud, la neige est blanche, le miel est doux, toutes impressions qu'il n'est pas nécessaire d'appuyer de raisonnements compliqués [14]. »

Qu'est-ce qui sépare l'accumulation des plaisirs, toujours partiels et éphémères, de l'expérience du bien souverain ? Notre

13 Brun, *Épicure et les épicuriens*, p. 136.
14 Épicure, *Lettres et Maximes*, p. 62.

sagesse pratique spontanée indique sans erreur la voie du plaisir, mais elle échoue à atteindre le bonheur, le plaisir complet. Et c'est précisément pourquoi il nous faut philosopher : si le plaisir est le bonheur des fous, le bonheur est le plaisir des sages. Mais il ne s'agit pas du même plaisir, ni du même bonheur. Seul le plaisir du sage ne manque de rien, et c'est ce qui fait de lui le bonheur réel.

Le bonheur ne manque de rien, parce qu'il consiste dans des « plaisirs purs », des plaisirs qui ne sont pas habités par la souffrance, la frustration, le manque. Pour les éprouver, il suffit de satisfaire nos seuls désirs nécessaires. Alors nous atteignons le plaisir en repos du corps, l'absence de souffrance physique, et le plaisir en repos de l'âme, l'absence de troubles psychologiques. Le bonheur n'est donc qu'un plaisir, une sensation, mais c'est un plaisir total, pur, équilibré, qui se distingue radicalement des « plaisirs en mouvement » toujours partiels, toujours impurs. Épicure appelle « en mouvement » les plaisirs instables qui résultent de la réduction d'une tension, du soulagement d'une souffrance, de la satisfaction progressive d'un besoin (manger en ayant faim, boire en ayant soif, agir en état de manque...). Ces plaisirs ne sont pas mauvais (tout plaisir est bon par lui-même), mais ils ne peuvent satisfaire notre esprit, ils ne donnent pas par eux-mêmes le bonheur parce qu'ils impliquent une avidité. Le bonheur advient quand on est libéré de l'avidité envers les plaisirs impurs. Il n'est rien d'autre que le plaisir stable du corps-esprit et son unique condition est la suppression du manque. Épicure n'est pas un moraliste : un « plaisir impur » n'est pas un « plaisir défendu », le résultat d'un « péché » interdit par une morale quelconque. Il désigne seulement un plaisir qui s'accompagne d'une impureté, c'est-à-dire d'une souffrance, d'une peur, d'un manque. Manger quand on a faim, travailler pour atteindre un but, chercher les plaisirs de l'amour, c'est toujours obtenir un plaisir, une satisfaction bonne en elle-même. Mais tant qu'elle ne comble pas notre conscience, la satisfaction partielle reste une entrave au bonheur. Le bonheur est donné par la présence du plaisir total : ce n'est pas manger pour le plaisir, mais jouir de ne pas avoir faim ; pas travailler pour le gain, mais être actif et en repos ; pas faire l'amour pour la volupté, mais ressentir la pure joie d'aimer. Parce que le sage vit sans trouble, dans le plaisir total, il est libre à l'égard des plaisirs. Il ne goûte que ceux qui s'accordent avec son bonheur et méprise les autres sans mal. L'épicurien ne reproche pas au débauché de rechercher le plaisir, mais de ne pas le chercher assez rigoureusement, de ne pas mettre assez d'art dans sa quête, de s'attacher à des plaisirs qui amènent plus d'inconvénients que d'avantages. Le seul plaisir digne d'être cherché est celui qui résulte d'une absence de déséquilibre ou d'un rétablissement de l'équilibre. Sinon, tant qu'il y a souffrance, il y a insatisfaction. L'insatisfaction conduit le non-sage à chercher un plaisir compensatoire, un objet d'apaisement. Cherchant sans discernement les plaisirs en mouvements, il satisfait des désirs non nécessaires au bonheur et obtient de nouveaux plaisirs en mouvement accompagnés de nouveaux manques, de troubles, de souffrances. Et jamais il n'atteint le bonheur. La disposition du non-sage est l'inquiétude, l'avidité pour ce bonheur qu'il croit lointain alors qu'il est tout proche. Celle du sage est la quiétude, la confiance inébranlable dans sa capacité à ressentir le bonheur : l'équilibre parfait du corps et de l'âme, permis seulement par la non-douleur du corps et le non-désordre de l'âme. L'élément capital du bonheur est donc l'assurance en soi, la sérénité qui ne peut être donnée que par la philosophie. Ce n'est pas du désir qu'il faut se libérer pour atteindre la joie sereine, mais de l'ignorance des moyens de sa réalisation. Il faut se libérer du désir d'un bonheur imaginaire et connaître les conditions du bonheur réel.

« Si le bonheur est possible, écrit Comte-Sponville (et Épicure nous dit plus : qu'il existe, qu'il l'a vécu, et c'est ce sur quoi tous les sages à peu près s'accordent), si le bonheur est possible, donc, il suppose une conversion du désir, et c'est cette conversion qu'on appelle la sagesse : désirer, non plus ce qui nous manque (ce qui est la voie du malheur ou de la religion : Platon, Pascal, Schopenhauer...), même pas ce que nous avons (puisque nous pouvons le perdre), même pas ce que nous sommes (puisque nous le sommes), mais ce que nous vivons, connaissons ou faisons. C'est le point essentiel, sur quoi se rejoignent les deux grandes sagesse d'Occident, l'épicurienne et la stoïcienne, et que l'Orient, à sa façon, confirme. Il s'agit de désirer le réel – de l'aimer, si l'on peut, de l'accepter, si l'on ne peut pas –, tel qu'il est, au lieu de le refuser toujours pour désirer l'irréel. Le bonheur est simple comme bonjour, et c'est pourquoi il est difficile : il n'est qu'un grand oui au monde et à la vie [15]. »

Comment faire concrètement ? Comment atteindre la sérénité, abolir le manque et réaliser pleinement notre amour de la vie ? Pour y répondre dans le détail, nous devons à présent analyser les différents types de désirs.

15 Comte-Sponsille, *Une Éducation philosophique*, « Le bonheur ».

# IV

## Analyse épicurienne des désirs

Il existe deux grandes sortes de désirs : les désirs naturels (*physikai*), qui ont pour origine la vérité, la conformité à la nature, et les désirs vains (*kenai* : vides, sans objet), qui ont pour origine une opinion contraire à la nature. Parmi les naturels, il y a ceux qui sont nécessaires et ceux qui ne sont que naturels. On aboutit ainsi à une classification simple de tous les désirs sans exception.

| | | |
|---|---|---|
| Désirs naturels | nécessaires | a) à la vie elle-même<br>b) au bien-être du corps<br>c) au bonheur |
| | seulement naturels | a) sexuels et érotiques<br>b) ludiques<br>c) esthétiques |
| Désirs vains (vides, sans objet) | | indéfinis et infinis... |

L'éthique épicurienne est simple : il suffit de satisfaire en priorité ses désirs naturels et nécessaires pour parvenir au bonheur. Pourquoi ? Précisément parce que la satisfaction active de ces désirs, d'abord génératrice de plaisirs en mouvement, a pour effet de produire un équilibre parfait en nous, qui nous délivre de l'avidité des désirs vains et produit une sérénité qui comble exactement les besoins de notre esprit. En satisfaisant exclusivement les désirs nécessaires, nous nous approchons très vite d'un état corporel et intellectuel caractérisé par l'absence de sentiment de manque. Et le bonheur n'est rien d'autre qu'un plaisir en repos de l'âme, une jouissance sans manque de son être en accord avec la réalité tout entière.

Le plaisir en repos de l'âme est fondé sur deux conditions négatives : l'absence de douleur dans le corps (les besoins et les désirs sont satisfaits) et l'absence de troubles de l'âme (les peurs et les soucis sont éliminés). La meilleure façon de comprendre la logique de l'éthique épicurienne est d'analyser un à un ces différents types de désirs.

**Les désirs naturels et nécessaires**

a) *Les désirs nécessaires à la vie : boire, manger, dormir*

La première cause du malheur est la souffrance due à la faim, la soif, la fatigue. C'est elle qu'il faut d'abord supprimer : il s'agit de restaurer notre nature, de compenser les pertes d'atomes et d'énergie inhérentes à notre espèce ; il faut choisir la nourriture et le rythme de vie qui permet la santé, entraînant l'état d'équilibre du corps dans toutes ses parties. Avec de l'eau et des galettes de céréales, le plaisir en repos du corps peut être total, l'absence de faim et de soif étant le seul but de ces désirs. Ce régime ne nous privera-t-il pas de plaisir ? Non, car « les mets simples donnent un plaisir égal à celui d'un régime somptueux, une fois supprimée la douleur qui vient du besoin : et du pain d'orge et de l'eau donnent un plaisir extrême lorsqu'on les porte à sa bouche dans le besoin », comme le remarque Épicure. De plus, délivrés du besoin, nous goûtons d'autant plus les nourritures savoureuses lorsqu'elles se présentent...

b) *Les désirs nécessaires au bien-être du corps*

Il s'agit des désirs ayant pour but la protection contre le froid, les intempéries, les dangers naturels, les maladies. Quelques vêtements, une maison rudimentaire dans un lieu agréable, une hygiène suffisante et une bonne diététique suffisent. Dès que l'homme peut satisfaire ces deux sortes de désirs (et un minimum d'argent et de travail, dans une société possédant un minimum de civilisation, le permet aisément), la santé du corps est obtenue, et le travail, l'argent, le progrès matériel ne contribuent plus en rien au bonheur. Le bonheur ne dépend alors plus que de la philosophie, telle qu'Épicure la découvre et l'enseigne aux hommes : non du progrès matériel, industriel, technique, scientifique, culturel, mais seulement de la connaissance élémentaire de la nature qui permet une totale sérénité et une véritable paix entre les hommes. Cette connaissance correspond à la troisième sorte de désirs.

c) *Les désirs nécessaires au bonheur : la philosophie*

Le désir de sagesse propre à la philosophie a déjà été étudié dans la première partie. J'y ai déjà montré en quel sens il était naturel et nécessaire au bonheur. L'éthique épicurienne permet de reprendre l'essentiel de ces analyses. S'il faut philosopher, dit Épicure, c'est parce que l'homme civilisé n'écoute pas la nature (le logos), qu'il en a une idée fausse et qu'il ne vit pas selon la vérité. Il vit en donnant libre cours aux désirs d'opinions, vides et vains. Il s'éloigne alors de la nature. Tourmenté par des pensées délirantes, il est en proie à la peur imaginaire des dieux, de l'avenir et de la mort, et se consacre à la poursuite immodérée et imprudente de biens et de richesses dont il n'a nul réel besoin. C'est pour régler notre désir que nous avons besoin de la philosophie. Elle seule peut rendre le bonheur possible, en nous libérant de la maladie de l'âme, l'illimitation du désir : l'avidité, le *pathos*. Le caractère illimité du désir ne vient pas de notre essence, mais de notre ignorance de la nature, en particulier de notre nature humaine. Car sont illimités les désirs qui, n'étant pas fondés sur la connaissance de notre essence, ne peuvent lui convenir. La philosophie a donc pour but de faire connaître la nature, par l'explication rationnelle de tout ce qui existe. Le seul moyen du bonheur est la physique (qui inclut la médecine, la physiologie et la psychologie). Cette connaissance est absolument nécessaire parce qu'elle élimine d'abord la crainte majeure des hommes : la peur des êtres surnaturels et la peur de la mort, qui suscitent la superstition, avec son cortège de désirs délirants et d'angoisses existentielles sans fondement. Elle apporte ensuite la connaissance de ce qui est véritablement nécessaire au bonheur : la connaissance de soi, base de la libération des passions qui permet l'absence de douleur, l'absence de troubles psychiques, et la recherche des plaisirs purs, le développement de la santé, la sérénité, la sagesse et l'amitié. La philosophie comble ainsi notre désir naturel le plus profond et le plus élevé : celui d'être heureux non seulement par la jouissance des plaisirs du corps, mais aussi et surtout de ceux du cœur et de l'esprit. Le plaisir en repos est donné par la satisfaction des deux premiers désirs nécessaires, mais la joie suprême vient de la pratique de la philosophie, comme connaissance de la nature et jouissance active de la vie harmonieuse partagée avec les autres hommes. De plus, la pratique de la philosophie comble notre besoin de sens. Car la satisfaction progressive de ce désir nous fait comprendre que la vie n'a pas de but transcendant mais un sens immanent au présent : la conquête du bonheur par la connaissance du monde, dans une évolution permanente. C'est parce que la plupart des désirs qui agitent les hommes ne sont pas nécessaires au bonheur qu'ils sont éliminés par le philosophe comme des passions nocives, issues de l'ignorance et de l'imagination. Grâce à la philosophie, nous vivons toujours plus en amitié avec nous-même. Nous éprouvons alors la sérénité qui vient de la joie intérieure (la *philautia*, la *philia* envers soi-même), une joie qui s'accompagne à la fois de fierté et d'humilité, de puissance et de douceur, de turbulence et d'équilibre, de confiance et d'ouverture aux autres. Alors nous pouvons mieux partager nos joies avec les autres, proches et lointains (la *philia* réciproque). Le désir de la philosophie enveloppe donc le désir de paix, le désir de concorde, le désir de bienveillance, jusqu'à la compassion pour ceux qui ne sont pas heureux. Le désir philosophique instaure spontanément un type de relation pacifique et amical entre les hommes. Le philosophe n'est plus en rivalité avec autrui pour satisfaire ses désirs, car il est libéré de l'ambition, de la volonté de dominer, du désir de puissance, de richesse et de gloire, qui découlent tous d'opinions vaines fondées sur la non-possession du bonheur et sur la crainte de la mort. Il désire seulement développer l'entraide et la bienveillance avec tous les hommes, sans distinction. Cette amitié véritable est fondée sur le partage des connaissances et des richesses, par une jouissance en commun du bonheur dont la racine est la seule connaissance de la nature. Le désir de sagesse enveloppe donc l'amour raisonnable des hommes entre eux, à travers l'harmonie avec la nature tout entière. Sont amis ceux qui s'aident à trouver le bonheur, qui s'aident à se libérer des passions et à affirmer leur être dans la pratique des vertus. L'amitié est autant que la connaissance le but du philosophe, parce qu'elle est déjà l'expérience d'un bonheur et qu'elle est de surcroît le meilleur moyen de s'assurer *aponia* et *ataraxia*. Un véritable ami vaut infiniment plus que toute autre chose au monde. C'est pourquoi Épicure peut dire que « de tous les biens que la sagesse nous procure pour le bonheur de cette vie, l'amitié est de beaucoup le plus grand [1]. »

Pour satisfaire ces trois types de désir dans un monde en guerre, Épicure prônait le retrait des philosophes dans un jardin, une communauté d'amis dont l'existence en autarcie assurait toutes les conditions du bonheur : « Pour vivre heureux, vivons cachés ». Nous pouvons aujourd'hui vivre en épicurien sans nous cacher : dans un monde relativement en paix, relativement démocratique, chacun peut vivre comme il le désire, et tous les hommes sont des amis potentiels.

Si chaque jour nous consacrons l'essentiel de notre énergie à la satisfaction des trois désirs naturels et nécessaires, en particulier le désir de philosophie qui nous procure les joies de la science, de l'amitié et de la liberté face aux désirs vains qui tourmentent la foule, nous devenons chaque jour plus heureux. Nous éprouvons une douce joie en pensant à la totalité de notre existence, nous sommes libérés de l'avidité envers ce que nous ne possédons pas, soulagés de l'angoisse du non-sens, affranchis de l'espoir d'un bonheur idéal futur. Que pouvons-nous faire ? Nous avons alors tout notre temps pour aider les autres à construire leur bonheur, et nous pouvons jouir pleinement de l'existence, selon la particularité de notre essence, par un art de vivre. Chaque jour, une fois les désirs primordiaux satisfaits, nous pouvons nous intéresser aux joies innocentes que nous donne la vie en accord avec la nature. Nous pouvons enrichir notre joie de vivre, sur la base de la sérénité et de l'amitié. Nous pouvons cultiver notre jardin, développer les harmoniques de l'art d'aimer, jouir du monde, de notre pouvoir d'agir, de créer, en jouissant de notre liberté heureuse. Une culture du bonheur, voilà ce qui devient possible dès lors que, par la philosophie, nous avons triomphé des désirs vains, des illusions et des passions.

Cette culture du bonheur correspond à une deuxième catégorie de désirs, les désirs naturels mais non nécessaires.

1 ÉPICURE, *Lettres et Maximes*, « Maximes capitales », 27.

## Les désirs seulement naturels

Ces désirs ne sont pas nécessaires à l'équilibre d'un être, mais leur satisfaction est génératrice de plaisirs en mouvement qui ne menacent pas son bonheur de fond, son équilibre, sa santé et sa sérénité. On peut y ranger principalement les désirs sexuels, ludiques et esthétiques.

a) *Les désirs sexuels et érotiques*

En toute rigueur, la satisfaction du désir sexuel n'est pas absolument nécessaire pour celui qui a atteint la sérénité : sa non-satisfaction est compatible avec le bonheur, car elle n'est pas douloureuse et peut aisément se dissiper par une activité physique quelconque, un sport ou un art. Une fois les désirs nécessaires comblés, satisfaire ou non le désir sexuel avec telle ou telle personne relève de la sagesse pratique (la prudence, *phronésis*) qui pèse dans chaque circonstance particulière les avantages et les désavantages de l'acte sexuel : le sage peut satisfaire son appétit sexuel et en savourer la volupté s'il n'en résulte pas de mauvaises conséquences pour son équilibre personnel, et surtout pour son amitié envers lui-même et envers autrui. On peut se demander si le désir sexuel n'entre pas pour une part dans la catégorie des désirs nécessaires à l'obtention du plaisir en repos de l'âme. Mais il est certain que le désir excessif et obsessionnel de la sexualité traduit pour l'essentiel un manque de santé psychique, un désordre affectif. L'avidité sexuelle exprime une passion de l'âme dont l'origine est le manque de liberté intérieure due à une mauvaise éducation. Le philosophe épicurien cherche d'abord à se libérer de ses troubles et satisfait autant que possible sa sexualité dans la perspective d'une jouissance équilibrée des plaisirs de l'amour. Sans leur accorder une importance démesurée, il reconnaît l'importance d'une sexualité épanouie dans l'art de vivre et veille à éduquer ses enfants dans l'amour d'une sexualité saine. Libéré de toute culpabilité morale, de la peur de l'autre et de soi-même, vécu dans le respect de chacun et la libre réciprocité d'un don de soi, le désir sexuel est source de merveilleuses joies. Le philosophe étudie l'érotisme avec autant d'intérêt que la physique. L'éthique implique davantage la science de l'amour et l'art d'aimer que la physique et la métaphysique. L'érotisme n'est pas seulement « la recherche variée de l'excitation sexuelle », comme dit le dictionnaire. Il concerne en réalité l'ensemble de l'existence humaine, car son objet véritable n'est pas la sexualité mais l'amour. Érotique qualifie tout ce qui porte à l'amour, tout ce qui fait naître le désir amoureux : textes, œuvres d'art, actes, paroles. L'érotisme ne qualifie pas un objet ou une pratique, mais une situation existentielle à la fois physique, affective et spirituelle. Il y a émotion érotique lorsqu'un être fait une expérience très particulière, qu'Alberoni appelle à juste titre « l'état naissant [2] ». De quelle naissance s'agit-il ? Est érotique tout ce qui nous fait naître à l'amour, tout ce qui produit en nous cette émotion extraordinaire qu'est l'amour, la joie et le désir de joie. L'érotisme enseigne que rien n'a plus de valeur dans l'acte sexuel que la joie partagée librement avec l'autre. La connaissance érotique entre pour une part dans le cadre des sciences humaines, en particulier la psychologie. Mais elle implique surtout une connaissance non scientifique de soi et de l'autre. L'art d'aimer consiste à savoir donner et recevoir des joies physiques, sensorielles, sensibles, sensuelles et charnelles. La maîtrise de cet art implique d'abord une connaissance pratique du corps, un épanouissement de la sensibilité, de la sensualité et du goût, un art du baiser, de la caresse, du massage, de la danse, de la parole. Ces qualités nécessitent une pratique, une expérience directe et spontanée, un savoir-faire, une sagesse pratique. Mais elles impliquent aussi la philosophie dans la mesure où elles sont nécessairement fondées sur les vertus de prudence, de tempérance et de générosité. La tempérance est tout simplement l'art de jouir. L'homme est tempérant lorsqu'il sait modérer ses désirs de manière à augmenter la qualité de sa jouissance. Quant à la générosité, on pourrait la définir ici comme l'art de faire jouir. Est généreuse la personne qui sait trouver sa joie dans le don d'une joie. La plus belle formule de la sagesse érotique est peut-être dans cet aphorisme de Chamfort que Michel Onfray aime à citer : « Jouir, et faire jouir, sans faire de mal, ni à toi, ni à moi, ni à personne, c'est toute la morale [3] ». À moins qu'on ne préfère cet aphorisme non moins provocateur de Senancour : « Jouir, là est toute la sagesse. Faire jouir, là est toute la vertu ». Qu'est-ce que la sexualité, sinon le

2 Alberoni, *L'Érotisme.*
3 Onfray, *L'Art de jouir.*

lieu par excellence de la jouissance et de la réjouissance, de la tempérance et de la générosité ? Lorsqu'il est accompli dans et par amour, l'acte sexuel est un pur don de soi et un total accueil de l'autre. Quand ils font l'amour, deux êtres s'offrent totalement l'un à l'autre dans un pur plaisir partagé, un plaisir en repos d'autant plus voluptueux qu'il a triomphé de la peur et savoure sa liberté. Alliées à la douceur, la tempérance et la générosité se font tendresse. Dans la tendresse, la violence de l'amour physique devient affection apaisée sans pour autant perdre l'ardente intensité du désir ni le bouleversement émotionnel de la rencontre. Car la rencontre érotique est toujours nouvelle. Chaque fois, c'est la première et la dernière fois.

L'art d'aimer n'exclut pas pour autant les joies spirituelles et intellectuelles. Il implique la parole, la poésie, l'humour, la fantaisie et le jeu, pour que la sensibilité et la sensualité se déploient dans une fête renouvelée des sens et de l'esprit, en toute liberté, hors de toute culpabilité. Lorsque le désir sexuel est un pur désir d'amour partagé, lorsqu'il ne cherche qu'à éprouver la joie d'être avec l'autre dans l'harmonie des corps, on peut le nommer chasteté (*castus* signifie pur). La chasteté n'est pas l'abstinence, mais le sommet de l'érotisme. C'est le désir raisonnable du plaisir sexuel, la libido vertueuse, l'*éros* libéré du *pathos*. Vécue dans l'amour véritable, dans la chasteté, la liberté, la pureté, la vertu, la joie sexuelle peut être divine et faire atteindre l'expérience de l'allégresse. La communion sexuelle entre deux personnes devient une splendeur lorsque qu'elle affecte toutes les dimensions de leur être, par un partage total de la personne tout entière – corps, cœur et âme. Elle fait goûter à un plaisir d'éternité, car l'absolu de la volupté sexuelle semble abolir le temps. Dans la communion érotique, nous ne jouissons plus en effet d'un objet extérieur à nous-même, mais de l'acte même qui accomplit notre désir, dans une relation d'ouverture totale à l'autre. Cette ouverture est moins un abandon qu'une confiance, une approbation de la puissance à la fois apaisante et tonifiante de l'amour qui unit deux êtres par-delà leur différences. Dans l'amour physique, l'être jouit directement de sa puissance vitale, en s'enrichissant de la puissance vitale de l'autre. Les amants jouissent alors ensemble de leur vivance, de leur sentiment de vivre. Dans la sexualité accomplie, le corps tout entier devient objet de jouissance spirituelle, de contemplation, dans un total abandon à l'être, à la sagesse vitale du corps. L'expérience de paix infinie ressentie après la joie orgasmique transforme notre rapport au désir. Désirer apparaît comme un bonheur, se sentir exister devient un bonheur. Tous les artistes, tous les religieux, tous les hommes ne cherchent que cet absolu de la joie d'aimer, cette splendeur qui correspond à la perfection existentielle, à la plénitude du sens, à l'accomplissement de la vie. « L'amour n'a d'autre désir que de s'accomplir [4] », écrit Khalil Gibran. Libéré du *pathos*, de la peur et de l'ignorance, intégré à l'amitié, purifié par la vertu et élevé au rang d'un art, le désir sexuel participe donc essentiellement à la joie de vivre et à l'enrichissement du bonheur.

b) *Les désirs ludiques*

On peut appeler jeu toute activité qui possède sa finalité en elle-même. Le désir ludique porte sur les activités dites « inutiles », qui ne visent pas un but extérieur comme le travail mais sont effectuées uniquement pour la joie qu'on en retire. Le désir ludique peut s'exprimer à travers une multitude d'activités spécifiques (les jeux de société, les sports, les jeux du langage, les jeux de l'esprit, la pratique des arts, des sciences et des techniques, l'humour, la comédie...). Il intervient également dans toutes les actions, créations, découvertes, entreprises, dans lesquelles on ne vise pas seulement une utilité extérieure, mais aussi le plaisir de l'acte même. Dans la mesure où il ne crée pas de souffrance, tout jeu est une activité parfaitement naturelle, et c'est pourquoi le philosophe le cultive avec tempérance selon ses préférences, en cultivant l'excellence du plaisir et en évitant toute médiocrité. Quel que soit le jeu, il jouera en respectant les lois de la vie, les lois du corps, les lois du désir, en soi et en l'autre, et enrichira ainsi son bonheur. Tout travail, toute relation, toute activité contraignante peut d'ailleurs s'accompagner de joie dès lors qu'on sait en jouer. Même la situation la plus pénible, même le travail le plus rébarbatif peuvent devenir une occasion de plaisir et de réjouissance lorsque l'esprit sait les transformer en jeux. Avec l'art d'aimer, l'art de jouer est donc aussi un élément essentiel de l'art de vivre.

4 GIBRAN, *Le Prophète*, p. 34.

c) *Les désirs esthétiques*

Par désirs esthétiques, il faut entendre les désirs relatifs au plaisir que donne la contemplation de la beauté dans les choses artificielles ou naturelles. Parce qu'ils enrichissent notre rapport au monde et aux autres sans troubler notre équilibre, ces désirs sont naturels. Les activités artistiques, la création et la contemplation du monde et des œuvres belles contribuent aussi à enrichir indéfiniment notre joie spirituelle, d'une façon toujours renouvelée. La musique, le théâtre, la danse, la sculpture, l'architecture, les arts martiaux, le cinéma, la littérature, la gastronomie sont des sources inépuisables de joie, d'énergie et de culture. La prudence nous permet d'y consacrer l'attention, l'énergie, le temps qui est nécessaire à leur pleine satisfaction, à condition bien sûr qu'ils ne prennent pas la priorité sur les désirs nécessaires. L'art n'est pourtant pas seulement un simple moyen de plaisir. Il participe également à la philosophie dans le sens où il contribue aussi d'une manière fondamentale à la quête de la connaissance. La fonction propre de l'art n'est pas seulement d'amuser et de divertir. C'est la manifestation du réel : le beau est l'éclat du vrai. « Si on l'examine dans son être, écrit Heidegger, l'art est une consécration et un lieu sûr où, d'une façon toujours nouvelle, le réel fait présent à l'homme de sa splendeur jusque-là cachée, afin que, dans une pareille clarté, l'homme voie et entende plus distinctement ce qui se dit à son être [5]. »

On peut donc aussi considérer l'art comme « la tâche la plus haute et l'activité métaphysique proprement dite de cette vie [6] », selon la formule de Nietzsche, au même titre que la philosophie. La pratique régulière d'un art, la production ou la découverte d'une œuvre intensifie notre sentiment de vivre et stimule notre désir de comprendre. L'art est une source d'énergie et de joie, une source d'amour. Il est « le grand stimulant de la vie [7] ». Il augmente en effet la connaissance de soi et du monde, émeut les sources les plus profondes de notre sensibilité, et permet d'approfondir le mystère de la vie. Et, surtout, il développe notre faculté d'émerveillement devant l'extraordinaire beauté du monde minéral, végétal et animal. Sa fonction fondamentale est

5 HEIDEGGER, *Essais et Conférences*, « Science et méditation ».
6 NIETZSCHE, *La Naissance de la tragédie*, préface à Richard Wagner.
7 NIETZSCHE, *Le Crépuscule des idoles*, « Flâneries d'un inactuel », § 24.

« avant tout embellir la vie [8] ». Et notre première œuvre, c'est de vivre, d'admirer et de savourer la vie. Lorsqu'on perçoit sa vie et le monde lui-même comme des œuvres d'art, toute l'existence en est changée : non seulement l'activité quotidienne resplendit, mais la parole devient elle-même esthétique, elle se fait parole pleine, authentique, qui exprime la personnalité profonde du sujet : il s'adresse vraiment à l'autre tel qu'il est. Il n'a plus peur d'être soi, de dire authentiquement « je » à « tu ». Le véritable lieu de l'être, l'expérience la plus haute de l'existence heureuse, est la parole vivante, par laquelle l'âme se dévoile dans la vérité de son être. Loin de tout bavardage, la parole est partage d'intimité, matérialisation du spirituel, manifestation du sens, expression de notre vérité la plus profonde, au plus proche du silence. Le désir de parler dans l'authenticité est aussi un désir nécessaire et naturel. Le don de la parole est une source de bonheur, et le pivot de la civilisation entière, parce que le langage fonde l'humanité, la société, le pacte social, la loi, le dialogue, la science, la tradition, la possibilité même de la culture et de l'évolution, de la paix, de l'histoire, de la religion. La parole permet la fidélité, fondement de toutes les vertus, et le questionnement, fondement de toutes les sciences. Elle s'épanouit dans la générosité, dans le don de sa parole. Elle est le lien entre les hommes, le moyen d'exprimer le réel, de révéler la vérité, de célébrer le sens, de développer la culture et de pratiquer la philosophie.

La satisfaction des désirs sexuels, ludiques ou esthétiques n'est certes pas absolument nécessaire à notre bonheur, mais rien ne s'oppose à ce que nous les goûtions d'une façon équilibrée, une fois les désirs nécessaires satisfaits et le bonheur de fond atteint par la philosophie. Ces trois désirs naturels définissent une culture du bonheur, un érotisme généralisé qui inclut l'art de la sexualité, l'art de jouer et l'art de contempler. On le voit, l'érotisme n'est pas le simple culte de la sexualité, mais l'expression même de la philosophie.

« L'érotisme, écrit Emmanuelle Arsan, ce n'est pas un culte, mais une victoire de la raison sur le mythe. Ce n'est pas un mouvement des sens, c'est un exercice de l'esprit. Ce n'est pas une licence, mais une règle. C'est aussi une science – ou, plutôt, le

8 NIETZSCHE, *Humain , trop humain*, II, § 174.

fruit d'élection, le fruit dernier de la science. Ses lois se fondent sur la raison, non sur la crédulité. Sur la confiance, au lieu de la peur. Et sur le goût de la vie, plutôt que la mystique de la mort. Car notre vie est étrangement simple : il n'y a pas d'autre devoir au monde que l'intelligence, pas d'autre destin que l'amour et pas d'autre signe du bien que la beauté.

« L'érotisme ne réclame que la jeunesse et la liberté de l'esprit, l'amour du véridique, une pureté qui ne doit rien aux coutumes et aux conventions. L'érotisme est une passion du courage. Ne serait-ce que pour la volupté de narguer nos monstres. Et d'abord, les plus hideux de tous : la bêtise et la lâcheté. La peur d'être différent. La peur de penser. La peur d'être heureux. Toutes ces peurs qui sont l'antipoésie et sont devenues les valeurs du monde. Le véritable ennemi de l'érotisme, c'est l'esprit du mal [9]. »

Par l'épanouissement de son être, par tout geste ludique et esthétique, un regard, un sourire, une belle action, une belle parole, par la pratique d'un art authentique basé sur l'amitié et la sérénité, nous pouvons enrichir nos vies. Chaque jour, nous pouvons enrichir l'expérience sereine du bonheur par les splendeurs des joies érotiques, ludiques et esthétiques. Dans les jeux, les sports et les arts, dans les voyages, les rencontres, les conversations, les innovations sociales, les projets de vie familiale et professionnelle, les actions politiques, dans la communion avec les autres, avec les enfants et les vieillards, avec les proches et les lointains, les voisins et les étrangers, avec les animaux et les végétaux, avec les paysages, dans l'exploration des mondes naturels et culturels, dans les créations manuelles et intellectuelles, dans la création d'un couple, dans un combat ou un travail, nous pouvons trouver des causes de joie active. Toutes les activités festives fortifient notre équilibre et enrichissent notre affectivité. Elles nous relient aux autres et aux rythmes cosmiques. Tout ce qui contribue à embellir le monde, à faire resplendir sa présence lumineuse et sa luxuriance infinie, sont des germes de joies nouvelles qui augmentent notre puissance vitale et enracinent notre bonheur en approfondissant notre joie d'être. Et c'est cela qui nous donne la force intérieure d'affronter le tragique et de tolérer les maux inévitables de la vie.

9 ARSAN, *Emmanuelle*, p. 173-176, et *Le Mythe d'Éros.*

Alors nous pouvons pleinement respecter le mystère sacré de l'existence. Car seul le plaisir en repos de l'âme permet l'attention au sens de l'être et une proximité religieuse aux choses mêmes que Heidegger, à la suite de Hölderlin, a nommé une « habitation pensante et poétique de la Terre [10] ».

Cette culture du bonheur est accessible à tous. Son unique condition est de choisir par soi et pour soi une vie philosophique, une vie conforme à sa nature, une vie libre. Une vie sans modèle, sans morale, sans idéologie, sans idéal. Quels que soient leur âge, leur qualité, leur niveau intellectuel et social, les hommes peuvent devenir un peu plus philosophes, rompre progressivement avec une vie insensée et participer à la *philia* : ils deviennent alors des sujets actifs de leur bonheur, ils rayonnent, leur regard s'allume, ils sont vivants comme des enfants pleins de vie. Autonomes, sans peur de la morale et sans sentiment de culpabilité, ils réfléchissent à ce qui est le meilleur pour eux, ils deviennent tolérants, ouverts au dialogue, intéressés par la connaissance. Alors leur désir de connaître et de comprendre s'épanouit toujours plus librement. Et leur sagesse personnelle se fortifie en même temps que leur bonheur et leur capacité d'amitié. Dans la *philia*, la joie de la relation à l'autre se crée et se recrée sans cesse. Elle devient une vibration lumineuse, une énergie positive, une relation vive et féconde.

Ainsi peut-on distinguer deux bonheurs : le bonheur philosophique – bonheur de fond, indépendant, stable et total, qui résulte de la satisfaction des désirs nécessaires – et le bonheur culturel – bonheur plus superficiel, dépendant et instable, mais plus riche et plus intense, qui peut se surajouter au premier en quantité et diversité mais ne saurait le remplacer en qualité. Deux bonheurs accessibles à tous selon les possibilités de chacun. Mais encore faut-il être capable de se préserver des pièges des désirs vains. C'est là que la prudence doit jouer et que la connaissance de l'éthique est la plus nécessaire.

### Les désirs vains

Épicure appelle désirs vains ceux qui vont au-delà de la limite inhérente à notre nature singulière : de ce fait, ils comportent

10 HEIDEGGER, *op. cit.*, « L'homme habite en poète ».

l'illimité et s'opposent à l'expérience du bonheur. Ils nous engagent dans une poursuite sans fin et sont incapables de nous procurer un plaisir pur et en repos. Ils nous apportent des plaisirs, mais ne contribuent pas à créer et fortifier la joie d'être en équilibre qui seule peut combler véritablement notre conscience. En fait, ces désirs sont vides, sans objet : rien dans la réalité ne peut les satisfaire. Ces désirs viennent d'erreurs de jugement : nous imaginons qu'en obtenant les objets désirés nous serons heureux. En fait, plus nous les possédons, plus nous nous éloignons de la condition nécessaire à la sérénité. Les désirs vains peuvent être rangés dans trois catégories :

a) *L'illimitation dans les désirs naturels et nécessaires*

Il s'agit des désirs de nourriture, de boisson, de maisons, de connaissances, de relations qui dépassent la mesure de nos besoins : les désirs illimités de mets raffinés, de beaux habits, de propriétés somptueuses, d'informations sans limite, de relations humaines sans discernement. La réalisation de ces désirs ne fait que varier la qualité des plaisirs en mouvement, mais elle nous pousse à en éprouver toujours plus pour combler le manque de sérénité. L'homme ordinaire désire beaucoup de choses inessentielles parce qu'il lui manque le peu qui est essentiel. Manger même quand on n'a plus faim donne du plaisir, mais nous éloigne de la santé. Quand il mange trop et mal, notre corps devient souffrant, fatigué, malade. De même, l'esprit sait se contenter d'une vie simple lorsqu'il est assez riche de joies, mais il connaît la peur et les soucis sans fin dès lors qu'il désire accumuler des richesses, des biens matériels, des activités et des connaissances au-delà de ses besoins. La prudence ne refuse pas le plaisir de l'opulence et du luxe, elle nous préserve de leur manque. C'est au nom du plaisir qu'on refusera certains plaisirs et qu'on acceptera certaines douleurs : « Aucun plaisir n'est en soi un mal ; mais certaines choses capables d'engendrer des plaisirs apportent avec elles plus de maux que de plaisirs [11]. » Le mot d'ordre « suivre la nature » signifie exactement : « rien de trop », rien de plus que la jouissance des plaisirs qui nous rendent suprêmement heureux. Tout le reste est une entrave à la joie de vivre, car ces désirs accaparent notre attention et nous rendent

11 BRUN, *Épicure et les épicuriens*, p. 136.

esclaves des objets désirés alors que nous n'en avons pas réellement besoin. L'éthique ne condamne pas la richesse, mais conseille d'éliminer l'excès, l'avidité, le manque. La vraie richesse est de pouvoir satisfaire ses besoins et de posséder assez pour pouvoir vivre sans cesse dans la plus haute joie.

b) *L'illimitation dans les désirs naturels*

En ce qui concerne l'amour sensuel fondé sur le désir sexuel, les désirs sont illimités lorsqu'ils ne visent plus le partage équilibré des joies mais la possession impossible de l'autre, considérée comme source nécessaire de son bonheur. Ce désir amoureux nous fait souffrir parce qu'il est illusoire : personne ne peut nous donner la sérénité et la vertu nécessaires au bonheur. La relation passionnelle génère des plaisirs en mouvement souvent très intenses, mais elle s'accompagne inévitablement de peurs, de frustrations, de jalousie, d'avidité, de violence... Elle rend notre plaisir dépendant de la présence d'autrui. Elle nous fait délirer sur la réalité de l'être aimé et nous rend sourd à nos désirs naturels, en particulier le désir d'amitié. Elle empêche la douceur, la générosité, la tolérance indispensables à une relation amoureuse heureuse. Le désir d'être avec l'être aimé et qu'il nous aime prend une importance démesurée, il accapare toute notre attention, notre énergie, notre pensée, nos actions. Notre liberté diminue et nous agissons contre la raison, c'est-à-dire contre notre intérêt et celui d'autrui. Le sage aime d'abord la vie, lui-même et ses amis. Il peut bien être intensément amoureux d'une autre personne, mais étant fondamentalement autonome, libre et heureux par lui-même, il n'est pas prisonnier et dépendant de cet amour.

Dans les désirs esthétiques, l'illimitation se traduit par le perfectionnisme excessif dans le domaine artistique et technique. Mais les arts savants et les procédés sophistiqués ne procurent pas plus de plaisirs que les arts simples : la beauté en soi est une illusion, il est vain de vouloir l'atteindre. En effet, la beauté (l'harmonie, la profondeur et la richesse des formes) n'a de valeur que par le plaisir qu'elle donne aux hommes. Une mélodie de flûte ou un simple pas de danse peuvent suffire à nous combler de joie. C'est la perfection de l'affect qu'il importe de chercher, non la complexité de l'œuvre. L'œuvre d'art n'est pas le but, elle n'est que le chemin. Le but, c'est l'artiste et la joie qu'il trouve et qu'il donne dans son art. C'est l'œuvre d'art qui est l'origine de l'artiste écrit Heidegger. Si nous philosophons, c'est pour être meilleur, non pour écrire des livres ou faire de beaux discours. Si nous faisons de la musique, ce n'est pas pour composer des symphonies sophistiquées mais pour éprouver la joie immanente à l'harmonie vivante des sons et des rythmes. Peut-être n'y a-t-il de joie que musicale, comme il n'y a de bonheur qu'harmonique. C'est sans doute pour cela que la simple audition d'une œuvre musicale suffit parfois à donner si intensément l'expérience fulgurante du plus haut bonheur. « Que le bonheur tient à peu de choses ! écrit Nietzsche. Le son d'une cornemuse... Sans la musique, la vie serait une erreur [12]. »

c) *Les désirs ni naturels ni nécessaires*

Il existe un nombre infini de désirs non naturels, car l'imagination des hommes est illimitée. Tout objet peut être par accident associé à une joie, et devenir l'objet d'un désir non naturel par ce que Freud appelle un mécanisme de transfert. Certains désirs sont ainsi totalement contre-nature, comme ceux qui portent sur des objets directement nocifs : désirs de poisons, désirs de souffrir, de contraintes, de soumission, de violence. Mais la plupart portent sur des sources imaginaires de plaisir. Parmi les plus fréquents, le désir des excitants et des drogues, le désir de dominer les autres, le désir des richesses et des honneurs excessifs, le désir de possession d'objets inutiles, le désir de puissance imaginaire et d'immortalité... Et même le désir de travailler. Car le travail n'est pas un désir naturel : c'est une activité contrainte qui n'est pas nécessaire au bonheur. L'homme doit travailler si cela est nécessaire pour satisfaire ses besoins, mais pas au-delà : son seul besoin est d'être équilibré et actif, d'œuvrer utilement et d'être intégré socialement en soumettant le moins possible son temps, son énergie et son intelligence à la servitude du labeur.

Entièrement fondés sur une vaine opinion, ces désirs doivent être éliminés autant que possible. Ils sont totalement vains car ils consistent à désirer quelque chose de totalement inutile et même de nuisible pour le bonheur. Non seulement celui qui les désire

12 Nietzsche, *Le Crépuscule des idoles*, I, § 33. Sur ce sujet, voir Rosset, *La Force majeure*, « Notes sur Nietzsche ».

ne peut jamais en être comblé, mais leur recherche creuse son manque et fortifie son malheur. J'aurai beau avoir tout l'or du monde et le pouvoir sur toute la terre, j'aurai beau être immortel, cela ne me donnera pas le moindre plaisir en repos, car cela ne peut contribuer en rien à la paix de l'âme, à la santé et à la sérénité. Le bonheur exige d'abord de se libérer des troubles de l'âme. Or ces désirs augmentent la crainte, l'inquiétude, le souci, le stress, l'angoisse. C'est que l'opinion ne connaît pas ce que la nature demande pour être comblée : elle ignore la convenance naturelle, la mesure intérieure, la limite inhérente au corps. Elle n'écoute pas la *phronésis*, seul critère de la satisfaction. La sagesse commande de ne désirer la richesse que selon la mesure propre à la nature. Or la richesse suffisante au bonheur est aisée à acquérir, alors que la richesse désirée selon l'opinion vide tombe dans l'illimité et est impossible à atteindre. Le premier désir vain à éliminer est le désir d'immortalité. Car c'est la peur inconsciente de mourir qui produit en nous un sentiment d'angoisse et nous pousse à accumuler des plaisirs, des richesses, et à désirer du pouvoir sur autrui. Cette crainte est infondée car la mort n'est pas à craindre. Le seul mal est dans la sensation, et la mort est l'absence de sensation. En nous délivrant de la crainte de la mort, nous nous délivrons aussi des désirs qui n'ont pas de racines dans la nature, et nous devenons capables de vivre pleinement l'instant présent, sans peur de la mort. Contre la séduction des plaisirs impurs, des faux biens et des désirs non naturels, nous pouvons fortifier notre fermeté d'âme, accroître notre courage, et développer notre discernement.

Les principes de vie heureuse de la sagesse épicurienne se résument ainsi à un quadruple remède fort simple : « Dieu n'est pas à craindre, la mort n'est pas un mal, le bonheur est facile à se procurer, la souffrance est facile à supporter ». Il n'y a en effet rien à craindre de l'être parfait, tout mal réside dans la sensation, nos désirs nécessaires peuvent être facilement comblés et supprimer toute souffrance, et enfin la souffrance ne dure pas si elle est trop intense. Le bonheur consiste donc à se libérer de toute servitude et à vivre selon sa nature.

Ainsi s'expliquent les raisons du malheur qui accable les hommes : ignorant de la nature, tourmentés par des désirs sans bornes, les hommes sont amenés à vouloir, à travailler, à agir pour obtenir davantage de plaisirs impurs et en mouvement, mais leurs désirs excessifs et insatiables en font des êtres malheureux. De quoi sont-ils malheureux ? De ne pas posséder ce dont ils n'ont pas réellement besoin. De ne pas être ce qu'ils n'ont pas besoin d'être pour être heureux. En fait, lorsque la nature est satisfaite, il est inutile d'aller au-delà : les variations du plaisir n'ajoutent rien au bonheur réel, un bonheur dont l'unique source est la joie de vivre au présent.

# V

## La joie de vivre au présent

Lorsque nous atteignons la sérénité par la philosophie, nous éprouvons le « plaisir en repos de l'âme », qui correspond à la notion de bonheur tel que nous l'avons défini, un état de satisfaction totale de notre être, une plénitude existentielle, une paix intérieure : « Une fois cet état réalisé en nous, toute la tempête de l'âme s'apaise, le vivant n'ayant plus à aller comme vers quelque chose qui lui manque, ni à chercher autre chose par quoi rendre complet le bien de l'âme et du corps [1]. »

Alors, pour peu que je sois attentif à ce qui se passe dans mon corps, si je ne permets pas à mon esprit de se laisser distraire par l'image trompeuse d'un plaisir impur et à mon désir de se fixer spontanément sur un objet absent, je peux prendre conscience de la présence en moi d'une puissance, celle de la vie, au moment où mon désir est encore indéterminé. Avant de se fixer par la pensée sur un objet plus ou moins adéquat, le désir est simplement virtuel. Parce qu'il exprime mon désir d'être, ce désir est toujours présent en moi : il ne fait qu'un avec mon essence. Si nous prêtons attention à notre vie intérieure, nous prenons conscience du dynamisme de notre corps, au cœur de notre sensation d'être en vie. Là est peut-être le vrai secret du bonheur, car c'est là l'unique source de la joie : l'attention de la vie à elle-même. Sentir en soi la présence de la vie, de cette énergie infinie qui nous anime et nous pousse à la joie, c'est penser le miracle simple de la pensée, c'est être immédiatement submergé par une infinie sensation de plénitude. Là nous faisons l'expérience de l'être, hors des mots et de la

1 ÉPICURE, *Lettres et Maximes*, « Lettre à Ménécée ».

représentation, dans une pure présence à soi, sans objet. C'est cette expérience que les différentes formes de méditation orientale ou occidentale permettent de découvrir et de cultiver. Rien d'irrationnel ici. Inutile de faire appel à des concepts ésotériques. Épicure et Aristote parlent d'un « pur plaisir d'exister », d'une « joie de vivre » simple et fondamentale, distincte des joies de la vie. La puissance de s'éprouver soi-même comme vivant est sans doute l'essence même de la vie telle qu'elle se manifeste dans tout être vivant. Le philosophe Michel Henry a consacré toute son œuvre à l'analyse de cette essence de la vie [2]. La vie est non seulement une puissance de mouvement ou un pouvoir d'auto-organisation, c'est aussi un pouvoir de s'auto-éprouver. Cette capacité de se sentir soi-même dans une pure expérience de soi n'est pas ouverte spontanément à la joie d'être : elle est aussi et d'abord puissance de souffrir, si souvent, si cruellement, devant la dureté du réel, sous le poids du monde, en butte aux frustrations, dans l'expérience de la douleur, de la maladie, des accidents, des violences. Mais la vie est aussi par essence puissance de jouir, désir de jouir et de se battre pour créer les conditions de la plénitude. C'est toujours du corps désirant que nous jouissons. La jouissance est par définition la transformation d'une énergie potentielle en une énergie actuelle, et cette transformation énergétique est ressentie par le sujet dans la présence concrète d'un affect. Cette idée de présence est décisive, car elle correspond exactement à la définition du réel. Il n'y a de réel que présent, car seul existe ce qui est présent, ou plutôt « ce qui se présente ». C'est la leçon des stoïciens : « Seul le présent existe [3] », comme dit Arius. Le passé est ce qui n'existe plus, le futur ce qui n'existe pas encore. Le présent n'existe que le temps de devenir passé, mais seul ce passage existe. Nous sommes toujours « dans le passage », dit Montaigne, mais nous y sommes. « J'y suis, j'y suis toujours ! », s'écrie Rimbaud. Tout notre bonheur dépend de notre capacité à habiter pleinement ce passage, ce mouvement sans fin du réel, éternellement changeant, mais éternellement actualisé. Voilà pourquoi il n'est de bonheur que présent, par la jouissance de ce qui est réel, c'est-à-dire éternel-

2 HENRY, *L'Essence de la manifestation*, *Phénoménologie du corps*, *La Barbarie*, *C'est moi la vérité*, *Phénoménologie matérielle*.

3 Cité par GOLDSCHMIDT, *Le Système stoïcien et l'idée de temps*, p. 31.

lement changeant... Et voilà pourquoi ceux qui espèrent le bonheur pour plus tard ne peuvent l'atteindre. « Nous ne nous tenons jamais au temps présent, remarque Pascal. Nous anticipons l'avenir comme trop lent à venir, comme pour hâter son cours ; ou nous rappelons le passé, pour l'arrêter comme trop prompt : si imprudents, que nous errons dans les temps qui ne sont pas nôtres, et ne pensons point au seul qui nous appartient. [...] Le présent n'est jamais notre fin : le passé et le présent sont nos moyens ; le seul avenir est notre fin. Ainsi, nous ne vivons jamais, mais nous espérons de vivre. Et nous disposant toujours à être heureux, il est inévitable que nous ne le soyons jamais [4]. »

Mais est-ce une fatalité, comme semble le dire Pascal ? Non : seul l'homme déraisonnable, faible et ignorant, vit ainsi, au-delà de lui-même, dans une perpétuelle non-coïncidence à son être, en attente d'un bonheur imaginé. Il est possible de vivre pleinement dans le temps, en étant attentif à ce qui seul demeure : le réel, dans son éternel mouvement. C'est l'enjeu de la philosophie que d'apprendre à vivre dans le flux du devenir tout en restant ouvert à l'éternelle présence de la vérité de l'être. Non seulement « ici et maintenant », mais « toujours et partout ».

Il faut donc apprendre à vivre non pour être heureux plus tard mais pour vivre heureux tout de suite. Car il n'y a rien hors de la vie, rien hors du présent, rien que tout ce qui existe, ici et maintenant : le bonheur commence lorsqu'on ne l'attend plus, qu'on ne l'espère plus... Lorsqu'on le prend pour ce qu'il est : une joie simple, un « oui » à la vie, une ouverture de son être limité, singulier et temporel à l'être illimité, universel et intemporel. L'expérience du bonheur ne peut survenir qu'à la seule condition de changer notre rapport au temps, en bouleversant notre temporalité intérieure. « L'homme qui est incapable de s'asseoir au seuil de l'instant en oubliant tous les événements passés, celui qui ne peut pas, sans vertige et sans peur, se dresser un instant tout debout, comme une victoire, ne saura jamais ce qu'est un bonheur et, ce qui est pire, il ne fera jamais rien pour donner du bonheur aux autres [5] », écrit Nietzsche. C'est le propre de l'action et de tout plaisir actif que d'accomplir un désir qui, au présent, ne manque de rien : je suis actuellement

4 PASCAL, *Pensées*, 172.
5 NIETZSCHE, *Considérations intempestives*. Œuvres, II, p. 220.

en train d'écrire, c'est donc que je désire le faire (j'aurais autrement arrêté), et cela ne me manque pas (puisque je le fais). Et au moment où je satisfais ce désir, je le fais avec bonheur, car mon plaisir d'écrire (et de le faire le mieux possible) est à la fois en acte (il est puissance de jouir, non jouissance en puissance) et à la fois en repos (puisque rien ne lui manque ni ne le trouble) : c'est un acte parfait, acte serein que le plaisir accompagne. C'est que ce désir correspond à un désir naturel et nécessaire, celui de la vérité que je trouve par la pensée et de l'amitié que j'éprouve déjà, ici et maintenant, en écrivant pour d'autres.

Telle est la leçon des sages de l'Antiquité, épicuriens et stoïciens, dont se souviendront les modernes à partir de Montaigne. Le sage sait se tenir au présent. Son attention n'est pas tournée vers le futur, comme chez le vulgaire qui perd son temps à rêver de ce qu'il vivra bientôt. Elle est toute au moment présent qui passe dans sa plénitude. Comment ? Par la prudence et la tempérance . en jouissant des biens véritables, toujours à portée de main pour le sage, et en évitant les biens illusoires, toujours lointains. Comment arriver à cette sagesse ? En transformant notre être par la prise de conscience immédiate de la vérité, en nous libérant progressivement des passions, des vaines craintes et des désirs insensés par la pratique de la philosophie.

Le bonheur nécessite donc la pensée, car je ne peux être heureux que si je sais que je suis heureux. Le bonheur est la conscience de la présence du bonheur, et la pleine connaissance de l'absence du malheur. Être heureux, c'est être heureux de se savoir heureux. Le bonheur n'est pas seulement une joie : c'est une connaissance. C'est un acte de la conscience, au sens étymologique du terme : un savoir du savoir. Le bonheur est d'abord la connaissance spontanée de la joie que j'éprouve à triompher d'une difficulté, à réussir une action ou aimer une personne. C'est aussi la connaissance négative du malheur qui m'est épargné. Impossible d'être heureux si je ne sais pas en même temps que je pourrais ne pas l'être. Il faut à la fois être attentif au bonheur présent et au malheur absent, à la part de joie que je ressens et que je me prépare à éprouver, et à la part de souffrance, de manque, de tristesse que j'évite et que je me dispose à éviter. C'est pourquoi la pleine et impitoyable reconnaissance du tragique de l'existence est absolument indispensable au bonheur. Le bonheur est la pleine conscience de sa joie actuelle sur fond de tragique, et le fait d'en être conscient augmente cette joie, en la redoublant. Aussi, pour être vraiment heureux, il faut non seulement vivre dans la joie mais aussi réfléchir son bonheur, le vivre avec une connaissance lucide. Le bonheur consiste à savourer le fait même de vivre en ayant une pleine conscience de la valeur de sa vie.

« Je n'ai rien fait aujourd'hui. – Quoi ? N'avez-vous donc pas vécu ? C'est non seulement la plus fondamentale, mais la plus illustre de vos occupations, écrit Montaigne dans la lignée d'Épicure. Notre plus grand et glorieux chef-d'œuvre, c'est de vivre à propos. C'est une absolue perfection et comme divine de savoir jouir loyalement de son être [6]. » C'est pourquoi il faut vivre chaque instant de sa vie comme une grâce, un don merveilleux, comme si c'était le dernier. « Persuade-toi que chaque jour qui se lève sera pour toi le dernier. Alors c'est avec gratitude que tu recevras chaque heure inespérée [7] », écrit Horace. La conscience de la chance de vivre, de l'extraordinaire privilège qui consiste à pouvoir participer à la splendeur de l'existence, est inséparable d'une méditation sur la mort. Pour un épicurien, la pensée de la vie sur fond de mort est un véritable exercice spirituel : « Recevoir, en en reconnaissant toute la valeur, chaque moment du temps qui s'ajoute, comme arrivant par une chance merveilleuse et incroyable [8]. »

Toute la sagesse épicurienne réside dans cet art de vivre au présent, dans la jouissance du plaisir d'être et la reconnaissance de la merveille de vivre pleinement sans s'attacher au passé ni s'inquiéter de l'avenir. « Maître de soi et heureux est celui qui peut dire chaque jour : j'ai vécu [9]. »

Nous aurions pu aussi prendre pour guide Bouddha et ses Quatre Nobles Vérités. Par une approche différente, l'éveillé indien exprime la même sagesse que les philosophes épicuriens. La première vérité découverte par Bouddha est que « tout est *dukkha* ». C'est la vérité éternelle de l'impermanence de toute chose temporelle, à l'origine de la soif et de la souffrance inhérente à l'existence. Ne pas comprendre l'impermanence comme

6 MONTAIGNE, *Essais*, II, 6.
7 HORACE, *Épîtres*, I, 4, 13.
8 PHILODÈME, *De la mort*, 37 20, cité par HADOT, *Qu'est-ce que la philosophie ?*, p. 301.
9 HORACE, *Odes*, III, 29, 42.

une nécessité, ne pas accepter lucidement la loi tragique du devenir, vivre selon des opinions fausses sur l'âme et sur l'être afflige l'homme insensé. Mais les trois vérités suivantes montrent la voie du bonheur : sur l'origine de la souffrance, qui est l'avidité liée au désir de permanence, sur la cessation de cette avidité, qui est la connaissance de l'impermanence, puis sur le moyen d'atteindre le nirvâna, par la vie conforme à la sagesse, en pratiquant la voie de l'octuple sentier : la compréhension juste, la pensée juste, la parole juste, l'action juste, le moyen d'existence juste, l'effort juste, l'attention juste, la concentration juste. « Celui qui a réalisé la Vérité, le Nirvâna, écrit Rahula, est l'être le plus heureux du monde. Il est libéré de tous les "complexes", de toutes les obsessions, des tracas, des difficultés et des problèmes qui tourmentent les autres. Sa santé mentale est parfaite. Il ne regrette pas le passé, il ne se préoccupe pas de l'avenir, il vit dans l'instant présent. Il apprécie donc les choses et en jouit dans le sens le plus pur sans aucune "projection" de son moi. Il est joyeux, il exulte, jouissant de la vie pure, ses facultés satisfaites, libéré de l'anxiété, serein et paisible. Il est libre de désirs égoïstes, de haine, d'ignorance, de vanité, d'orgueil, de tous empêchements, il est pur et doux, plein d'un amour universel, de compassion, de bonté, de sympathie, de compréhension et de tolérance [10]. »

Dans quel but éprouver cette joie de vivre au présent ? Dans aucun but. Malgré les apparences, la vie n'a pas de but, elle n'a pas de finalité externe, sinon celle de s'accomplir en nous. Elle possède une finalité immanente à elle-même. Lorsque nous imaginons poursuivre un but, ce n'est qu'une illusion de notre conscience qui projette des objets dans l'espace imaginaire du présent possible pensé comme à venir et que l'on nomme futur. En réalité, nous sommes seulement déterminés à agir par une force d'abord inconsciente, sans finalité extérieure, la force naturelle du désir. Le but de vivre, c'est vivre. « La vie doit être à elle-même sa visée [11] », dit Montaigne. Celui qui espère autre chose que la joie de vivre au présent dans ce monde ne pourra jamais être heureux. C'est pourquoi le bonheur commence maintenant ou jamais. Quelle que soit sa vie passée et sa situation dans

10 Rahula, *L'Enseignement du Bouddha*, p. 66.
11 Montaigne, *op. cit.*, III, 12.

l'existence, le bonheur peut survenir par la simple intuition de son existence. Ce n'est qu'une question de compréhension. La philosophie ne consiste pas à se préparer au bonheur indéfiniment mais à l'accueillir à la seconde même, car le bonheur ne peut exister que dans cette seconde. Cet éveil ne nécessite par un autre moyen que la conscience. Nous faisons l'expérience du bonheur dès que nous sommes en adéquation avec nous-mêmes, dans l'usage conscient de nos puissances : puissance de se mouvoir, de s'émouvoir, de rire, d'imaginer, d'aimer, de donner, de comprendre, de connaître, de créer. P. Hadot a bien montré en quel sens cette pratique philosophique était « relativement indépendante du discours philosophique » et d'un système théorique particulier : elle est de l'ordre d'une vigilance, d'une concentration spirituelle, d'une attention au bien présent : « Les stoïciens et les épicuriens ont invité leurs disciples, pour des raisons diverses et presque opposées, à vivre dans la conscience de l'imminence de la mort et à concentrer leur attention sur le moment présent en se libérant de l'inquiétude du futur et du poids du passé. Mais celui qui pratique cet exercice de la concentration voit l'univers avec des yeux nouveaux, comme s'il le voyait pour la première fois : il découvre, dans la jouissance du présent, le mystère et la splendeur de l'existence, du surgissement du monde, et en même temps, il atteint la sérénité en éprouvant à quel point sont relatives les choses qui provoquent le trouble et l'inquiétude [12]. »

L'attention au présent n'implique pourtant pas une fermeture au passé et au futur. Au contraire. Seul celui qui accepte la joie de vivre au présent peut s'intéresser sereinement à son histoire, à son avenir, et œuvrer utilement à la promotion de la culture. Lui seul peut développer sa jouissance d'être dans l'innocence et la responsabilité, sans subir la déprime de la déception, le poison du ressentiment, la torture du remords, sans être conduit à la désapprobation morale et au refus du tragique.

La culture du bonheur nécessite donc l'expérience de l'être, l'attention à ce qui existe. En se libérant des illusions, le philosophe accède à une nouvelle forme d'existence, que Nietzsche a appelée « l'innocence du devenir ». Il comprend que notre monde est le seul monde, que l'être n'est pas transcendant,

12 Hadot, *Qu'est-ce que la philosophie antique ?*, p. 415.

contrairement à ce que les penseurs idéalistes affirment, parce qu'étant malheureux ils imaginent et espèrent un monde plus beau au-delà. L'être est immanent, totalement immanent. Il n'y a rien d'autre que tout, et ce tout, c'est la nature, entièrement présente, partout, toujours, et dont nous ignorons encore presque tout. Là est toute la sagesse tragique. Accepter que rien ne manque, que la réalité suffit, que le réel et la perfection sont la même chose, comme ose le dire Spinoza. La découverte de l'unicité de l'être peut être très désagréable. Son caractère tragique peut submerger l'esprit et provoquer une réaction négative. Kierkegaard parle de désespoir, Heidegger d'angoisse, Sartre de nausée, Camus d'absurdité. Mais ces sentiments ne sont que des symptômes de la pathologie de ces philosophes, de leur manque de sérénité et de sagesse, malgré toute leur intelligence et leur lucidité. La réalité n'est pas en soi angoissante, absurde ou désespérante. Pour un esprit sain, serein et heureux, la perception du réel est au contraire vécue dans un émerveillement constant. La joie d'être nous est donnée lorsque, libérés de nos passions, nous devenons attentifs à la beauté du monde, à la splendeur de l'existence en accord avec nous-même, dans la pleine assomption du tragique. Nous faisons alors l'expérience de ce que Rimbaud nomme « la vraie vie », que Breton appelait le « merveilleux quotidien ». Nous participons à l'irruption du sacré, non plus lointain et séparé, mais au cœur même de notre vie, dans l'immanence de notre action, dans la chair de notre parole. Nous jouissons d'une relation vive avec les êtres qui nous entourent, avec l'environnement, avec le sentiment d'être au centre du monde, relié à tout. Là est le sens profond de la joie : le mot joie viendrait de *yug*, qui signifie non seulement ce qui nous attache, comme dans « joug », mais aussi ce qui nous relie à la terre et à la vie, comme dans « yoga ». La joie est le lien qui nous libère en nous reliant à tous. Je suis joyeux quand je me sens relié à l'autre, à la nature, à la vie du grand Tout. Là est le véritable sentiment religieux. Un sentiment qui n'est pas lié aux dogmes, à des croyances, mais à une foi, une confiance, une sérénité artiste seulement procurée par l'amour de la vie. Nietzsche a admirablement décrit ce sentiment d'exaltation et d'ivresse qui saisit l'homme en fête, l'homme en proie à la joie dionysiaque, dans son ouvrage sur la naissance de la tragédie :

« Sous le charme de Dionysos, non seulement le lien se renoue d'homme à homme, mais même la nature, qui nous est devenue étrangère, hostile ou asservie, fête sa réconciliation avec l'homme, son fils prodigue. [...] L'esclave devient un homme libre, toutes les barrières rigides et hostiles que la nécessité, l'arbitraire ou la mode insolente ont mis entre les hommes cèdent à présent. Dans cet évangile de l'harmonie universelle, non seulement chacun se sent uni, réconcilié, fondu avec son prochain, mais il se sent identique à lui, comme si le voile de Maya se déchirait et ne flottait plus qu'en lambeau autour du mystère de l'unité originelle. Par ses chants et ses danses, l'homme montre qu'il est membre d'une communauté supérieure, il a oublié la marche et la parole, il est sur le point de s'envoler en dansant dans les airs. [...] L'homme n'est plus artiste, il est lui-même œuvre d'art [13]. »

Cette réconciliation est une contemplation au sens étymologique : une observation du sacré, dans toute chose, au cours de notre existence. Contempler, c'est « être dans le temple », c'est se trouver dans un état de conscience privilégié qui donne accès au sentiment du sacré. Lorsque le philosophe prend conscience du caractère absolument unique de l'existence, le vertige de l'infini saisit toute sa conscience et le fait accéder à un état d'union avec la nature tout entière saisie dans sa totale présence. Le monde entier devient un temple du simple fait qu'il se sent pleinement être, comblé par l'existence, conscient que toute valeur vient de l'existence, ici et maintenant. Cette contemplation peut être vécue comme une expérience mystique, spirituelle ou religieuse exceptionnelle. Chez le sage, elle accompagne toute l'existence, dans ses activités quotidiennes, dans la relation au monde, la relation aux autres, les activités les plus simples.

Le plaisir en repos de l'âme ne conduit donc pas à la passivité mais à la jouissance active du monde, par le développement d'activités qui enrichissent notre rapport au monde, aux autres, pour promouvoir toujours plus le bonheur de vivre. Ce bonheur n'est donné qu'à ceux qui vivent en accord avec le réel, grâce à la philosophie. Il consiste dans la satisfaction des désirs accordés à notre nature. Désir de ce que nous pouvons vivre, de ce que nous pouvons connaître ou faire : le bonheur consiste à jouir de

13 NIETZSCHE, *La Naissance de la tragédie*, p. 24.

notre être dans le monde, et cette jouissance est active, inventrice, dynamique, elle passe par l'usage de notre puissance créatrice, par la mobilisation intelligente de nos forces vitales, de notre énergie intérieure. Le bonheur philosophique s'enrichit alors de ses harmoniques, à travers les couleurs de la vie, par la volupté, la grâce, la fête, la créativité, la connaissance, l'allégresse, le rire, la fantaisie, et aussi les joies du « travail », quand il n'est pas une contrainte et une torture mais un art d'œuvrer utilement pour satisfaire nos désirs naturels. « La formule de mon bonheur, c'est un travail bien réglé, et des victoires après des victoires [14] », disait Alain. Mais le bonheur le plus savoureux et le plus accessible au philosophe est sans doute le bonheur d'aimer.

14 ALAIN, *Propos*, I, 18 mars 1911.

# VI

## Le bonheur d'aimer

Il n'y pas d'amour malheureux. L'amour ne mène au malheur que dans la mesure où il est passionnel, illusoire, sans lucidité. La joie d'un amour ne peut être illusoire : un affect ne peut mentir. Mais l'idée de sa cause peut être relativement fausse. Il suffit que j'imagine qu'une chose peut me donner de la joie pour que je ressente déjà un peu de joie grâce à elle et que je conçoive pour elle de l'amour. Je crois alors aimer cette chose alors que ma joie ne vient pas d'elle, mais de l'idée que je m'en fais, de mon imagination. Je lui attribue une valeur qu'elle n'a pas, et je ne veux surtout pas sortir de cette illusion si agréable. Il suffit aussi qu'une chose indifférente ressemble à une autre que j'ai aimée pour que la première fasse naître en moi une joie et donc un amour. Mais ce n'est pas elle que j'aime, c'est l'autre à travers elle. Je crois l'aimer, je la valorise et la désire. Mais mon amour pour elle est trompeur, presque entièrement imaginaire. À l'épreuve du réel, il fait tôt ou tard place au doute, à une certaine souffrance, à une tristesse et une haine que j'aurais tendance à associer à cet amour alors qu'il n'est que la conséquence d'une erreur de jugement, une illusion, une « séduction » au sens étymologique du terme : une tromperie (de *se-ducere* : détourner). À la différence du charme (de *charis* : la grâce) qu'on peut définir comme le pouvoir de plaire, de donner un plaisir, la séduction est la force par laquelle un être est attiré hors de lui-même. Être charmé, c'est être sujet d'un plaisir donné par un objet ou un être charmant. En ce sens, le charme est donc toujours bon. Être séduit, c'est être l'objet d'une attraction occasionnée par un objet ou un être charmeur (d'où le deuxième sens, négatif, du mot charme : envoûtement, être *sous* le charme).

La séduction est le grand ennemi de l'amour. Elle empêche d'aimer et d'être aimé pour ce qu'on est, avec toute sa valeur, tout son charme. Toute séduction est en effet mauvaise (à moins d'être un jeu conscient), car l'amour imaginaire qu'elle engendre est un obstacle à l'amour réel. La philosophie conduit donc à la méfiance, ou plutôt à la prudence envers toute chose séduisante. Face à toute déception amoureuse, à toute frustration passionnelle, la bonne question est : par quoi ai-je été séduit ? Où me suis-je trompé ?

Mais le premier danger à éviter est l'autoséduction. Car le principal problème des hommes n'est pas l'amour des autres, c'est l'amour de soi. Qu'est-ce que l'amour de soi ? C'est la joie associée à l'idée de soi-même. Cet amour est bon, pourvu qu'il soit fondé sur une idée vraie de soi. La fierté est bonne si elle est lucide. Il ne faut pas la confondre avec le narcissisme, qui est l'amour de son image. L'être narcissique est charmé par son image, par la partie apparente de son être. S'il n'est pas charmé par cette image au point d'oublier ce qu'il est réellement, le narcissisme n'est qu'une modalité de l'amour de soi, de la fierté d'être soi. Mais si l'image ne traduit pas son être, si elle est une représentation imaginaire de ce qu'il aimerait être, un moi idéal survalorisé et séducteur, le narcissisme devient pathologique et dangereux. Il n'exprime plus l'amour de soi mais l'amour de son image, par haine de soi. L'amour illusoire d'un moi fictif. Un égoïsme passionnel. L'être narcissique a peur de se voir et de se montrer tel qu'il est, il fait tout son possible pour ressembler à cette image et pour la faire admettre aux autres par la séduction. Et il s'enferme dans une solitude insondable. Narcisse ne s'aime pas, et c'est pourquoi il ne peut aimer personne. Parce qu'il a peur de se connaître, il a peur des autres, peur de se faire connaître, peur d'une relation authentique.

Au contraire, lorsqu'on s'aime soi-même tel qu'on est, quand on accepte de se voir lucidement en assumant ses limites et en démystifiant toutes les fausses images de soi, on n'a plus besoin de séduire les autres, on n'a plus peur d'être soi. On peut s'aimer soi-même et aimer les autres, pour s'entraider, progresser et partager la joie d'exister, autant que sa puissance le permet.

Lorsqu'on aime avec lucidité, l'être aimé nous réjouit pour ce qu'il est. Il augmente notre énergie et suscite un désir de relation et de connaissance, dans un charme réciproque, sans séduction. Lorsque deux êtres s'aiment pour ce qu'ils sont, dans la connaissance mutuelle de leurs êtres, l'accord, la lucidité, la douceur, chacun éprouve l'allégresse d'un amour sans illusion et dénué de toute peur. « La parfaite félicité de l'amour réside dans le sentiment de la confiance absolue [1] », écrit Nietzsche. Lorsqu'on est séduit, le charme existe bien, mais la joie s'accompagne de peur parce qu'elle est liée à une idée incertaine et fausse de son objet. La séduction est toujours une corruption, une tromperie, une violence. Elle peut parfois être utilisée avec raison comme une arme nécessaire pour « détourner » efficacement quelqu'un d'un vice. Mais la séduction est aliénante par sa nature même. Une personne séduisante, un objet de luxe, un slogan publicitaire, une grande quantité d'argent, de gloire ou de pouvoir ont un pouvoir d'attraction dangereux dans la mesure où ils donnent facilement des joies illusoires. Ils nous font croire en la possibilité d'un bonheur qu'ils ne peuvent nous donner. La source de la séduction n'est pas dans les objets charmeurs mais en nous : c'est nous qui nous trompons à leur sujet. L'erreur n'est jamais dans le séducteur mais dans le jugement de la personne séduite. Tout amour fondé sur la séduction se transforme tôt ou tard en tristesse. Car la découverte de la valeur réelle de l'objet séducteur engendre inévitablement une déception et, souvent, une haine contre soi et contre l'objet. Si nous imaginons que notre tristesse est causée par l'objet aimé, nous éprouvons en effet une certaine « haine » envers lui. Dans son sens général, la haine est « une tristesse associée à l'idée de sa cause », selon la formule de Spinoza. Lorsque nous ressentons de la tristesse ou de la souffrance, nous désirons nous en préserver et la détruire. Nous cherchons alors à nous éloigner de sa cause et à la compenser par une vengeance. Car la destruction d'un objet et la tristesse d'un être que nous haïssons nous donnent une certaine joie. Nous désirons lui infliger un mal, le punir, le blesser, le détruire. Ainsi s'explique la plupart, sinon la totalité, des conflits et des violences entre les hommes. Chacun tend à détruire ce qu'il imagine être la source de sa tristesse.

Et quand nous sommes tristes, lorsque notre désir d'aimer et d'être aimé est contrarié, nous ressentons une impuissance, une incapacité à être joyeux et à donner de la joie. Plus nous sommes

1 NIETZSCHE, *Aurore*, livre IV, § 216.

tristes, plus nous perdons confiance en nous et en l'autre, et moins nous sommes capable d'aimer et d'être aimé. Dans la mesure où nous croyons être nous-même la cause de cette tristesse, nous éprouvons une haine envers nous-même, un dégoût de soi, un sentiment de culpabilité. La mésestime de soi peut bien être compensée un temps par la joie illusoire de la domination et du narcissisme, mais elle tend à nous faire sombrer dans le découragement, l'angoisse, la dépression, le malheur.

C'est pourquoi le bonheur d'aimer nécessite la lutte contre toutes les illusions, par le dialogue philosophique. C'est particulièrement vrai dans la relation amoureuse. Dans le mariage ou hors du mariage, dans une relation exclusive ou non, le bonheur d'aimer consiste à partager avec la personne élue la joie de se connaître et d'être ensemble, de résoudre ensemble les difficultés de la vie en conjuguant qualités et puissances. Le philosophe s'efforce de réaliser son désir amoureux comme les autres : dans la tempérance et l'équilibre, hors de tout *pathos*, de tout mensonge, de toute violence.

Spinoza a dit l'essentiel sur ce sujet : « L'amour sensuel, c'est-à-dire le désir sexuel qui naît de la beauté, et généralement parlant tout amour ayant une autre cause que la liberté de l'âme se change facilement en haine ; à moins que, ce qui est pire, il ne soit une espèce de délire, nourrissant alors beaucoup plus la discorde que la concorde. En ce qui concerne le mariage, il est certain qu'il s'accorde avec la raison si le désir de l'union charnelle est engendré non seulement par la beauté, mais encore par l'amour de procréer puis d'éduquer les enfants selon la sagesse. Et si en outre l'amour de chacun, c'est-à-dire et de l'homme et de la femme, a pour cause principale non pas la seule beauté, mais la liberté de l'âme [2]. »

Le seul remède aux excès de la passion amoureuse est d'instaurer une relation authentique, hors de toute séduction. Une personne est d'autant plus amoureuse qu'elle ressent de la joie à la simple pensée d'une autre personne. Plus cette joie implique de séduction, d'illusion, de *pathos*, plus la relation a de chance d'être destructrice. Dans une relation de séduction, chacun tend en effet à satisfaire son désir au dépend de l'autre, dans des rapports de domination qui engendrent des pertes d'énergie, des

2 SPINOZA, *Éthique*, IV, appendice, chap. XIX et XX, p. 286.

souffrances et des peurs. Parce qu'il est impuissant à aimer, incapable de jouir et de faire jouir, le séducteur, tel Don Juan, est toujours avide de domination, de victoire, de conquêtes jamais assouvies. Il ne désire pas aimer et être aimé, bien que ce soit son plus grand besoin. Il désire posséder et dominer, pour calmer son angoisse. Le séducteur est dans le *pathos* de l'intempérance. Il cherche par tous les moyens à se faire aimer des autres selon cette image. Prisonnier de ses illusions, le séducteur n'est jamais heureux en amour : il court après un bonheur idéal et inaccessible.

Dans l'amour sain fondé sur l'amitié, au contraire, chacun s'aime lui-même et aime l'autre pour ce qu'il est. L'amour peut prendre alors toute sa dimension créatrice, dynamique, eudémoniste. Quand chacun s'aime lui-même avec lucidité, il peut se sentir relié à l'autre tel qu'il est en pleine confiance, sans aucun rapport de force, sans aucun désir de domination. Le charme de chacun est alors réellement la source de l'amour, et chacun tend à agir envers l'être aimé dans la générosité, de manière à construire une relation harmonieuse et épanouissante pour les deux. Chacun aime l'autre en tant que source réelle de joie, avec d'autant plus de confiance que son amour est fondé sur une reconnaissance réciproque. La relation est alors vivifiante, elle accroît l'énergie de chacun en augmentant les joies érotiques, ludiques et esthétiques, dans un total respect. Elle alimente aussi le bonheur de fond, en fortifiant directement l'amour de soi et de la vie en général, qui devient toujours plus désirable. L'amour interpersonnel relie les êtres par une paix, une force, une joie qui redouble le simple bonheur d'exister. Aimer véritablement, c'est ressentir non seulement sa joie, mais aussi celle de l'autre. C'est trouver son bonheur à la fois dans les joies venant de l'autre et dans celles qu'on lui donne. Alain le dit en une belle formule : « Aimer, c'est trouver sa richesse hors de soi [3]. »

Charmer et être charmé, chérir et être chéri, sans illusion, tel est l'amour complet. La réussite de l'amour suppose l'échange harmonieux de joies, le partage dynamique de richesses et d'énergie entre deux êtres qui se reconnaissent pour ce qu'ils sont, qui font tout ce qu'il peuvent pour se donner de la joie et se réjouir ensemble de leur relation.

---

3 ALAIN, *Les Passions et la Sagesse*, « Quatre-vingt-un chapitres sur l'esprit et les passions » V, 4, p. 1199.

Lorsqu'il survient, le « miracle de l'amour » se réalise : partager la joie à deux la multiplie à l'infini. La relation est alors un véritable enchantement, une réelle splendeur, une source inépuisable d'allégresse. Amour sublime autant que rare... Car une telle allégresse ne peut durer que si les deux amants se reconnaissent comme causes réelles de joie. Combien de personnes sont assez riches, lucides, autonomes, équilibrées pour s'aimer telles qu'elles sont ? Très peu, sans doute. Mais un couple est d'autant plus heureux qu'il est composé d'êtres autonomes capables de se réjouir ensemble de ce qu'ils sont et de ce qu'ils font, par une connaissance toujours plus claire et plus profonde. Car plus la connaissance de la personne qu'on aime augmente, plus la joie de l'aimer s'accroît. En effet, lorsque je connais une personne comme cause réelle de ma joie, j'éprouve en plus la joie de la confiance en elle et en moi. Je ne risque pas d'être déçu, car je sais que je n'attends pas d'elle plus de joie qu'elle ne peut me donner. Celui qui reproche à l'être aimé de le décevoir peut comprendre que sa déception a pour origine son manque de lucidité et non le défaut de l'autre. Car l'autre n'a pas de défaut. Comme tout être, il a seulement des limites. Au contraire, plus je connais la personne aimée, plus je sais comment lui donner de la joie, et plus mon amour pour elle s'accroît. Car la joie de l'être aimé me procure une joie et me fait encore plus l'aimer en me faisant m'aimer moi-même comme source de sa joie et donc de la mienne. L'amour s'épanouit alors dans la confiance, et d'autant plus qu'il est fondé sur l'amitié.

Quoi qu'en pense l'opinion et quoi qu'en disent les dictionnaires qui les distinguent formellement par le critère de la sexualité, la *philia* n'est autre que de l'*éros*, l'amitié n'est autre que de l'amour. La *philia* est seulement une joie qui naît de la raison, parce qu'elle est joie de comprendre ce qu'il y a de bon dans la relation à l'autre. C'est pour cela une joie active, une joie sans *pathos*, qui se manifeste par un désir spécifique, que Spinoza définit comme le « désir par lequel un individu, sous le seul commandement de la raison, s'efforce d'aider les autres et de se lier à eux par l'amitié[4] ». Ce désir raisonnable anime la plus haute vertu : la générosité. La *philia* est le désir joyeux de faire don à l'autre d'une joie. Il peut y avoir amour sans sexualité, amitié

4 SPINOZA, *op. cit.*, III, prop. 59, scolie.

avec sexualité, comme sexualité sans amour... Mais il y a amour chaque fois qu'il y a désir joyeux d'une joie donnée et partagée avec l'autre, et c'est bien là le propre de la *philia*. La philosophie est cette joie qui accompagne le désir de se faire du bien à soi-même – et donc aux autres – par le développement de sa vertu. C'est pourquoi l'amour n'est véritable que s'il est philosophique, c'est-à-dire pleinement conscient, raisonnable et actif.

« Le véritable amour n'est pas purement sentimental, écrit Marcel Conche. Il ne laisse pas hors de lui la raison et la volonté. Il engage toutes les puissances de l'homme, mais en le laissant libre, maître de soi, non pas gouverné par son amour mais gouvernant son amour. [...] À certains égards, il a le caractère d'une entreprise, mais dont la fin n'est ni la domination de la nature, ni la domination de l'homme, ni aucune sorte de domination, dont la fin est, pour l'être aimé, une vie heureuse parce que vécue selon sa plus profonde vérité. Le véritable amour est philosophique, parce qu'en font partie la méditation, la réflexion sur la vie : il est vécu en effet avec la conscience de sa signification et de son importance, comme ce qui compte plus que toutes autres choses que la vie peut apporter, et toutes activités orientées vers la réussite dans le monde. Il est ce par quoi, même vieux, l'on se sent jeune, même près de la mort, l'on se sent vivant, et aussi ce par quoi l'on se sent fort contre les coups du sort, la malignité d'autrui ou sa bêtise, et les aspérités de la vie [5]. »

On peut trouver l'épanouissement de l'amour dans la vie célibataire. Le bonheur peut être savouré dans la solitude, à travers des relations amicales, sans vivre aucune histoire d'amour exclusive. On peut aussi savourer la volupté d'aventures amoureuses au gré des rencontres, comme le fit Casanova. Sans être un modèle de sagesse, la vie de ce grand charmeur a été une longue réjouissance des plaisirs de l'amour libre partagé avec une multitude de femmes heureuses de l'avoir rencontré. Casanova était d'abord un aventurier, surtout amateur du plaisir sensuel : « Cultiver le plaisir des sens fut toujours dans toute ma vie la principale affaire. Je n'en ai jamais eu de plus importante. Me sentant né pour le sexe différent du mien, je l'ai toujours aimé, et je m'en suis fait aimé tant que j'ai pu ». S'il usa des artifices de la séduction, il était d'abord généreux, disciple de

5 CONCHE, *Analyse de l'amour et autres sujets*, p. 3.

l'amour. Un « chrétien fortifié par la philosophie », disait-il de lui-même, et amant de la vérité : « J'ai toujours aimé la vérité avec tant de passion que souvent j'ai commencé à mentir pour la faire entrer dans ces têtes qui n'en connaissaient pas les charmes ». Un homme qui aima passionnément la vie, trouva la sérénité dans le libre usage de son esprit et put dire au moment de mourir : « J'ai vécu en philosophe [6] ».

Mais la *philia* peut bien sûr aussi se vivre à deux, dans le grand amour d'une amitié érotique durable. Lorsqu'elle se déploie entre deux êtres autonomes qui s'aiment selon la sagesse de l'amour, la relation amoureuse devient une pure splendeur. Rien de plus beau sans doute que de vivre la sexualité, l'amour et l'amitié dans le bonheur d'une vie de couple fondée sur une absolue confiance. Car la joie de chacun peut alors s'enraciner dans une histoire qui prend la dimension d'une véritable œuvre d'art. Le bonheur d'aimer devient sacré quand un couple enracine sa joie dans une maison heureuse, à travers une mémoire commune, vers un horizon commun, surtout lorsqu'il fructifie dans l'enchantement turbulent et la vitalité joyeuse des enfants de cet amour. Et son rayonnement peut s'étendre, d'amis en amis, jusqu'aux confins du monde.

6 CASANOVA, *Histoire de ma vie*, tome 1, préface. Pour une étude stimulante, voir ZWEIG, *Trois poètes de leur vie*, chap. V : « Philosophie du superficiel », et VI : « Homo eroticus ».

# VII

## Les paradoxes du bonheur

Le bonheur n'est pas facile à penser. Il implique dans sa définition même de nombreux paradoxes. Il heurte l'opinion (la *doxa*) et la pensée spontanée parce qu'il semble inclure dans son essence même de multiples contradictions. On peut le caractériser à la fois comme un état passif et un être actif, un équilibre et un dynamisme, une expérience et un désir, un sentiment et une connaissance, une permanence et une variabilité. Il semble facile à atteindre ponctuellement mais difficile à conserver. Peut-on ressentir durablement une satisfaction complète dans une vie tellement soumise au changement ? Ces contradictions sont levées si on pense le bonheur comme une conquête. « L'homme heureux est celui qui a conquis son bonheur », note Delacroix dans son journal. Le bonheur n'est en effet jamais donné, il faut le créer sans cesse. Il est le fruit d'une découverte perpétuelle et non un bien qu'on pourrait acquérir et conserver. Le bonheur est toujours à recommencer, à redécouvrir, dans l'expérience toujours nouvelle d'une satisfaction globale toujours conquise. Il n'est pas de l'ordre d'un « il y a », mais d'un advenir à la fois stable et dynamique. « L'élément commun à toutes les impressions de bonheur est double écrit Nietzsche : plénitude de sentiment, mêlée de turbulence, si bien que l'on se sent dans son élément comme un poisson et que l'on s'y ébat [1]. » La clé du paradoxe réside dans le lien déjà évoqué entre le bonheur et le désir. Même présent, pleinement réalisé, le bonheur reste un désir. On peut dire du bonheur ce que René Char dit du poème : il est « l'amour réalisé du désir demeuré désir [2]. »

1 Nietzsche, *Aurore*, § 439.
2 Char, *Fureur et Mystère*, « Le partage formel », XXX, p. 73.

Le bonheur est la joie qui accompagne l'ensemble des activités dans laquelle un sujet se perçoit lui-même comme auteur et acteur de l'accomplissement de son désir. Il consiste à éprouver sa « qualité d'être », dans n'importe quelle action ou perception. Cette qualité n'est pas à proprement parler un état, c'est une expérience continue qui peut se définir comme un « se sentir être actif », une manière de se percevoir attentive à ce qu'il y a de bon dans ce qui existe. En agissant selon la raison, par une actualisation de ses virtualités, une réalisation de ses potentialités, en savourant l'équilibre d'un corps sans souffrance et d'un esprit sans trouble, on ressent le bonheur de la liberté. La liberté ne consiste pas à faire ce qu'on veut, mais à vivre selon la nécessité de sa propre nature, en éprouvant un profond accord avec soi-même et avec le monde. Le bonheur d'être libre et actif admet des variations en fonction des moments, mais il demeure total. Paradoxes : c'est une perfection relative. Une stabilité changeante. Un équilibre évolutif. Cette paradoxale conquête du bonheur se réalise lorsque nous faisons quelque chose qui augmente notre sentiment de puissance, notre sensation d'être en relation avec l'être, lorsque nous avons réalisé localement un peu plus notre union originelle avec la nature tout entière, que nous avons progressé vers une plus grande liberté. Chaque instant peut nous apprendre quelque chose et nous donner une joie active, même et surtout dans une expérience négative. Face à une personne qui nous agresse, une situation défavorable, un échec, une séparation, un deuil, nous pouvons conquérir notre bonheur en discernant ce qu'il y a de bon à faire. Nous pouvons sans cesse apprendre du réel. Apprendre non pour encombrer notre mémoire mais pour enrichir notre compréhension de la nature, pour devenir meilleur, plus puissant, capable de penser, d'agir, d'aimer, de réaliser nos désirs les plus beaux, les plus profonds. Le bonheur consiste à se sentir progresser dans le bonheur de l'instant vers le bonheur de sa vie, par des joies toujours plus fortes, plus stables. Lorsque je comprends, quand j'acquiers une idée vraie et que je la relie à l'ensemble de mes idées vraies, je deviens plus conscient de moi et du monde, j'enrichis mon existence, je deviens plus fort pour affronter la vie et ses difficultés. Plus j'ai de connaissances, plus j'ai d'idées, plus mon monde intérieur s'élargit, plus mes perceptions s'affinent. Alors mes affects se déploient en qualité et en profondeur, ma sensibilité s'éveille, mon pouvoir de jouir augmente, mon imagination se développe, ma créativité s'épanouit, ma sérénité se fortifie, ma vertu grandit, mon sentiment de vivre s'intensifie, ma liberté se déploie, ma capacité d'être heureux et de rendre heureux s'affirme. Par le travail philosophique, par la compréhension intellectuelle que procure la science, j'ai alors le sentiment de participer à la création cosmique, de participer directement au sens de la vie, en évoluant vers toujours plus de complexité, de conscience, de perfection. Le bonheur vient doucement, progressivement, dans le présent qui advient, dans le passage. Bien sûr, même lorsqu'il est vécu comme invincible, le bonheur est infiniment fragile. Un rien peut le détruire. Un microbe suffit. Ou un accident. À tout moment un événement extérieur peut venir détruire mon équilibre, annihiler ma sérénité et supprimer mon plaisir en repos. Le tragique de l'existence est insurmontable. Et c'est pourquoi il faut apprendre à l'aimer. C'est peut-être là le plus profond paradoxe du bonheur. Pour être pleinement heureux, il faut accepter totalement l'existence irrémédiable de la souffrance et de la mort. Vivre serein à proximité du néant. Rester calme et joyeux malgré l'imminence de la catastrophe. Accepter la fragilité de toute chose, la temporalité de toute existence, l'indépassable finitude de toute vie. Et le plus difficile : accepter de perdre son bonheur. Heureux celui qui sait faire le deuil de tous ses instants de bonheur. Je ne suis vraiment heureux que lorsque je suis satisfait par la réalité sans être triste de la voir se transformer. C'est pourquoi la sagesse est nécessaire au bonheur. Quand j'éprouve une joie lucide et sereine, j'accepte l'impermanence de toute chose parce que je comprends qu'elle est la condition du changement, de l'évolution, de toute vie et de toute joie. Car la joie surgit lors de la découverte d'une nouvelle réalité, une nouvelle idée, une bonne rencontre. Je suis heureux lorsque je ne suis plus attaché au présent, alors même que j'en jouis le plus. Comment est-ce possible ? Par la philosophie, qui me fait comprendre que je peux éternellement jouir de ma puissance de penser selon la raison et me donne la certitude de pouvoir goûter au bonheur futur. Cette confiance dans mon bonheur me libère de l'avidité face au présent. Elle me rend attentif à la souveraine présence de ce qui est bon, de ce qui me comble, et qui est toujours là : présence de mon corps et de mon esprit, possibilité de l'équilibre et de la cessation du manque, présence des multiples sources de joie, des autres et de la richesse infinie du monde. Cette confiance donne la force de chercher la paix conquise sur le conflit et le malaise, la beauté gagnée sur la laideur, l'harmonie créée par-delà le chaos, la sérénité trouvée au-delà de l'angoisse, la vérité reconnue par-delà les illusions... Le bonheur est là quand j'ai le sentiment de participer au mouvement incessant d'expansion de la vie dans l'univers, dans la conscience en moi de sa force.

Le plaisir en repos n'est donc vraiment pas un plaisir passif, pas plus que le non-agir des Orientaux n'est un « ne rien faire ». C'est l'acte même de jouir de l'activité créatrice de la nature en soi, en harmonie avec la création partout à l'œuvre dans le monde, en recherche de nouvelles possibilités de vie, de nouvelles possibilités de société. L'expérience du bonheur n'empêche pas de chercher à améliorer encore et toujours notre existence, notre monde, notre être, notre société. La sagesse consiste à l'accueillir sans tarder dans la jouissance des biens présents, et cela peut se faire à tout instant. Il suffit simplement d'accepter le bonheur simple qui nous est donné dans la vie quotidienne, en faisant immédiatement ce que nous savons être source de joie existentielle. Cet éveil est accessible à tout moment, dans la moindre action, le moindre événement. Il suffit de respecter le sens de la vie, d'être attentif au sens de l'être, et de savoir savourer le bonheur de l'instant.

Pourtant, la conscience ne peut être heureuse que si elle dépasse la perception de la joie liée au moment présent. La joie n'est qu'un affect. Elle n'existe que pendant le temps où elle est ressentie. Le bonheur passe nécessairement par la joie de l'instant, mais sa satisfaction est associée à l'idée de la totalité de son existence, dans tout le temps de sa durée. Pour me sentir pleinement heureux, il faut que je puisse considérer mon existence tout entière comme heureuse. C'est pourquoi le bonheur passe nécessairement par la réflexion, et donc par la pensée, sinon par la philosophie. Le bonheur est simultanément de l'ordre de la réflexion et de l'ordre de l'existence vécue. Nouveau paradoxe : le bonheur est à la fois sentiment vécu et conscience réfléchie de ce sentiment. Le passage de la joie au bonheur implique la notion de sens : je ne peux rattacher ma joie présente à l'idée de mon bonheur que si cette joie est attachée à la signification positive de la totalité de mon existence saisie dans toute sa valeur. Le bonheur est lié au sentiment réflexif que ma vie est réussie globalement, que mon passé et mon futur sont inscrits dans un projet existentiel qui comble et satisfait réellement mon désir. Or ce projet peut naître à tout moment. Il suffit de décider d'accomplir sa vie par la philosophie, de vivre librement, selon son essence et les vertus, pour donner un nouveau sens à sa vie tout entière, y compris à son passé. Toute personne malheureuse, à qui le bonheur semble impossible, peut reconsidérer son avenir et son passé et leur donner un sens en prenant la décision de changer de vie. Cette décision peut suffire à donner une joie, un sentiment de liberté et d'accord avec soi, une foi. Et il suffit de connaître un moment de joie pour savoir que le bonheur reste possible, pour l'éprouver par anticipation. Car le bonheur commence lorsque la joie présente a pour cause non seulement la vie actuelle mais également le souvenir d'un passé rétroactivement pensé comme satisfaisant, parce que lié à l'idée de mon avenir anticipé comme source possible de joie. Comprendre que le bonheur est possible par la satisfaction raisonnable des désirs, c'est déjà éprouver les prémisses du bonheur. C'est en cela que le bonheur est un acte dynamique et réflexif toujours ouvert. Il peut surgir à n'importe quel moment. Un éveil philosophique suffit. Le bonheur est ainsi une signification accordée à notre existence, et non un simple affect. C'est une valeur, une réalité spirituelle, et non une simple réalité physiologique. L'émergence de ce sens nécessite un travail de l'intelligence, une lucidité. Un sujet ne peut en effet se savoir heureux que s'il se pense sans cesse comme sujet d'une existence inscrite dans une temporalité ascendante. Le bonheur est notamment appréhendé à travers des projets de réalisation personnelle, dans une cohérence qui exprime l'originalité de son être. Ce travail est bien sûr progressif, il faut du temps, depuis l'enfance, pour dégager la signification globale de sa vie, et pour que cette signification soit perçue comme satisfaisante. Mais le projet d'être heureux peut à tout moment être l'objet d'un acte de fondation et de construction. Chacun a plus ou moins d'efforts à fournir, mais il arrive un moment où, par la construction progressive des conditions de son existence, par l'élimination progressive des désirs vains et le développement de notre personnalité, de notre art de vivre et de notre situation sociale, on parvient à une pensée intuitive de ce sens, et au contentement de soi. Être heureux, c'est d'abord décider d'être heureux, de tout faire pour que sa vie soit heureuse, en réfléchissant sur ce qu'il est possible de faire pour accéder, autant que faire se peut, à l'expérience de la joie et à l'élimination des tristesses, par la réussite de ses actions, l'épanouissement d'une amitié, l'accomplissement d'une profession, le perfectionnement d'un art, la création d'une famille, dans une vie conforme à la raison. Et surtout par la réalisation de ses rêves ! C'est pourquoi le bonheur est d'abord affaire de courage.

Le premier acte du bonheur est de l'ordre du fondement. Il s'agit de fonder sa vie sur le principe de la recherche du bonheur, sur des valeurs nobles de sagesse et d'amitié, par des engagements sains, familiaux, amoureux, sociaux, par des projets artistiques et professionnels qui soient fidèles à son désir et à sa raison. Nous avons vu d'autres actes constitutifs du bonheur : l'apprentissage d'un art ou d'une science, la jouissance du monde, la contemplation, la création... Tous ces actes sont liés à des projets, tous unifiés autour d'un même fondement, dont le sujet est la source et la fin, et dont il peut sans cesse, solitairement et avec ses amis, repenser le sens, dans la méditation sur sa destinée.

C'est pourquoi le sage, l'homme le plus heureux du destin, continue nécessairement à projeter dans le futur, à rêver, imaginer, penser la possibilité d'un bonheur nouveau, d'un bonheur plus grand, dans sa destinée future.

Comment l'homme heureux peut-il penser un bonheur futur plus grand ?

Ce bonheur plus grand est d'abord le bonheur plus riche donné par la culture, une vie plus intéressante, des amitiés nouvelles, des conditions de vie toujours plus satisfaisantes. C'est aussi le bonheur qu'il désire pour les autres hommes, un bonheur collectif et universel qui dépasse son bonheur privé. C'est enfin le bonheur absolu et parfait vers lequel tout homme tend par la nature même de son désir. La recherche de ce bonheur total pour soi et pour les autres reste l'objet de la philosophie, mais deux autres disciplines en font généralement leur objet propre, c'est la politique et la religion.

# VIII

## Le bonheur politique : la concorde

La politique est l'art de vivre ensemble. La sagesse politique n'est qu'une partie de la sagesse éthique, mais la politique conditionne la possibilité de l'éthique. Pour parvenir au bonheur, il ne suffit pas de le décider, de philosopher et de vivre selon sa raison. Il faut aussi avoir la chance de trouver les conditions sociales favorables à son épanouissement et à la réussite de son projet existentiel. Cela dépend en priorité du travail personnel de l'individu : chacun doit chercher et créer l'environnement social, familial, et professionnel le plus favorable. Mais encore faut-il vivre dans une société assez civilisée et posséder un statut social assez satisfaisant. Les conditions de la philosophie et du bonheur sont donc directement sous la responsabilité du pouvoir politique. Le premier rôle de l'État est de donner à chacun la possibilité de réaliser son désir de vie heureuse en obligeant chacun à être juste. Or le juste ne désigne pas seulement « celui qui se conforme aux lois », note Aristote, mais « ce qui est susceptible de créer ou de sauvegarder, en totalité ou en partie, le bonheur de la communauté politique [1]. » Pourquoi avons-nous besoin de la communauté politique ? Parce que la puissance de chaque individu est extrêmement limitée. Chacun a besoin de tous les autres pour augmenter sa puissance, dans un lien social fondé sur la réciprocité d'intérêt. Le sujet du bonheur ne peut pas être pensé comme un individu isolé en quête de son bien-être privé, il doit être pensé dans son rapport à autrui, dans le cadre d'une société qui conditionne, permet ou limite d'une façon ou d'une autre l'accès au bonheur pour tous les individus, de l'enfant au vieillard, du pauvre au riche, du citoyen au souverain, de l'ignorant au savant, du fou au sage.

1 Aristote, *Éthique à Nicomaque*, V, 1, p. 124.

Comment le philosophe aborde-t-il la politique ? Il est par nature au-dessus des nations, des partis politiques et des conflits idéologiques. Il est citoyen du monde et apôtre de la raison. Lorsqu'il fait de la politique, son objectif n'est ni le pouvoir ni le progrès économique, technique, scientifique ou industriel, mais le bonheur de tous par une utilisation sage des puissances, des richesses, des savoirs et des techniques existantes. La philosophie politique a pour unique but de développer autant que possible une société assez sage pour permettre le bonheur réel pour tous. Une société libérée de la quête d'un bonheur imaginaire, idéal, illusoire, dans le futur. On peut résumer cette problématique en distinguant trois types d'état social.

D'abord, l'état de nature, caractérisé par la guerre de tous contre tous. Les hommes étant spontanément ignorants, ils sont en conflit permanent parce qu'ils sont uniquement déterminés par leurs passions. Ils s'opposent les uns aux autres sans règles, usent de la force pour satisfaire leurs besoins, leur désirs de plaisir, de richesse et de pouvoir. Leurs rapports sont dominés par la haine, la peur et la violence. L'insécurité est maximale et le bonheur impossible.

Ensuite, l'état intermédiaire à la fois passionnel et rationnel des sociétés actuelles, la société plus ou moins civilisée. Chaque citoyen y est assez éduqué pour respecter relativement l'ordre social et l'intérêt commun, mais hormis quelques sages, chacun reste dominé par ses passions et contraint par la force d'obéir à des règles instituées par un pouvoir politique pour limiter la guerre et favoriser la paix et la raison. Le bonheur devient possible mais il reste fragile.

Enfin, l'état philosophique de paix, la concorde. Les hommes sont assez sages pour résoudre leurs conflits sans violence et pour vivre harmonieusement en se conformant librement aux lois de la raison par amitié et par amour de la sagesse. La vie se déploie librement dans des sociétés justes, dans des cités radieuses, où les individus peuvent être heureux de vivre, d'habiter, de travailler, de créer leur histoire, de jouir sereinement de la vie par la philosophie et la culture. Le malheur reste possible mais le bonheur domine.

Comment éviter de retomber du second au premier état, de l'état de société à l'état de guerre et de barbarie ? Et comment progresser toujours plus vers le troisième état, l'état de paix et de concorde ? Voilà le problème politique, dans le prolongement de l'éthique. La question du bonheur collectif prime ainsi sur toutes les autres questions politiques. La gestion du pouvoir, l'organisation de la société, de la justice et des institutions garantissant le respect des droits du citoyen, les moyens de régler les rapports de violence entre les hommes, la direction du progrès scientifique, technique, économique et social ne prennent leur sens que dans la mesure où elles contribuent à éclairer la question la plus générale : comment vivre ensemble, du quartier à la planète, de la façon la plus heureuse possible ?

Avant de proposer brièvement une solution, il faut comprendre la logique élémentaire du fonctionnement politique dans nos républiques démocratiques. Qu'est-ce d'abord que la politique ? Le terme politique vient du grec *politikos*, « ce qui concerne la *polis* », la cité, la ville, et par extension le gouvernement de la cité, l'État. Le concept de *polis* désigne donc à la fois la réalité sociale, la vie collective propre à un peuple autonome, sur un territoire donné, et l'État régi par un gouvernement indépendant et souverain. La fonction du gouvernement est de faire respecter les institutions de l'État à l'ensemble des sujets d'une même communauté politique : les citoyens. Est citoyen tout sujet jouissant des droits civiques d'un État et soumis à ses lois. L'État est une institution que les hommes se donnent pour résoudre par la force et la raison le problème de la violence. Il est constitué par l'ensemble des institutions politiques, juridiques, policières, militaires, administratives et économiques. Situé au-dessus des citoyens, l'État est l'autorité politique suprême. Nul n'a le droit de lui désobéir. Cette autorité tire sa légitimité de sa fonction : assurer le respect des droits de chaque citoyen. L'État est la « chose publique », la *res publica*, parce qu'il est au-dessus des intérêts privés. Une république ne vise pas le bien d'un seul (dictature, monarchie) ou de quelques-uns (oligarchie), elle vise le bien de tous, le bien commun à tous : la liberté. C'est pourquoi la république ne peut se réaliser pleinement que dans une démocratie. L'ensemble des citoyens peut critiquer et choisir librement la politique de l'État en choisissant ses représentants par des élections libres et en participant à tous les débats politiques. La politique d'une république démocratique a nécessairement pour but le bien commun, parce qu'il est nécessairement désiré par tous les citoyens raisonnables comme condition de leur bonheur. Le désir de justice sociale se fonde sur le droit de chacun de vivre librement son bonheur privé sans être menacé par l'injustice d'autrui. Dans toutes les formes d'État, démocratique ou non, le pouvoir politique n'est jamais fondé sur autre chose que sur la puissance de l'État. Mais il est d'autant plus juste que sa politique exprime la volonté de tous les citoyens de vivre heureux, sous la conduite de la raison, dans l'autonomie. Le but unique d'un État démocratique est la liberté et la justice, c'est-à-dire la condition du bonheur de tous, telle qu'elle apparaît nécessairement à tous ceux qui pensent librement. C'est pourquoi la philosophie et la démocratie vont ensemble. Elles sont toutes deux fondées sur un même principe : la liberté de penser, garantie par l'autorité absolue de l'État. La notion d'autorité politique est souvent mal comprise. Elle ne désigne pas le pouvoir légal, mais le pouvoir reconnu comme légitime. C'est le pouvoir auquel on obéit librement. Selon l'étymologie, l'autorité n'est pas la force qui domine, mais celle qui augmente (*auctor*). Le propre de l'autorité est d'inspirer le sentiment de respect et de confiance, non la crainte et la défiance. L'autorité est le pouvoir auquel on obéit sans qu'il ait besoin d'user de la force, c'est l'instance à laquelle on reconnaît le droit, la compétence, la légitimité de commander, parce qu'on estime qu'elle agit pour notre bien. L'autorité politique seule a le droit d'user de la force, et même éventuellement de la violence, contre des citoyens si cela est nécessaire pour faire respecter la loi, préserver l'ordre social et garantir la sécurité et la liberté de tous.

L'État n'est pas l'autorité politique souveraine parce qu'il est le plus fort, mais parce qu'il peut être reconnu par chaque citoyen comme l'instance de domination nécessaire pour instituer un ordre social plus satisfaisant que l'état naturel. Pour instituer la paix, la sécurité et la justice, l'État impose le même respect absolu des lois à tous les citoyens, sans exception, pour limiter le déchaînement des passions individuelles dans la violence. Ce faisant il limite la liberté naturelle de chacun, le droit naturel d'agir autant que sa puissance le lui permet, mais il garantit à tous une liberté civile sûre. « Peut-être va-t-on prétendre qu'ainsi nous faisons des sujets des esclaves, écrit Spinoza, car une opinion vulgairement répandue nomme esclave celui qui agit sur l'ordre d'un autre et homme libre celui qui se conduit comme il le veut. Cette manière de voir n'est pas tout à fait conforme à la vérité. En fait, l'individu entraîné par une concupiscence personnelle au point de ne plus rien voir ni faire de ce qu'exige son intérêt authentique est soumis au pire des esclavages. Au contraire, on devra proclamer libre l'individu qui choisit volontairement de guider sa vie sur la raison. [...] Ainsi, la communauté politique la plus libre est celle dont les lois s'appuient sur la saine raison. Car, dans une organisation fondée de cette manière, chacun, s'il le veut, peut être libre, c'est-à-dire s'appliquer de tout son cœur à vivre raisonnablement [2]. »

Aristote l'a dit avant Spinoza : si tous les hommes étaient de véritable amis, ils n'auraient plus besoin de la justice, plus besoin d'État et de lois. La générosité, la prudence et le dialogue suffiraient pour assurer la concorde. Mais en attendant, l'État reste un mal nécessaire, un instrument de paix dont il faut user avec prudence, en assurant la présence de contre-pouvoirs démocratiques.

Seul l'État démocratique permet d'atteindre un ordre social relativement satisfaisant, parce qu'il garantit le maximum de liberté à chaque citoyen et parce qu'il n'a d'autre fonction que d'assurer cette liberté par le moyen de lois librement choisies par tous au sein d'un dialogue. La démocratie admet en effet pour premier principe la liberté de penser et de parler [3]. Chacun peut librement y critiquer les lois, les institutions et le gouvernement, et participer à l'exercice de l'autorité par le jeu des élections et des médias. Chacun peut surtout librement philosopher et agir pour faire évoluer l'action politique, les lois, les structures sociales et toute la société. Dans une démocratie, le gouvernement n'est soumis qu'au peuple constitué par des citoyens tous égaux devant la loi. Il représente sa « volonté », déterminée par l'opinion de la majorité. C'est le peuple qui gouverne souverainement, parce qu'il est le seul fondement de la légitimité de l'État. Dans une démocratie, un peuple n'a donc que l'État et le gouvernement qu'il mérite. C'est pourquoi les démocraties ont fondamentalement besoin de la philosophie. D'abord pour que la critique de l'État, des lois et des élus ne soit pas qu'un débat d'opinions dirigé par les passions individuelles et les intérêts

2 SPINOZA, *Traité théologico-politique*, chap. 16.
3 *Ibid.*, chap. 20. Voir aussi MISRAHI, *Existence et Démocratie.*

privés, mais un dialogue raisonnable cherchant véritablement le bien commun et la justice. Ensuite pour que l'opinion qui gouverne et dispose de la force, en choisissant les hommes qu'elle met au pouvoir, puisse être libérée des passions, des idéologies, éclairée par l'éthique, les sciences de la vie, de l'homme et de la société.

L'action politique est elle-même philosophique dans son essence. Elle consiste essentiellement à substituer le dialogue et l'accord amical à la violence et à la guerre. Son but est de réguler les rapports de force entre les hommes par l'intermédiaire de contrats définissant le bien commun. Faire de la politique, c'est chercher à établir une unité pacifique à l'intérieur d'un groupe où des individus s'affrontent pour défendre des intérêts divergents. Pour résoudre les conflits interindividuels, il n'y a pas d'autre solution que le dialogue entre tous les citoyens, selon les règles de l'amitié : l'agora, l'assemblée, les médias. La démocratie implique le droit à une information libre, une éducation libre, l'adhésion à des théories religieuses, politiques, scientifiques selon sa conscience, et surtout la libre pratique de la philosophie. C'est au sein du dialogue politique que le rôle critique de la philosophie doit jouer, car c'est là que l'idéologie, la démagogie et l'usage pervers de la rhétorique triomphent.

Le seul projet qui puisse légitimer l'action politique est donc la réalisation éthique de tous, dans un contexte démocratique, par un progrès des citoyens et des institutions. L'unique but politique légitime est de créer une société plus juste, une société où chacun peut avoir la chance, le droit et la liberté de chercher son propre bonheur, dans le respect des droits démocratiquement choisis de chacun.

Il n'y a donc qu'une solution globale et sûre à la problématique politique. Pour éviter le retour de la barbarie et progresser vers la concorde, la seule solution est la réalisation de la démocratie et le développement de la vraie philosophie dans toute la société, dans toutes les nations, sur toute la planète. Hors de la philosophie, point de salut éthique ni politique. Car toute la politique repose en démocratie sur la qualité de l'éducation des citoyens, sur leur déconditionnement idéologique, leur thérapie psychologique, jusqu'à l'éducation véritable, celle de la responsabilité éthique. L'action politique la plus urgente se situe sans doute au niveau de l'éducation des enfants et des adolescents, dans les familles comme à l'école, dans les cités comme dans les médias. Le système scolaire et l'organisation entière de la société doivent être radicalement changés si on veut promouvoir une éducation à la véritable intelligence, à la sagesse et au bonheur. L'idéologie dominant aujourd'hui l'éducation est contraire à l'éthique élémentaire parce qu'elle n'est pas au service du désir de sagesse des enfants. Apprendre à satisfaire ses désirs naturels et nécessaires, dès le plus jeune âge, pour devenir citoyen autonome et sujet responsable de son éthique, tel devrait être l'enjeu politique de l'éducation, avant tout autre enjeu idéologique, économique ou technique. La véritable action politique est l'éducation à la liberté de penser, aux vertus, aux valeurs véritables, pour que la conversion à la responsabilité éthique puisse advenir en chacun, selon le message de Socrate : « Je n'ai d'autre préoccupation que d'aller et venir, en cherchant à vous persuader, jeunes et vieux, de ne pas vous soucier d'abord du corps et de la fortune avec autant de passion que de votre âme et de son perfectionnement ; je vous répète que la fortune ne donne pas la vertu mais que la vertu donne la fortune et tous les autres avantages, aux particuliers comme à l'État[4]. »

Mais la responsabilité politique demande d'abord d'être soi-même philosophe et de vivre en philosophe, en démocrate responsable. Seul un citoyen assez heureux et raisonnable peut être responsable de ses actes devant tous les autres en pratiquant la justice. La véritable justice ne consiste pas seulement à respecter les lois mais à avoir le courage de refuser les injustices, en travaillant à concilier son bonheur privé avec le droit au bonheur de tous.

La sagesse politique n'est donc que le prolongement de l'éthique. Elle consiste à comprendre, à imaginer et à faire un monde plus juste, où chacun pourrait créer, savourer et partager librement son bonheur de vivre sa vie malgré le tragique : un monde sans violence et sans misère, un monde libre et solidaire, dans le déploiement des différences et des singularités, des amitiés et des beautés, un paradis terrestre.

4 PLATON, *Apologie de Socrate.*

# IX

## Le bonheur religieux : la béatitude

Le bonheur est toujours un plaisir complet, mais il reste relatif. Il dépend surtout de notre sagesse, de la capacité d'éprouver le plaisir en repos donné par la pratique de la philosophie. Mais notre sagesse est limitée. Et même s'il est fondé sur une grande puissance intérieure, le plaisir en repos ne dépend pas que de nous. Il dépend en effet toujours plus ou moins des circonstances extérieures, du hasard de la vie et des rencontres, des accidents et des vicissitudes de l'histoire, des caprices de la nature, des conditions de la société et, surtout, de l'attitude plus ou moins amicale des autres. Or le bonheur désiré dans sa plénitude doit être autant que possible indépendant des conditions extérieures. C'est pourquoi le philosophe désire avant tout le bonheur extraordinaire que la sagesse ultime peut donner. Pour désigner ce salut philosophique, connu seulement par le sage accompli, nous pouvons utiliser le terme de Bouddha, le nirvâna, ou celui employé par Spinoza, la béatitude. Que signifient ces concepts ?

Le nirvâna, ou la béatitude, désigne le bonheur total, parfait et éternel : le bonheur du sage. Pour le philosophe, il est avant tout un modèle, un horizon, une référence, au même titre que la sagesse. En effet, le désir d'un bonheur absolu ne doit pas être un obstacle au bonheur relatif. Il ne doit pas être l'espérance d'un bonheur idéal dans le futur. Sinon, il risque d'empêcher de goûter le bonheur présent. Rêver d'un bonheur total pour demain, c'est souffrir de ne pas le connaître ici et maintenant, et c'est rater toute possibilité de bonheur. Ceci est vrai du bonheur absolu du *paradis* que certaines religions promettent dans l'au-delà à leurs fidèles comme récompense d'une vie ascétique fondée sur le respect absolu de morales impératives. Le bonheur futur de l'âme immortelle délivrée du corps mortel dans un autre monde est peut-être possible, mais il s'agit d'une croyance irrationnelle qui inclut l'incertitude. Le philosophe ne s'en préoccupe donc pas : « L'homme libre ne pense à rien moins qu'à la mort, et sa sagesse est une méditation, non de la mort, mais de la vie [1]. » La béatitude ne désigne donc pas un bonheur métaphysique dans l'au-delà, un objet d'espoir et de croyance. C'est un bonheur immanent, accessible dans cette vie et compréhensible par la raison. Tant qu'on espère vaguement la béatitude après la mort, on ne peut l'atteindre dans cette vie. C'est pourquoi certains philosophes comme Marx ont si violemment critiqué la religion : « L'abolition de la religion en tant que bonheur illusoire du peuple est l'exigence que formule son bonheur réel [2]. »

Mais ce n'est pas la religion qu'il faut abolir, ce sont les idées fausses sur le bonheur et sur la religion. Le bonheur absolu est possible dans la vie présente et sa compréhension donne un nouveau sens – ou redonne son vrai sens – à l'idée de religion. Expérimentée par certains sages et par les mystiques, la béatitude est possible pour tous les hommes, sans recourir à aucune magie, à aucun miracle, avec la seule raison, et par la seule nature... Comment penser cet absolu sans retomber dans la croyance en un idéal surnaturel ? Il suffit de bien le comprendre. De même que le bonheur ordinaire n'est pas un maximum mais un équilibre, non une quantité de plaisirs mais une qualité de joie, le bonheur extraordinaire n'est pas un idéal mais une perfection. La béatitude est une joie, mais c'est une joie parfaite, une joie qui a pour cause la connaissance de la perfection de l'être. Comment éprouver une joie absolue et parfaite dans un monde où tout est relatif et imparfait ? En comprenant que la réalité est en elle-même une perfection. « Par réalité et perfection, écrit Spinoza, j'entends la même chose [3]. » Spinoza ne veut pas dire que le monde ne peut être amélioré, mais que seule la réalité existe. Une chose ne peut être pensée comme imparfaite que relativement à un modèle imaginé comme parfait. Mais il n'y a pas de modèle du réel, pas d'autre monde que

1 Spinoza, *Éthique*, IV, 67.
2 Marx, *Contribution à la critique de la philosophie du droit de Hegel*.
3 Spinoza, *op. cit.*, II, définition VI.

ce monde. Seule existe par définition la réalité, qui ne peut être comparée qu'à elle-même. Comprendre que le monde est nécessairement tout ce qu'il peut être, à chaque instant, c'est en comprendre la nécessaire perfection. La béatitude réside dans une joie suprême et incessante à la seule idée de la réalité pensée dans sa nécessaire perfection. Elle consiste à percevoir indéfiniment la perfection de l'existence d'une manière toujours renouvelée. La joie est par nature le passage d'une perfection inférieure à une perfection supérieure. Mais chaque état est déjà une perfection. C'est là le paradoxe ontologique : la nécessaire perfection du présent, malgré son incessant devenir. L'être est à tout moment tout ce qu'il peut être. Chaque instant est absolument unique, donc parfait en son genre. S'il n'est pas comparé à un modèle imaginaire, le réel peut apparaître à chaque instant comme parfait. Celui qui comprend cela éprouve à chaque instant une totale satisfaction, sans désirer autre chose que ce qui existe et advient. La perfection du bonheur révèle la perfection du réel, qui permet à son tour la perfection du bonheur. Là se trouve peut-être le plus profond secret de la sagesse : accepter le réel tel qu'il devient. Le bonheur le plus haut réside dans une action privilégiée, unique source de salut : comprendre la présence de l'être et la nécessité du réel dans chaque chose, chaque événement. Comprendre à chaque instant la vérité éternelle de l'ontologie : l'être advient. Je suis ce que je deviens. Le réel est existence. Tout est présent. Celui qui comprend adéquatement la substance comprend qu'elle est nécessairement ce qu'elle est : la source de toute chose, d'une puissance infinie. Du simple fait qu'il la pense adéquatement, le sage éprouve une joie absolue, aussi puissante que la nature et éternelle comme toute vérité. Cette joie éternelle et parfaite est appelée par Spinoza « amour intellectuel de Dieu » : « une joie qu'accompagne l'idée de Dieu comme cause [4] ». Défini comme la cause immanente de tout, Dieu est à la fois sujet et objet de la béatitude. On peut parler, si on veut, d'amour de la nature ou de la vie, d'amour cosmique ou universel. Dans chacun de ces concepts, c'est la puissance infinie et éternelle partout à l'œuvre qui est pensée comme cause de joie.

4 *Ibid.*, V, 32.

Cette connaissance n'est pas l'objet d'une compréhension discursive et c'est pourquoi il ne suffit pas d'en connaître le concept pour l'éprouver. Elle nécessite une intuition de l'ordre d'une expérience religieuse et mystique (mystique signifie simplement « qui ne peut se dire, qui ne peut que s'éprouver dans le silence », de *muein* : se taire). Cependant, la connaissance de Dieu est d'autant plus grande qu'on connaît intuitivement plus de choses singulières. Car la puissance de Dieu n'est autre que sa manifestation dans les choses. La béatitude est le bonheur de l'homme ayant atteint le souverain bien par la connaissance de l'ordre total de l'univers, l'accord parfait avec l'être. Ce bonheur parfait ne permet pas la libération totale et définitive de la servitude des passions, mais permet de réduire leur puissance. Et plus cet amour s'accroît par la connaissance des choses, plus l'esprit développe sa puissance intérieure, pratique les vertus et atteint la liberté du sage. Spinoza en donne la description dans l'ultime proposition de l'*Éthique* : « La béatitude n'est pas la récompense de la vertu mais la vertu même ; et cet épanouissement n'est pas obtenu par la réduction de nos désirs sensuels, mais c'est au contraire cet épanouissement qui rend possible la réduction de nos désirs sensuels.

« On voit par là quelle est la force du sage et combien il est supérieur à l'ignorant, conduit par ses seuls désirs sensuels. Non seulement l'ignorant est agité de mille façons par les causes extérieures, et ne possède jamais le vrai contentement intérieur, mais encore il vit dans une inconscience presque complète de lui-même, de Dieu et des choses et, sitôt qu'il cesse de pâtir, il cesse aussi d'être. Le sage au contraire, considéré en cette qualité, ne connaît guère le trouble intérieur, mais ayant par une certaine nécessité éternelle conscience de lui-même, de Dieu et des choses, il ne cesse jamais d'être et possède le vrai contentement[5]. »

Ce vrai contentement est la joie la plus parfaite et la plus puissante qui soit. Rien ne peut venir la contrarier : quelle que soit la souffrance endurée, la frustration subie dans l'existence temporelle, l'esprit est empli d'une joie éternelle et infinie qui ne dépend de rien, si ce n'est de sa compréhension de l'être. Car c'est la pensée adéquate de l'existence comme manifestation

5 *Ibid.*, V, prop. 42.

immanente de l'être qui est cause de cette joie. La seule condition de cette joie d'aimer est la compréhension adéquate de la nature qui agit toujours et partout, et d'abord en soi, dans sa propre puissance d'agir, de penser et de jouir. La béatitude est la joie ressentie à l'idée que le mal n'existe pas... Car pour l'éveillé, le monde est par-delà bien et mal. La connaissance du mal est en effet une connaissance inadéquate, elle n'est autre qu'une tristesse, et donc une passion liée à une incompréhension de Dieu. Or plus je comprends Dieu, plus j'éprouve de l'amour et me préserve de la tristesse.

« On pourrait objecter qu'en comprenant Dieu comme la cause de toutes choses, écrit Spinoza, nous considérons par là même que Dieu est cause de tristesse. Je répondrai à cela que dans la mesure où nous connaissons les causes de la tristesse, elle cesse par là même d'être une passion, c'est-à-dire qu'elle cesse d'être une tristesse ; et ainsi, dans la mesure où nous comprenons que Dieu est cause de la tristesse, nous sommes joyeux[6]. »

Le sage se réjouit que le monde existe, il considère le monde dans sa perfection, non parce qu'il ne peut être amélioré, mais parce qu'il est le seul monde, et qu'il peut nous combler de joie par sa seule présence. L'éveillé voit le monde tel qu'il est : parfait. Au contraire du bonheur ordinaire, qui peut toujours être plus ou moins intense, plus ou moins chargé en plaisirs, la béatitude est un sommet. « Le bonheur peut être de deux sortes, écrit Épicure, ou bien il est suprême, et ne peut être augmenté, comme celui dont jouit un dieu, ou bien il est susceptible d'être augmenté ou diminué[7]. »

On peut donc distinguer deux expériences du bonheur. D'un côté la béatitude du sage accompli, bonheur exceptionnel, composé d'une pure, simple et permanente joie de vivre dans la pensée de la perfection de l'être, et de l'autre le bonheur de chacun (et donc aussi du sage), le bonheur au sens général, composé du plaisir en repos plus ou moins stable et enrichi par les multiples joies de la vie.

Plus encore que le bonheur relatif, la béatitude possède un caractère paradoxal : elle est vécue comme une expérience d'absolu et d'éternité dans un monde où tout est relatif et éphémère.

6 *Ibid.*, V, 18, sc.
7 BRUN, *Épicure et les épicuriens*, p. 144.

C'est qu'elle implique un tout nouveau rapport au temps. Elle nous fait vivre l'instant dans sa vérité intemporelle, dans un affect de joie totalement libérée de l'espoir. Comte-Sponville a bien montré le lien entre béatitude et désespoir, retrouvant dans sa réflexion la plus vieille sagesse hindoue : « Le désespéré est heureux [...] Car l'espoir est la plus grande douleur, et le désespoir la plus grande béatitude [8]. » Il ne faut pas comprendre par là que le désespoir est source de bonheur, mais que la sagesse libère l'homme de toute crainte, c'est-à-dire de ce qu'il y a de mauvais dans l'espoir. Ce n'est pas l'espoir qui est mauvais, comme semble parfois l'admettre Comte-Sponville, c'est l'illusion qui l'accompagne. Le sage peut bien espérer sans crainte être heureux demain parce qu'il sait qu'il retrouvera demain la même réalité, sans être certain pour autant d'exister ou de ne pas être souffrant. Il n'est pas désespéré, il est dans un espoir confiant, assuré par sa foi en la vie selon la sagesse. Il est libéré de tout attachement. La connaissance de la vérité fait ainsi accéder l'homme à une certaine expérience de l'éternité. Car si toute connaissance est temporelle et relative, toute vérité est éternelle et absolue. Lorsque nous connaissons la vérité de notre essence, nous comprenons qu'elle ne dépend pas de la durée et « nous sentons et expérimentons que nous sommes éternels [9] », comme le dit Spinoza. Reconnaître notre éternité dans notre durée limitée, sentir la présence de l'infini dans notre corps fini est le plus haut degré de la sagesse. Cette reconnaissance nous donne la liberté d'être et d'agir dans l'amour de la vie universelle, présente en tous les temps. C'est pourquoi elle s'accompagne d'un sentiment de liberté, d'harmonie, de pureté, de solidité, de plénitude, de présence et de sens que le bonheur ordinaire et dépendant ne procure pas.

La béatitude n'est donc rien d'autre que l'amour de la vie, de la réalité, la simple joie de vivre et d'exister. Joie totale, sans raison particulière, dont l'unique source est l'amour de Dieu, toujours et partout présent. Elle n'est donnée qu'au sage, à l'éveillé, par une intuition. Est-elle totalement inaccessible au non-sage ?

8 COMTE-SPONVILLE, *Une Éducation philosophique*, « Sagesse et désespoir », p. 349. Voir aussi *Traité du désespoir et de la béatitude* et son introduction à la pensée de Swâmi Prajnânpad intitulée *De l'autre côté du désespoir*.
9 SPINOZA, *op. cit.*, V, 23, sc.

Non. Pour ceux qui ne parviennent pas encore à la conception intuitive de Dieu, le bonheur parfait peut être approché à travers cette gaieté très particulière qu'on nomme l'allégresse. La pratique accomplie d'un art, d'une science, de l'amour ou de la philosophie procurent des instants de bonheur parfait fondés sur une reconnaissance du caractère parfaitement satisfaisant de l'existence en tant que telle, indépendamment du temps. L'allégresse est un bonheur absolu et passager, mais elle consiste dans « un plaisir qui, au moment où il est goûté, se présente comme un savoir inaltérable, indépendant des dispositions et des modifications de l'humeur », écrit Rosset. Contrairement à la gaieté ordinaire qui n'est possible que par un relatif oubli du réel, l'allégresse implique en effet une pleine reconnaissance du réel. Mieux : elle repose sur un véritable savoir, « une prise en compte des aspects les plus tragiques de l'existence : pour cette simple raison qu'il se donne comme prise en charge globale du réel. »

L'allégresse est donc accessible à tous. Entre le bonheur ordinaire donné par la vie raisonnable et la béatitude ultime donnée par la sagesse, l'allégresse est une sorte d'extase spirituelle et amoureuse qui accompagne les moments de lucidité ontologique. Sa joie intuitive nous saisit quand nous prenons soudainement conscience que « le réel est "suffisant", comme l'explique Rosset, c'est-à-dire se suffisant à lui-même, et suffisant en outre à combler toute attente concevable de bonheur [10]. »

L'allégresse et la béatitude sont sans doute les plus hauts sentiments que l'homme puisse connaître. Ils apparaissent quand on est totalement délivré de l'espoir et de la peur, qu'on s'ouvre totalement à l'être, qu'on dit pleinement OUI au monde. C'est le sens même du mot béatitude : ouverture, béance. Cet homme totalement approbateur et ouvert, Nietzsche l'appelle « surhumain » parce qu'il a la force d'aimer le destin. « *Amor fati*, telle est la formule pour le surhumain [11]. » Spinoza l'appelle simplement un « sage », un homme pleinement humain, accompli. S'il est rare et difficile, le bonheur suprême est possible pour

10 ROSSET, *L'Objet singulier*, p. 98 111. Cette idée est développée dans d'autres ouvrages : *La Force majeure* ; *Le Réel, traité de l'idiotie* ; *Principes de sagesse et de folie* ; *Le Philosophe et les Sortilèges* ; *Le Choix des mots*.

11 NIETZSCHE, *Ecce Homo*, in *Œuvres*, II, p. 1144.

n'importe qui accomplit pour lui-même le projet de la philosophie, et celle-ci prend alors valeur d'une religion. Une religion universelle, sans dogme ni croyance, qui se reconnaît à ses œuvres plus qu'à ses discours, ses rites et ses cultes. Car la béatitude n'a pas seulement des effets affectifs et psychologiques. Elle se reconnaît aux liens de pure amitié qu'elle tisse entre soi et soi-même, entre soi et tous les hommes, entre soi et le monde. Relier les hommes par l'amour lucide de l'existence, telle est la vraie et la seule religion. Socrate, Bouddha, Lao Tseu, Jésus, Épicure ou Spinoza, tous les vrais sages enseignent la même vérité. L'unique religion, c'est la religion de l'amour et de la raison, la force éclairée qui relie, unit et guérit. Religion de l'*éros* devenu éveillé dans la *philia* et accompli dans l'*agapé*. La notion d'*agapé* désigne généralement l'amour ultime, l'amour au-delà de l'amour, l'amour religieux. On peut le traduire par deux concepts, la compassion et la charité, qui permettent de mieux comprendre le lien entre la philosophie et la religion.

La compassion est souvent confondue avec la pitié (aussi appelée commisération). En réalité, elle s'y oppose. La pitié est une tristesse ressentie à cause de la tristesse d'autrui. Ce n'est pas un amour actif, mais une passion triste qui tend à nous faire agir contre notre propre tristesse. La pitié est mauvaise parce qu'elle est une diminution de puissance. Elle tend à nous faire agir par un affect de haine pour supprimer la cause de notre malaise. Au contraire, la compassion est la capacité d'aimer celui qui souffre. Elle est un désir actif de lutter contre la tristesse de l'autre par un affect de joie. La pitié est une haine triste, la compassion est un amour joyeux. Spinoza l'appelle miséricorde (la vertu du cœur) et la définit comme « l'amour en tant qu'il affecte l'homme de telle sorte qu'il se réjouisse du bonheur d'autrui et s'attriste de son malheur [12] ». La compassion peut être suscitée par une tristesse, mais elle a pour cause la raison : elle est par nature un amour, une bienveillance et une générosité envers ce qui est semblable à nous. Or tout ce qui vit souffre au moins potentiellement : la compassion est donc, comme la béatitude, une expression de l'amour de la vie. Par compassion, j'aime tout ce qui vit et je compatis avec l'autre vivant en tant qu'il est toujours relativement souffrant. Pourquoi ? Parce que je

12 SPINOZA, *op. cit.*, III, déf. 24.

comprends par le cœur autant que par la raison que la tristesse est toujours mauvaise. La compassion intègre l'amour de l'ennemi parce que celui-ci ressent de l'inimitié, il est habité par la haine, donc par la tristesse. C'est un être souffrant et triste avant d'être méchant. Plus l'ennemi a de la haine pour le sage, plus il souffre, plus le sage compatit avec lui, l'aime et éprouve de la générosité pour son ennemi. La compassion n'est pas un simple sentiment comme l'allégresse. C'est une vertu. Elle nous donne la force de donner de la joie à celui qui souffre, de lui faire du bien, de lui donner de la puissance, du savoir, de la liberté. La pitié est dangereuse parce qu'elle est une passion qui nous entraîne seulement à chercher à détruire la cause de la tristesse sans avoir pour cause la raison. Elle peut nous déterminer à vouloir faire impulsivement et maladroitement du bien à l'autre dans le but de soulager notre tristesse, le plus souvent pour nous donner bonne conscience, et non pour l'aider réellement. Si la pitié peut être utile, si elle vaut mieux que l'insensibilité et l'inhumanité, elle n'est pas bonne en soi, ni pour soi, ni pour l'autre. C'est pourquoi « l'homme qui vit sous la conduite de la raison s'efforce, autant qu'il le peut, de n'être pas touché par la pitié [13] ».

Au contraire, la compassion est toujours bonne parce qu'elle est un désir d'aider celui qui souffre sous la conduite de la raison, en cherchant à faire ce qui est réellement utile pour lui, conformément à la générosité.

Qu'apporte la notion de charité à celle de compassion ? La compassion est un amour universel qui naît de la raison, mais elle inclut encore une passivité, une dépendance aux sentiments d'autrui. Au contraire, la charité désigne seulement l'amour de ce qui est cher, ce qui a de la valeur, qui est « chéri » pour sa seule valeur. La charité surgit en nous lorsque nous ressentons de la générosité pour autrui sans aucun *pathos*. Elle est la pure *philia*, l'amitié non seulement sans aucune haine mais sans aucune dépendance. Elle jaillit comme une surabondance de joie dont l'origine est l'amour ressenti pour la nature tout entière. La charité nous fait aimer l'autre, même étranger et ennemi, non parce qu'il souffre, mais parce qu'il existe. Son origine est l'amour que nous avons pour Dieu, présent en toute chose. La charité est la vraie foi : l'enthousiasme (présence du

13 *Ibid.*, IV, 50, cor.

*thèos* en nous). Lorsque nous la ressentons, sa force illumine toute notre vie et rejaillit en rayons de joie sur nos prochains comme sur nos lointains.

L'*agapé*, compassion ou charité, est d'autant plus grande qu'on comprend la valeur de la vie et qu'on éprouve de l'amour pour ce qui vit. Elle est l'amour éternel du vivant pour la vie éternelle dans tout vivant. Son bonheur est très simple, accessible aux âmes simples. Il ne demande pas une grande science des concepts et des choses, mais une intuition de la valeur infinie de la vie. C'est sans doute le sens du discours des Béatitudes de Jésus, le fameux Sermon sur la montagne : « Heureux les simples car ils auront la vie éternelle ». L'*agapé* est l'amour inconditionnel, qui donne sans rien attendre, désintéressé, spontané et gratuit. Une pure grâce, tant pour celui qui l'éprouve que pour celui qui le reçoit. C'est l'amour qui ne manque de rien, qui se réjouit seulement de donner ce qui convient à l'autre considéré comme un frère, l'amour heureux seulement de donner un peu de joie, même si l'autre ne m'aime pas, même s'il ne s'intéresse pas à moi, même s'il est méchant avec moi... C'est l'amour enseigné par le Christ et le Bouddha, que Pascal a appelé l'ordre du cœur et que Spinoza associe à l'intuition de Dieu. On peut aussi l'appeler amour spirituel pour le distinguer de l'amour physique, affectif, intellectuel. Plus haut que l'ordre du corps qui n'aime que ce qui est beau – les amants (*éros*) –, que l'ordre de l'esprit qui n'aime que ce qui est bon – les amis (*philia*). C'est l'amour qui aime tout, qui nous fait aimer la nature entière, car le cœur sait voir ce qu'il y a de beau et de bon dans toute chose. Amour de Dieu, dit Spinoza, c'est-à-dire amour par lequel Dieu s'aime lui-même. Non le Dieu imaginaire des superstitieux, cet « asile de l'ignorance » conçu sur le modèle de l'homme, mais le Dieu vivant, le Dieu Nature, qui n'a d'affect pour personne, mais qui est pur don d'amour puisqu'il est source de tout. La religion n'implique donc nullement la croyance dans des mythes, ni le respect d'interdits, ni la pratique de rites ou le culte d'idoles, mais la pratique de la justice et de la générosité. Spinoza définit simplement la religion comme l'ensemble des « désirs et des actions dont nous sommes causes

14 *Ibid.*, IV, 37, scolie. Voir aussi SPINOZA, *Traité théologico-politique*, chap. XVI, et MATHERON, *Le Christ et le salut des ignorants chez Spinoza*.

en tant que nous avons l'idée de Dieu, c'est-à-dire en tant que nous connaissons Dieu [14]. »

Le sens de la vie est religieux au double sens étymologique : ce qui relie les hommes à eux-mêmes et à l'être (*religare* : relier), et qui nous conduit spontanément au respect du sacré (*relegere* : prendre soin). L'intuition de ce sens nous conduit spontanément à prendre soin du sens de l'être, en nous comme dans tout l'univers, par et dans le culte de l'amour. Car rien n'a de sens que par l'amour, et c'est pourquoi Lao Tseu en fait « le premier trésor » de la voie et de la vertu [15]. Le sens est le rayonnement de l'amour comme l'amour est le rayonnement du sens. Tous les sages l'enseignent : le véritable lien sacré entre les hommes est l'amour universel, la pratique de la charité et la communion avec le monde entier, sans aucune superstition ni idéologie. « Ainsi qu'une mère au péril de sa vie surveille et protége son unique enfant, dit Bouddha, ainsi avec un esprit sans limites doit-on chérir toute chose vivante, aimer le monde en son entier, au-dessus, au-dessous et tout autour, sans limitation, avec une bonté bienveillante et infinie [16]. »

Peu de philosophes parviennent sans doute à la foi et à la paix infinie que procure la béatitude. Mais dès qu'il atteint un minimum de liberté intérieure et de sagesse, le philosophe agit spontanément dans le sens de la vie et fait tout son possible pour être heureux sans se préoccuper de rien d'autre que de réaliser son désir sous la conduite de la raison. Il vit sans penser au mal – car il n'existe pas – ni à la mort – car elle n'est rien. Il se contente de vivre pleinement sans dissocier sa vie de sa pensée, sa théorie de sa pratique, sa vie de son sens. Il rejoint alors l'innocence heureuse de l'enfance, mais plus durablement, car il est libéré des passions, des craintes et des dépendances. Comme l'enfant, il vit sans morale, dans le présent éternel, tout entier à son action, à son désir, à sa joie de découvrir, de comprendre et d'aimer. Il joue librement de sa puissance pour satisfaire chaque jour ses désirs essentiels, dans la jouissance sereine des plaisirs simples de la vie, enrichie par la joie des jeux, des sciences et des arts. Plus il développe sa sagesse, plus sa vie se déploie dans la plénitude du sens, dans un monde où tout est cause d'émerveillement, de

15 Lao Tseu *Tao te king*, 67.
16 Rahula, *L'Enseignement du Bouddha*, p. 125.

création et d'ouverture sur un avenir sans ombre. Car la sagesse libère des illusions, des masques et des images. Le sage a dépassé le stade de la croyance et celui de la critique. « La voie du sage, dit Lao Tseu, est d'agir généreusement sans combat [17]. » Car il n'est plus qu'assentiment à l'existence, libre affirmation d'un OUI sacré à la puissance mystérieuse de la vie. Il est redevenu comme un petit enfant, conformément à la fameuse parole du Christ : « Je vous le dis en vérité, si vous ne renaissez et ne devenez pas comme les petits enfants, vous n'entrerez pas dans le Royaume des Cieux [18]. » Bien sûr, le sage n'est pas un enfant : il est autonome, pleinement conscient du tragique de l'existence et assez fort pour en assumer la nécessité, comme le résume la plus haute forme d'approbation de l'existence, l'*amor fati*, l'amour de la nécessité : « Ma formule pour la grandeur de l'homme, c'est *amor fati*. Il ne faut pas seulement supporter ce qui est nécessaire – il faut aussi l'aimer [19]. » Mais comme l'enfant, le sage est un être infiniment simple.

C'est tout le sens de la triple métamorphose de l'esprit que décrit le Zarathoustra de Nietzsche dans son premier discours. Première métamorphose : l'esprit doit d'abord se faire chameau et porter dans le désert le fardeau de la tradition qui le nourrit mais l'aliène (la vie ordinaire). Deuxième métamorphose : il doit conquérir sa liberté, se faire lion et terrasser le dragon « tu dois ! » en opposant son « je veux ! » libérateur (la philosophie). Troisième métamorphose : ce n'est qu'en devenant enfant que l'esprit s'accomplit, en cessant de dire non, en disant non au non, en incarnant enfin l'innocence du « oui sacré à la vie » (la sagesse).

La voie de la raison proposée par Socrate, Épicure, Spinoza et Nietzsche rejoint ainsi la voie du cœur prônée par Lao Tseu, Bouddha, Jésus et Zarathoustra. Si le philosophe peut trouver rapidement son bonheur en guidant sa vie selon l'amour de la sagesse, il doit encore chercher la béatitude en ouvrant toujours plus son cœur à la sagesse de l'amour.

17 LAO TSEU, *op. cit.*, 81.

18 Matthieu, 18,3.

19 NIETZSCHE, *op. cit.*, 1. § 10, p. 1225.

# Conclusion

La philosophie va-t-elle triompher ou s'éteindre ? Allons-nous vers la paix planétaire universelle et la culture religieuse du bonheur ou vers de nouvelles guerres et le retour de la barbarie ? Sommes-nous à l'orée d'une irréversible décadence ou à l'aube d'une véritable renaissance de l'humanité ? Saurons-nous un jour mettre la science et la technique au service de l'art et de la vie ? Nul ne le sait. Mais depuis plus de deux mille cinq cents ans les sages indiquent la voie. Le chemin est solitaire, exigeant et laborieux, mais il est éternellement ouvert, extraordinairement sûr et merveilleusement fécond. Plus nous progressons en sagesse, plus nous sommes satisfaits, forts et libres, malgré les horreurs du monde moderne. Ces horreurs – misères, violences, massacres, haines, laideurs, exclusions, esclavages – n'ont qu'une cause : la bêtise des hommes. Par la philosophie, nous ne pouvons toutes les éliminer, mais nous pouvons devenir assez heureux pour développer notre puissance, assez puissants pour lutter contre toutes les formes de souffrance, assez aimants pour être confiants, créateurs et prudents, assez prudents pour éduquer nos enfants et les non-philosophes à la vie raisonnable. Et peut-être les hommes serons-ils un jour assez sages pour accomplir la révolution politique et religieuse qui donnera à tous les moyens de partager le bonheur d'exister dans ce monde tragique et merveilleux.

Mais le bonheur n'est pas le but : c'est le chemin. Il n'est pas un horizon extérieur mais la satisfaction intérieure donnée par la compréhension du seul vrai bien : la joie de vivre, ici et maintenant, dans un advenir habité par la splendeur de l'existence vécue avec toujours plus de sagesse, à travers la lutte contre toutes les formes de bêtises, de haines et de souffrances, par la promotion de toutes les formes d'art, de vertu et de joie.

Ce chemin n'est certes pas aisé. La quête de la sagesse est remplie d'obstacles. Mais il n'y a pas d'autre chemin. « Ce n'est pas le chemin qui est difficile, disait Kierkegaard, c'est le difficile qui est le chemin. » Au philosophe débutant, il faut répéter les mots de Rilke : « Il faut se tenir au difficile. Tout ce qui vit s'y tient... Il est bon d'être seul, parce que la solitude est difficile. Il est bon aussi d'aimer, car l'amour est difficile [1]. »

La philosophie n'est pas si compliquée. Elle est seulement paradoxale, comme le réel. Complexe, comme le monde. Et exigeante, comme la vie. Simple et belle, comme une marche dans la forêt ensoleillée, vers la source la plus vive et le plus haut sommet. La vie n'attend pas, et c'est pourquoi il faut s'engager avec tout son courage, ici, maintenant et toujours.

« Voie escarpée », avoue Spinoza en achevant l'*Éthique*, mais « accessible ». « Et cela certes doit être ardu, ajoute-t-il, qu'on atteint si rarement. Comment serait-il possible, en effet, si le salut était tout proche et qu'on pût le trouver sans grand travail, qu'il fût négligé par presque tous ? Mais tout ce qui est précieux est difficile autant que rare. »

Aussi, à Pascal qui affirmait que « toute la philosophie ne vaut pas une heure de peine », nous pouvons répondre pour finir que l'amour de la sagesse ne vaut rien d'autre, en effet, qu'une éternité de joie.

1 RILKE, *Lettres à un jeune poète*, p. 24.

# Bibliographie

ALAIN
*Propos sur l'éducation*, PUF, 1928.
*Éléments de philosophie in Les passions et la sagesse*, « Bibliothèque de la Pléiade », Gallimard, 1962.
ALBERONI Francesco
*L'Érotisme*, trad. Raymonde Condert, Pocket, 1987.
ARISTOTE
*Logique*, trad. Jules Tricot, Vrin, 1951-1970.
*Métaphysique*, trad. Jules Tricot, Vrin, 1986.
*Éthique à Nicomaque*, trad. Jules Tricot, Vrin, 1987.
*Éthique à Eudème*, trad. V. Décarie, Vrin, 1991.
ARSAN Emmanuelle
*Le Mythe d'Éros*, 10/18-UGE, 1974.
*Emmanuelle*, Pocket, 1988.
BACHELARD Gaston
*La Formation de l'esprit scientifique*, Vrin, 1993.
BERGSON Henri
*Essai sur les données immédiates de la conscience*, PUF, 1944.
*L'Énergie spirituelle*, PUF, 1949.
*La Pensée et le mouvant - Essais et conférences*, PUF, 1990
BIBLE DE JÉRUSALEM
Éditions du Cerf, 1974.
BOUTOT Alain
*Heidegger*, « Que sais-je ? », PUF, 1995.
BRUN Jean
*Épicure et les épicuriens*, PUF, 1993.
*L'Épicurisme*, « Que sais-je ? », PUF, 1997
CASANOVA Jacques
*Histoire de ma vie*, « Bouquins », Laffont, 1996.
CHAMFORT
*Maximes et Pensées, Caractères et Anecdotes*, Les Belles Lettres, 1945.
CHAR René
*Fureur et Mystère*, Gallimard, 1974.

CHÂTELET François
*Platon*, « Idées », Gallimard, 1965.
COCTEAU Jean
*Poésie critique*, Les Quatre Vents, 1945.
COMTE-SPONVILLE André
*Traité du désespoir et de la béatitude*, 1 : *Le mythe d'Icare* - 2 : *Vivre*, PUF, 1984-1988.
*Une Éducation philosophique*, PUF, 1991.
*Valeur et Vérité, Études cyniques*, PUF, 1994.
*Petit Traité des grandes vertus*, PUF, 1995.
*De l'autre côté du désespoir, Introduction à la pensée de Swâmi Prajnânpad*, « L'originel », Accarias, 1997.
CONCHE Marcel
*Héraclite*, PUF, 1986.
*Lucrèce*, Mégare, 1986.
*Le Fondement de la morale*, Mégare, 1990.
*Analyse de l'amour et autres sujets*, PUF, 1998.
CRÉPON Pierre
*Les Fleurs de Bouddha, Anthologie du bouddhisme*, Albin Michel, 1991.
DELEUZE Gilles, GUATTARI Félix
*L'Anti-Œdipe*, Minuit, 1972.
DELEUZE Gilles, PARNET Claire
*Pourparlers*, Flammarion, 1977.
DELEUZE Gilles
*Spinoza, Philosophie pratique*, Minuit, 1989.
*Qu'est-ce que la philosophie ?*, Minuit, 1991.
*Spinoza et le problème de l'expression*, PUF, 1998.
DELOURME Alain
*Le Bonheur possible - Philosophie du changement personnel*, Retz, 1999.
DESCARTES René
*Discours de la méthode* et *Les Principes de la philosophie* in *Œuvres et Lettres*, « Bibliothèque de la Pléiade », Gallimard, 1953.
DESHIMARU Taïsen
*La Pratique du zen*, Albin Michel, 1990.
DIEL Paul
*Psychologie de la motivation*, PUF, 1948.
ECO Umberto
*Le Nom de la rose*, trad. J. N. Schifano, Le livre de poche, 1980.

ELIADE Mircea
*Aspects du mythe*, Folio, 1963.
ÉPICTÈTE
*Entretiens*, trad. J. Souilhé, Les Belles Lettres, 1962.
*Le Manuel*, trad. Mario Meumé, GF-Flammarion, 1964.
ÉPICURE
*Lettres et Maximes*, trad. de M. Conche, PUF, 1992.
EY Henri
*La Conscience*, PUF, 1963.
FREUD Sigmund
*Malaise dans la civilisation*, trad. J. Odier, PUF, 1971
FROMM Éric
*Avoir ou Être*, Robert Laffont, 1976.
GADOFFRE Georges
*Les Sagesses du monde*, PUF, 1991.
GIBRAN Khalil
*Le Prophète*, trad. Anne Wade Minkowski, Folio, 1992.
GIONO Jean
*Romans et Essais*, « La Pochothèque », Le Livre de poche, 1992.
GOETHE Johann Wolfgang von
*Œuvres*, 3 tomes, trad. J. Porchat, Hachette, 1975.
GOLDSCHMIDT Victor
*Les Dialogues platoniciens*, PUF, 1968.
*Le Système stoïcien et l'idée du temps*, Vrin 1953, rééd. 1985.
GRACIAN Balthasar
*L'Art de la prudence*, Rivages poche, 1994.
GRANET Marcel
*La Pensée chinoise*, Albin Michel, 1988.
GRANGET Gilles Gaston
*Essai d'une philosophie du style*, A. Colin, 1968.
*Pour la connaissance philosophique*, Odile Jacob, 1988.
*La Vérification*, éd. Odile Jacob, 1992.
ISOCRATE
*L'Échange*, trad. G. Matthieu, E. Brémond, Les Belles Lettres, 1962.
HADOT Pierre
*Exercices spirituels et Philosophie antique*, Études augustiennes, 1993.
*Qu'est-ce que la philosophie antique ?*, Folio Essais, 1996.
HEGEL Georg
*Critique de la philosophie du droit*, trad. Jean Hyppolite, Aubier, 1963.
*Précis de l'encyclopédie des sciences philosophiques*, trad. Jean Hyppolite, Aubier, 1963.

HEIDEGGER Martin
*Questions III* et *Question IV*, trad. André Préau, Roger Munier, Gallimard, 1966 et 1976.
*Être et Temps*, trad. F. Vezin, Gallimard 1986.
*Essais et conférences*, trad. André Préau « TEL », Gallimard, 1988.
HENRY Michel
*L'Essence de la manifestation*, PUF, 1984.
*Généalogie de la psychanalyse*, PUF, 1985.
*La Barbarie*, Grasset, 1987.
*Phénoménologie du corps*, PUF, 1988.
*Phénoménologie matérielle*, PUF, 1990.
*C'est moi la vérité*, éd. du Cerf, 1998.
HÉRACLITE
*Fragments*, trad. Marcel Conche, PUF, 1986.
HÉRODOTE
*Histoires*, trad. Ph. Legrand, Les Belles Lettres, 1970.
HÖLDERLIN Friedrich
*Hypérion ou L'ermite en Grèce*, trad. Philippe Jacottet, Gallimard, 1967.
HORACE
*Œuvres complètes*, trad. F. Villeneuve, Les Belles Lettres, 1934.
HUSSERL Edmund
*Méditations cartésiennes. Introduction à la phénoménologie*, PUF, 1986.
*La Crise de l'humanité européenne et la philosophie*, trad. Paul Ricœur, Aubier, 1949, rééd. 1987.
JACOB André
*Cheminements. De la dialectique à l'éthique*, Anthropos, 1982.
JACQUARD Albert
*Au péril de la science, Interrogations d'un généticien*, « Science ouverte », Seuil, 1986.
*L'Héritage de la liberté*, Seuil, 1986.
JANKÉLÉVITCH Vladimir,
*Traité des vertus*, PUF, 1986.
JASPERS Karl
*Introduction à la philosophie*, trad. L. Jospin, 10/18-UGE, 1965.
KANT Emmanuel
*Critique de la raison pure*, trad. A. Tremesaygues et B. Pacaud, PUF, 1967.
*Logique*, trad. V. Delbos, PUF, 1981.
*Métaphysique des mœurs*, trad. V. Delbos, PUF, 1981.

*Critique de la raison pratique*, trad. Luc Ferry et Heinz Wismann, PUF, 1985.
LA BRUYÈRE Jean de
*Les Caractères ou Les mœurs de ce siècle*, Classiques Garnier, 1984.
LAO TSEU
*Tao te king*, trad. Ma Kou, Albin Michel, 1984.
LUCRÈCE
*De la nature*, trad. H. Clouard, GF-Flammarion, 1964.
MARC AURÈLE
*Pensées pour moi-même*, trad. Mario Meunier, GF-Flammarion, 1964.
MARX Karl
*Contribution à la critique de la philosophie du droit de Hegel*, Messidor-Éditions sociales, 1972
MATHERON Alexandre
*Le Christ et le salut des ignorants chez Spinoza*, Aubier, 1971.
MAUPASSANT Guy de
*Contes et Nouvelles*, « Bibliothèque de la Pléiade », Gallimard, 1984.
MISRAHI Robert
*Traité du bonheur*, Seuil, 1983.
*Existence et Démocratie*, PUF, 1995.
*Qu'est-ce que l'éthique ?*, A. Colin, 1997.
MONTAIGNE Michel
*Essais*, 3 tomes, Folio, 1994.
MORIN Edgar
*Science avec conscience*, Le Seuil, 1985.
*La Méthode* (4 volumes), Le Seuil, 1977-1991.
NANCY Jean-Luc
*L'Oubli de la philosophie*, Galilée, 1986.
NIETZSCHE Friedrich
*Le livre du philosophe*, trad. H. Kremer-Marietti, GF-Flammarion, 1991.
*Œuvres*, 2 vol., trad. H. Albert, « Bouquins », Robert Laffont, 1993.
ONFRAY Michel
*L'Art de jouir*, Grasset, 1991.
PASCAL Blaise
*Pensées*, Lafuma-Seuil, 1969.
PICHOT André
*Histoire de la notion de vie*, Gallimard, 1993.
PLATON
*Dialogues in Œuvres*, trad. L. Robin, « Bibliothèque de la Pléiade », Gallimard, 1950.

POPPER Karl
*La Connaissance objective*, trad. J.-J. Rosat, Aubier, 1991.
PROUST Marcel
*À la recherche du temps perdu : Albertine disparue*, « Bibliothèque de la Pléiade », Gallimard, 1972.
RAHULA Walpola
*L'Enseignement du Bouddha*, Albin Michel, 1970.
RECH Roland
*Moine zen en Occident*, Albin Michel, 1994.
RICŒUR Paul
*Soi-même comme un autre*, PUF, 1990.
RILKE Rainer Maria
*Lettres à un jeune poètes*, trad. Bernard Grasset, Grasset, 1984.
RIMBAUD Arthur
*Illuminations*, Le Livre de poche, 1963.
ROGERS Carl
*Le Développement de la personne*, Bordas, 1968.
ROSSET Clément
*La Logique du pire*, PUF-Quadrige, 1971.
*L'Anti-Nature*, PUF, 1973.
*Le Réel et son double*, Gallimard, 1976.
*Le Réel, traité de l'idiotie*, « Critique », Minuit, 1977.
*L'Objet singulier*, « Critique », Minuit, 1979.
*La Force majeure*, Minuit, 1983.
*Le Philosophe et les Sortilèges*, Minuit, 1985
*Le Principe de cruauté*, Minuit, 1988.
*Principes de sagesse et de folie*, Minuit, 1991.
*La Philosophie tragique*, PUF-Quadrige, 1991.
*Le Choix des mots*, Minuit, 1995.
*Le Démon de la tautologie*, Minuit, 1997.
ROUSSEAU Jean-Jacques
*Œuvres complètes*, Ed. du seuil, t. 1, 1960.
RUSS Jacqueline
*La Pensée éthique contemporaine*, « Que sais-je ? », PUF, 1993.
*La Marche des idées contemporaines*, A. Colin, 1994.
RUSSEL Bertrand
*Problèmes de philosophie*, Payot, 1975.
SAINT-EXUPÉRY Antoine de
*Le Petit Prince*, Folio, 1987.

SALEM Jean
*Épicure, lettres*, Nathan, 1998.
SARTRE Jean-Paul
*L'Être et le Néant*, Gallimard, 1976.
SCHOPENHAUER Arthur
*Parerga et Paralipomena*, trad. A. Dietrich, Alcan, 1907.
*Le Monde comme volonté et comme représentation*, trad. A. Burdeau, PUF, 1966.
*Aphorismes sur la sagesse dans la vie*, trad. J.-A. Cantacuzène, PUF, 1943.
SPINOZA Baruch
*Œuvres*, Trad. Ch. Appuhn, 4 tomes, GF-Flammarion, 1964.
*Éthique*, trad. Misrahi, PUF, 1993.
STEINER Georges
*Heidegger*, Albin Michel, 1998.
STENDHAL Henri
*De l'amour*, GF-Glammarion, 1965.
UNTERSTEINER Mario
*Les Sophistes*, PUF, 1980.
VOILQUIN Jean
*Les Penseurs grecs avant Socrate*, GF-Flammarion, 1964.
WEIL Simone
*L'Enracinement*, Gallimard, 1949.
WHITMAN Walt
*Feuilles d'herbe*, trad. J. Darras, « Les Cahiers rouges », Grasset, 1990.
WITTGENSTEIN Ludwig
*Tractacus logico-philosophicus*, trad. Pierre Klossowski, Gallimard, 1990.
ZWEIG Stefan
*Trois poètes de leur vie*, trad. Alzir Hella, Le Livre de poche, 1998.

# Sommaire

## Collection Le Relié Poche

Aitken Robert, *Agir zen, une morale vivante*
Amar Yvan, *La pensée comme voie d'éveil*
Amar Yvan, *Les nourritures silencieuses*
Ansa Luis, *Le quatrième royaume*
Balsekar Ramesh S., *Les Orients de l'être*
Balsekar Ramesh S., *L'appel de l'être*
Baret Eric, *Le yoga tantrique du Cachemire*
Beltzung Alain, *Le traité du regard*
Bouchart d'Orval Jean, *Patanjali et les yogas sûtras*
Bouchart d'Orval Jean, *Héraclite*
Buisset Ariane, *Le maître de la laque*
Cohen Andrew, *L'éveil est un secret*
Cohen Andrew, *Embrasser le ciel et la terre*
Collectif auteurs, *L'art de méditer et d'agir*
De Souzenelle Annick, *Pour une mutation intérieure*
Ram Dass, *Vieillir en pleine conscience*
Édelmann Eric, *Plus on est de sages, plus on rit*
Farcet Gilles, *Manuel de l'anti-sagesse*
Guesné Jeanne, *Le septième sens, le corps spirituel*
Jourdan Michel, *La maison sur la montagne*
Kelen Jacqueline, *Les sept visages de Marie-Madeleine*
Kelen Jacqueline, *Les femmes de la Bible*
Klein Jean, *Transmettre la lumière*
Klein Jean, *Qui suis-je?*
Lama Denis Teundroup, *Le dharma et la vie*
Long Barry, *Seule meurt la peur* – Nouvelle édition
Lozowick Lee, *L'Alchimie de l'amour et de la sexualité*
Lozowick Lee, *Pour une éducation consciente*
Moacanin Radmilla, *C.G. Jung et la sagesse tibétaine*

Richard Moss, *Paroles des deux mondes*
Muller Jean-Marie, *Dictionnaire de la non-violence*
Odier Daniel, *Le grand sommeil des éveillés*
Odier Daniel, *L'incendie du cœur*
Osho, *La voie de l'Amour* – Nouvelle édition
Osho, *L'Évangile de Thomas*
Osho, *Un art de vivre et de mourir*
Poonja H.W.L., *Réveillez-vous et rugissez !*
Satyam Nadeen, *De la prison à l'éveil*
Saint Bonnet Georges, *La joie vous appartient*
Swami Chandra, *Instructions spontanées*
Taisen Deshimaru, *L'anneau de la voie Zen*

*Impression réalisée sur CAMERON par*

BUSSIÈRE

GROUPE CPI

*à Saint-Amand-Montrond (Cher)*
*en janvier 2008*

N° d'impression : 074224/1.
Dépôt légal : janvier 2008.

*Imprimé en France*